insel taschenbuch 5023

Boris von Brauchitsch

Caspar David Friedrich

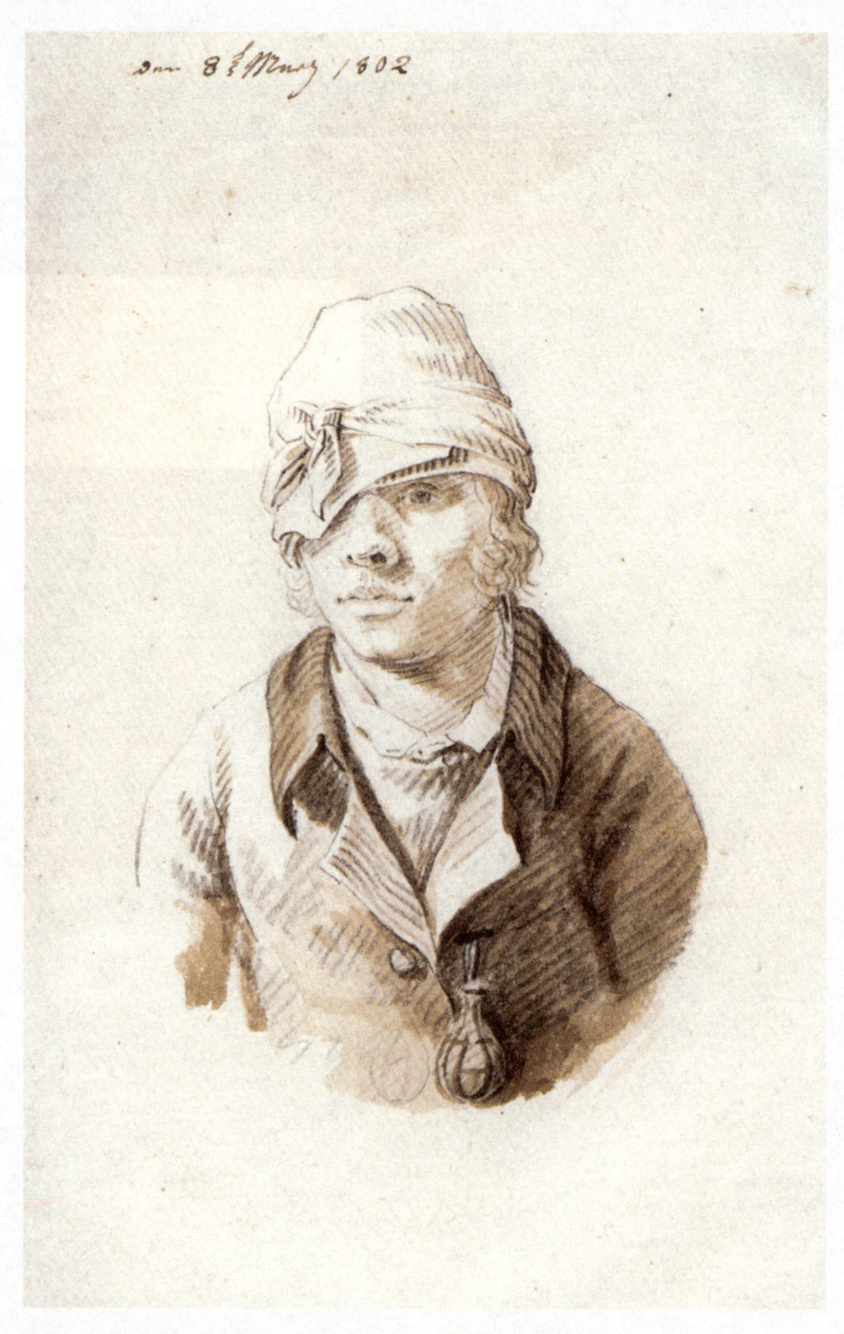

Abb. 1: *Selbstbildnis mit Mütze und Visierklappe*, 1802

BORIS VON BRAUCHITSCH

CASPAR DAVID FRIEDRICH

BIOGRAFIE

INSEL VERLAG

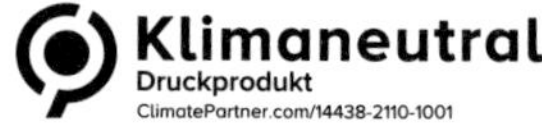

2. Auflage 2024

Erste Auflage 2023
insel taschenbuch 5023
Originalausgabe

Umschlaggestaltung: Rothfos & Gabler, Hamburg
Umschlagabbildung: Caspar David Friedrich,
Der Mönch am Meer, 1809-10, Öl auf Leinwand,
Alte Nationalgalerie Berlin (Fassung vor der
Restaurierung 2013-2016), Foto: akg-images / Joseph Martin
Druck: optimal media GmbH, Röbel/Müritz
Printed in Germany
ISBN 978-3-458-68323-0

www.insel-verlag.de

INHALT

PROLOG

Als er von seinem Spaziergang in der Morgendämmerung in seine Wohnung am Ufer der Elbe zurückgekehrt war, hatte er noch nichts bemerkt. In Dresden wurde es erst richtig hell, als er bereits in seinem Atelier saß, die Fensterläden halb geschlossen, um nicht nur die Geräusche der Außenwelt zu dämpfen, sondern auch das Licht. Es galt, mit seiner Kunst eine Familie zu ernähren, auch deshalb saß er vor der Staffelei. Doch kaufen wollte kaum noch jemand, und er fühlte seine Kräfte langsam schwinden.

In seiner Jugend hatte er sich nach Schreibmeisterbüchern in Schönschrift geübt und Sätze kopiert, die zugleich moralisch ertüchtigen sollten: »Richte dein Vergnügen nach deinen Mitteln ein«, hatte er in Zierlettern zu Papier gebracht. Doch war das Leben ein Vergnügen? Und wenn ja, was konnte er dafür, wenn die Mittel für dieses Vergnügen immer zu knapp waren? »Richte deine Mittel nach deinem Vergnügen ein«, hätte er schreiben sollen. Wer das Vergnügen hatte, eine Frau, drei Kinder und sich selbst zu ernähren, dem sei geraten, seine Mittel danach zu richten, wenn er es konnte, und er hätte es gekonnt. Doch sein Eigensinn war ihm immer aufs Neue in die Quere gekommen.

Als er an diesem Tag endlich die Fenster öffnete, um die warme Luft hereinzulassen und zwischen den Weiden hindurch über den Fluss zu schauen, verfinsterte sich seine Miene. Die Schiffer hatten die Bäume beschnitten, hatten sie allen Grüns beraubt und zu Krüppeln gemacht, deren bizarre Konturen sich vor dem flirrenden Wasser abhoben.

Warum konnten sie die Natur nicht in Frieden lassen? Mussten die Menschen wirklich alles beschneiden, zurechtstutzen, verstümmeln, wenn es so wachsen wollte, wie es der innere Trieb verlangte?

Caspar David Friedrich wurde bei den Behörden vorstellig. Dass er verschroben war, hatte sich längst herumgesprochen, doch nun schüttelten auch die Letzten lächelnd die Köpfe. Von jenem Betrag, den ihm der Verkauf eines kleinen Bildes eingebracht hatte – Monate lag das zurück –, erwarb er die Bäume am Ufer, um ihnen die Freiheit zu schenken. Man sollte sie in Ruhe lassen, so wie man ihn in Ruhe lassen sollte. Denn in dieser Ruhe lag das wahre Vergnügen, für das kein Preis zu hoch war.

BLICK ÜBERS WASSER

EINE KINDHEIT IN GREIFSWALD

Caspar David Friedrich war nie in Italien, selbstverständlich nicht in Griechenland und auch nicht bei den Franzosen gewesen. Wozu auch? Schließlich wirkte er, dessen Leben sich fast ausschließlich zwischen Greifswald und Dresden abspielte, an einem Brennpunkt der Weltgeschichte. Hier kamen früher oder später alle vorbei. Greifswald war lebendige Universitätsstadt und wechselte während seiner Lebenszeit immerhin die nationale Zugehörigkeit. Dresden erlebte mit der Französischen Revolution und der Teilung Polens beachtliche Fluchtbewegungen und wurde nach dem Sieg Napoleons in der Schlacht bei Jena 1806 von der französischen Armee besetzt; 1809 tauchten kurzzeitig Österreicher unter Karl Friedrich am Ende auf, und 1812 wählte Napoleon Dresden für eine Konferenz zur Vorbereitung seiner Russlandinvasion, zu der er Könige, Herzöge und den Kaiser von Österreich einbestellte. Im Jahr darauf zog er rund um Dresden seine Armeen zusammen, die sich kleinere Gefechte mit Kosaken über die Elbe hinweg lieferten, bevor sie einen der letzten napoleonischen Siege in der Schlacht um Dresden gegen die Koalition aus Österreich, Preußen und Russland errangen.

Zunächst aber war es im Leben Caspar David Friedrichs überraschend ruhig. Als der Sohn eines Seifensieders und Lichtziehers am 5. September 1774 in Greifswald geboren wurde, hatte der 19-jährige Prince Louis-Auguste als Louis XVI. gerade den französischen Thron bestiegen. Gleichzeitig gewann das Kaiserreich Russland nach einem abermaligen siegreichen Krieg gegen das Osmanische Reich als Machtfaktor in Europa weiter an Boden, indem es die Ukraine und die Krim annektierte. Die Mächte in Ost und West waren einstweilen zufriedengestellt und auch die Mitte Europas konnte einigen weitgehend friedlichen Jahren entgegensehen, nicht zuletzt, weil sich die Spannungen in die Neue Welt verlagerten und die amerikanische Unabhängigkeitsbewegung ihren Anfang nahm.

In Greifswald war von alldem zunächst wenig zu spüren. Caspar David Friedrich wuchs hier als sechstes von zehn Kindern in der Langen Gasse 28 auf. Die Familie stammte ursprünglich aus Neubrandenburg, doch da der Arbeitsmarkt für Seifensieder dort übersättigt war, entschloss sich der noch unverheiratete Adolph Gottlieb Friedrich nach Ende des Siebenjährigen Krieges nach Greifswald überzusiedeln. Hier nun besaß er das Monopol der Seifensiederei, deren Werkstätten er 1765 in einem ersteigerten Haus einrichtete. Die Voraussetzungen für eine Familiengründung waren damit geschaffen. Im selben Jahr heiratete er Sophie Dorothea Bechly, die er bereits in Neubrandenburg kennengelernt hatte.

Die Erinnerungen Caspar David Friedrichs an die Mutter dürften eher schemenhaft gewesen sein, denn nach ihrem frühen Tod am 7. März 1781 übernahm eine Haushälterin, die allgemein Mutter Heiden genannt wurde, die Fürsorge für die Kinder, und Friedrichs älteste Schwester, Catharina Dorothea – die einzige der drei Mädchen, die ein höheres Alter erreichen sollte –, versuchte ebenfalls den Geschwistern die Mutter zu ersetzen. Den Unterricht der Kinder übernahm ein Hauslehrer, so dass die Armut bei den Friedrichs nicht allzu groß gewesen sein dürfte.

Die Kinderschar reduzierte sich früh. Ein älterer Bruder Friedrichs, Johann David, war bereits 1772 als Säugling gestorben, eine Schwester, Barbara Elisabeth Johanna, starb 1782 als Kleinkind an den Windpocken, und seine Schwester Maria Dorothea raffte das Fleckfieber 1791 im Alter von 23 Jahren dahin. Ein Ereignis jedoch lag als besonders schwarzer Schatten über der Familie und speziell über Caspar David Friedrichs Leben.

Wie es genau geschah, darüber gehen die Ansichten auseinander, aber im Kern laufen alle Berichte über den Tod von Johann Christoffer Friedrich auf das Gleiche hinaus: »Den 8. 12. 1787 ist des Lichtgießers Friedrichs sel. Sohn, alt 12 Jahr, da er seinen ins Wasser gefallenen Bruder retten wollte, ertrunken«, lautet der Eintrag im Kirchenbuch.[1] Jener Bruder, den der offenbar ein Jahr Jüngere retten wollte, war Caspar David, wie andere Quellen berichten.

Er war also nicht nur dabei, sondern möglicherweise sogar Ursache für den Tod des Bruders. Auf dieses Kindheitstrauma wurde wiederholt sein schwermütiger Charakter zurückgeführt, der, durch depressive Schübe gekennzeichnet, Halt vor allem in einer verinnerlichten Religiosität und der gewaltigen Natur suchte und fand. Gott, das war die Natur, und die Natur hatte ihm auch seinen Bruder genommen. Das tragische Ereignis war folglich Schicksal, Fügung, Prüfung, gottgegeben. Vor den Gewalten der Natur war der Mensch ein Nichts, und einem Nichts blieb nur, sich demütig in sein Schicksal zu ergeben.

Friedrichs späterer Freund Carl Gustav Carus umschrieb dieses Gefühl und seine therapeutische Wirkung. Der Blick in die Herrlichkeiten der Natur verleihe dem Geplagten Frieden, indem er sich selbst verliere: »Dein ganzes Wesen erfährt eine stille Läuterung und Reinigung, Dein Ich verschwindet, Du bist nichts, Gott ist alles.«[2]

Als Caspar David Friedrich 1794 sein Elternhaus verließ, lebten noch fünf Geschwister: die Älteste, Catharina Dorothea (1766-1808), in Breesen mit dem Pastor Friedrich Sponholz verheiratet, sowie die Brüder Adolf (1770-1838) und Heinrich (1777-1844), die den Familienbetrieb verwalteten und fortführten, Johann Samuel (1773-1844), der nach Neubrandenburg zurückging und in der Werkstatt des Großvaters Hufschmied wurde, und der Jüngste, Christian (1779-1843), Abenteurer und Kunsttischler, mit dem Friedrich eine besonders innige Beziehung verband. Alle Brüder hatte es wie selbstverständlich in Handwerksbe-

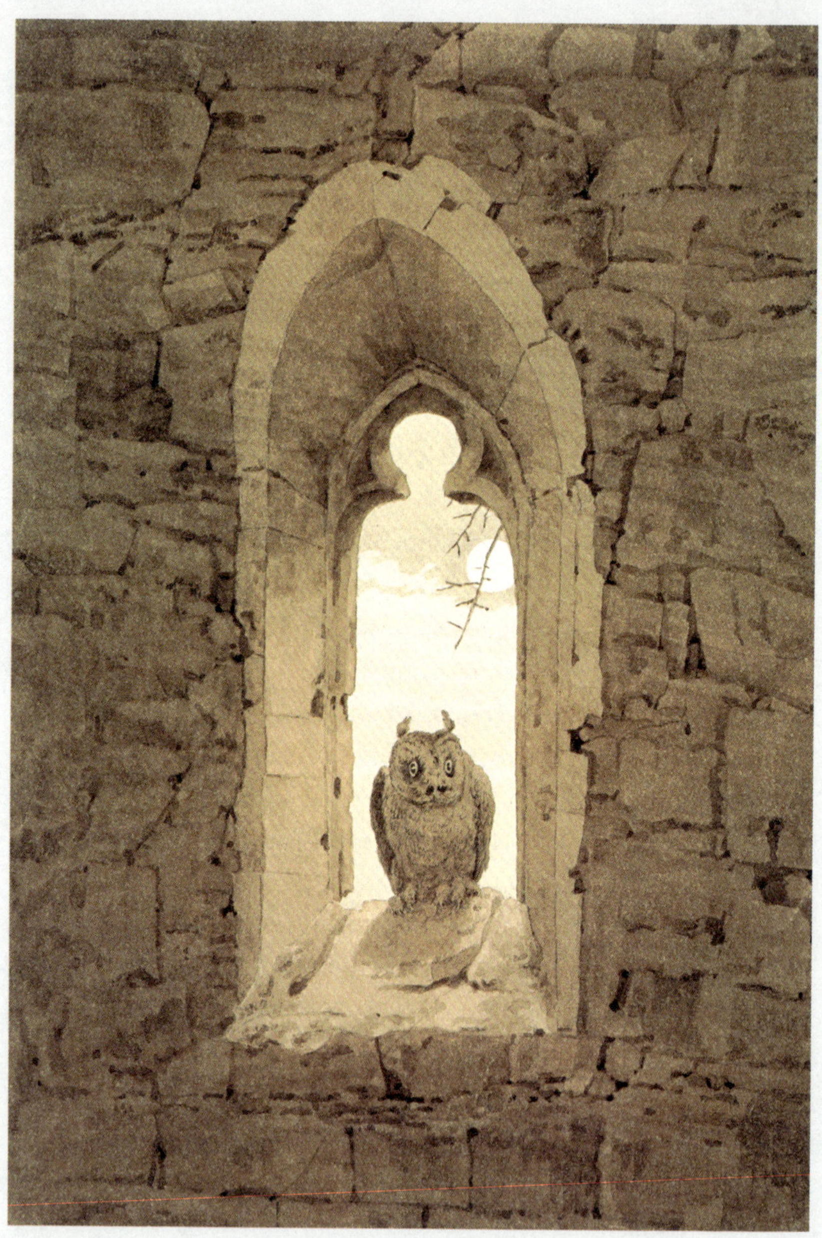

Abb. 2: *Eule in gotischem Fenster*, 1836

rufe gezogen. Nur Caspar David fiel aus der Reihe, war kränklich, blieb das Sorgenkind der Familie, schon in jungen Jahren untauglich für harte körperliche Arbeit.[3]

1777 wurde im benachbarten Wolgast Philipp Otto Runge geboren. Während Friedrich in Greifswald zur Schule ging, besuchte Runge die Schule in Wolgast, deren Rektor Ludwig Gotthard Kosegarten war. Es mag Zufall sein, dass die beiden bedeutendsten bildenden Künstler der Frühromantik keine 30 Kilometer voneinander entfernt aufwuchsen, doch vielleicht gab es neben dem Ostsee-Ambiente auch noch weitere lokale Faktoren, die Runge und Friedrich prägten und zu dem formten, was sie wurden.

Die unmittelbare Naturerfahrung, die mit der ganzen Wucht des Meeres hereinbrach, war elementar für Friedrichs Werk. Vor allem dem Wasser gab er immer wieder Raum in seinen Bildern, und den Schiffen, die unmissverständlich Ankunft und Abschied versinnbildlichten. Dann der Vater, »ein aufrechter Moralist, wie man sagt: streng und gerecht«,[4] dessen fundamentaler Protestantismus jenen Weg bereitete, den Friedrich mit traumwandlerischer Sicherheit und ohne den geringsten Zweifel beschreiten sollte. Und schließlich herrschte auch außerhalb der Familie ein geistiges Klima, das durch einige wenige, dafür aber markante Persönlichkeiten geprägt wurde.

DEM REGENBOGEN ENTGEGEN

STUDIENJAHRE

Ab 1790 erhielt Friedrich privaten Zeichenunterricht bei Johann Gottfried Quistorp (1755-1835). Der Architekt war unter anderem an der Universität Greifswald dafür zuständig, Naturwissenschaftlern und Medizinern beizubringen, ihre Präparate akkurat abzuzeichnen. Ferner war er vertraglich verpflichtet, jugendliche Greifswalder in seiner Privatwohnung zu unterrichten.[5] Der Unterricht beschränkte sich dabei nicht auf das Kopieren von Vorlagen, sondern fand auch draußen in der Natur statt. Die Impulse, die Friedrich durch Quistorp erhielt, werden gemeinhin als unwesentlich erachtet, es stellt sich aber die Frage, ob nicht gerade das genaue Hinsehen, auf das Quistorp Wert legte, für Friedrichs künstlerische Entwicklung und seinen ästhetischen Anspruch von möglicherweise sogar größerer Bedeutung war als die folgenden Studienjahre an Kunstakademien. Zudem lernte Friedrich bei Quistorp auch das Zeichnen von Architekturrissen, wie sie aus seinem Werk nicht wegzudenken sind. Der Zeichenlehrer war zudem kunsttheoretisch und philosophisch einigermaßen auf der Höhe des Diskurses, weshalb vermutet werden darf, dass er Friedrich auch mit dem nordischen Mythos Ossians sowie den Werken seines Freundes Kosegarten vertraut machte.

Ossian, angeblicher Autor eines wohl ganz oder größtenteils vom schottischen Dichter James Macpherson erfundenen keltischen Epos des 3. Jahrhunderts, das die Zeitgenossen als authentisch betrachteten, verkörperte den Höhepunkt der grassierenden Keltomanie. Zweifel an der Echtheit kamen früh auf, aber das Bedürfnis nach einer nordischen Nationaldichtung und die Sehnsucht nach einem kulturellen Primitivismus waren stärker. Und als man auch nach dem Tod des »Herausgebers« Macpherson 1796 keinerlei Quellen in seinem Nachlass finden konnte, besaß die archaische Dichtung längst Kultstatus. Der Einfluss des fiktionalen gälischen Barden auf Sturm und Drang – und in seinen melancholischen Naturempfindungen auch auf die Romantiker – kann nicht hoch genug eingeschätzt werden.

Kosegarten dagegen war umso realer. Zweifellos die zentrale Gestalt im Kulturleben Schwedisch-Pommerns, galt er selbst als Naturgewalt, wirkte als Rektor der Knabenschule in Wolgast, war Doktor der Philosophie und Magister der freien Künste, Doktor der Theologie und von 1808 an Professor für Geschichte an der Universität Greifswald. 1792 begann er für die Fischer legendäre Predigten auf den Klippen Rügens zu halten und schwelgte in seinen Dichtungen in Farben und Stimmungen der Elemente, die die Menschen bis an den Rand des Wahns und darüber hinaus zu treiben vermochten:

Sieh, wie im wechselnden Strahl die Farben wechseln der Meerflut,
Zwischen Rubinglut spielend, und zwischen dunklem Smaragdgrün.
Schau ich lang ihm zu, fürwahr so verwirrt sich der Sinn mir.
Flüssiges Ährengold vermein ich zu sehn, und das Saftgrün
Duftiger Wiesen, durchschwankt von manchem brennenden
Mohnhaupt.
Also, las ich, vermeint der heimwehsiechende Seemann,
Welchen der Glutpfeil traf der lothrecht stechenden Sonne,
Plötzlich umwallt sich zu sehn vom Grün der blühenden Heimat.
Süßbethört, umfangen die Seele vom schmeichelnden Wahnsinn,
Nicht zu erdulden vermögend die sinnverwirrende Lockung,
Stürzt er verlangend hinab in das wogende Grün, und der Abgrund
Kühlt ihm auf ewig den Brand des Gehirns, und das Fieber des
Herzens.[6]

Ein weiterer Greifswalder Professor verfehlte seine Wirkung auf Friedrich ebenfalls nicht. Thomas Thorild (1759-1808), schwedischer Libertin, Freund der Revolution, Natureuphoriker, angesiedelt irgendwo zwischen Genie und Größenwahn, war 1793 von der schwedischen Politik nach Greifswald verbannt worden. Manche seiner Äußerungen über Kunst und Wahrnehmung finden sich fast wörtlich bei Friedrich wieder.[7] So die Vorstellung, dass das äußere, »leibliche« Auge notwendigerweise seine Ergänzung in einem inneren »geistigen« Auge finden müsse, ohne das keine Kunst entstehen könne. Pointiert formulierte Thorild diesen Gedanken, der auch in Friedrichs Wirken zentral werden sollte: »Wenn ihr das Auge schließt, habt ihr eine ganze Welt sichtbarer Bilder«, während Friedrich empfahl: »Schließe dein leibliches Auge, damit du mit dem geistigen Auge zuerst siehst dein Bild.« Entsprechend diesem Primat eines geistigen Auges könne es auch keine allgemeingültigen Regeln des guten Geschmacks geben, keine Normen, nach denen Kunst zu produzieren sei, denn es sei die göttliche Stimme in uns, die bestimmen solle, was entstehen müsse: »Nur was man empfinden kann, das kann man finden«, so Thorild. Und Friedrich: »Ein Bild muß nicht erfunden, sondern empfunden sein.« Zu suchen ist ein Einklang mit der Natur, die Panharmonie, und dazu ist eine intellektuelle Vernunft kaum zu gebrauchen. Die reine Empfindung bleibe die Quelle der Kunst, denn sie »kann nie naturwidrig, immer nur naturgemäß sein«, wie Friedrich anmerkt. Daraus folgt unweigerlich: »Des Künstlers Gefühl ist sein Gesetz.«[8]

Doch bis Friedrich diese Prinzipien auch verinnerlichte und konsequent umsetzen konnte, war es noch ein weiter Weg. Es bedurfte des akademischen Alltags und dessen stumpfer, alle Kreativität zermürbender Routine, die Friedrich in den kommenden Jahren erfuhr, um seine Überzeugungen reifen zu lassen und schließlich sein intuitives Gespür auch artikulieren zu können.

»Eure Lehren können gut sein, doch für einen jeden passen sie nicht, denn nicht jede Blume gedeiht auf jedem Boden«, richtet er sich an die Akademiker. »Nur Gottes Gesetze gelten für alle und sind in aller Menschen Herzen geschrieben, die heiligen Zehn Gebote.«[9] Dass diese Formulierung mehr war als eine rhetorische Floskel, darf vermutet werden. Damit stellte Friedrich die Gültigkeit menschengemachter Regeln prinzipiell infrage und setzte ihnen eine natürliche Gesetzgebung entgegen, ein gottgegebenes Rechts- und Unrechtsbewusstsein, das seiner Vorstellung nach angeboren (»in aller Menschen Herzen geschrieben«) sei. Der Mensch wird somit moralisch integer geboren und nur das Leben führt dazu, dass die guten Anlagen verkümmern oder nicht zutage treten können. Die Zehn Gebote müssen daher auch nicht verinnerlicht werden, denn sie sind eine Selbstverständlichkeit, die leider im Alltag menschlicher Koexistenz immer wieder vergessen wird. Aufgabe des Künstlers ist es daher, diese göttlichen Gesetze zu veräußerlichen, zu thematisieren, sichtbar zu machen.

Caspar David Friedrich war ein Spätentwickler. Keine seiner frühen Zeichnungen lässt die Qualität seiner reifen Werke auch nur erahnen. Vier Jahre brachte er in Kopenhagen zu, ohne dass ihn die dortige Akademie in seiner Kunst nachhaltig geprägt hätte. Von den vermutlich zahlreichen Kopien nach Druckgrafiken ist ebenso wenig überliefert, wie von Briefen dieser Jahre, die er sicher in die Heimat geschickt hat. Ab dem 3. Oktober 1796 besuchte er die Gipsklasse, in der dreidimensionale Vorlagen, zumeist Abgüsse antiker Plastik, abzuzeichnen waren, von Januar 1798 an standen für ihn auch lebende Modelle bereit.[10] Trotz des auf Figurenstudien fokussierten Studiums tat sich Friedrich mit Darstellungen des menschlichen Körpers schwer, wie seine Skizzenbücher offenbaren und wie er es auch selbst unumwunden eingestand.

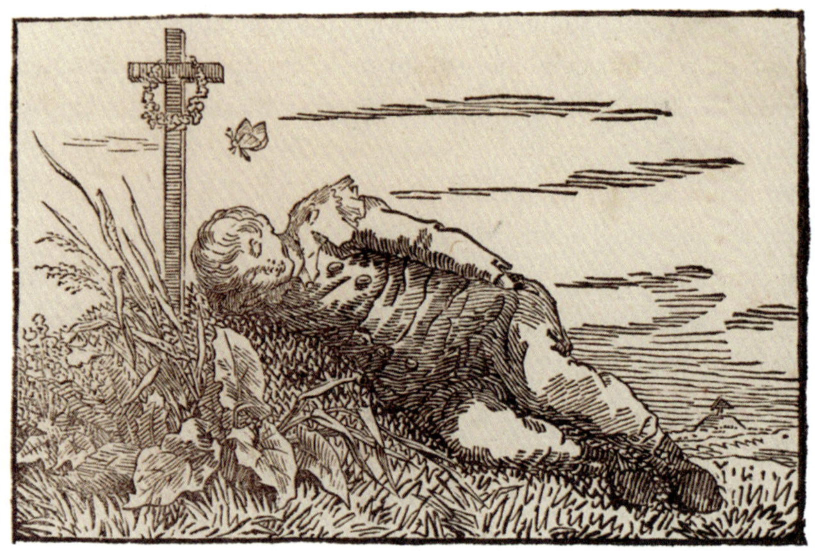

Abb. 3: *Schlafender Knabe auf einem Grabhügel*, 1801, Holzschnitt Christian Friedrichs nach einer Zeichnung von Caspar David Friedrich

Die französisch geprägte Akademie war eine Institution zweier Hierarchien, der des Lehrkörpers und der der Genres. Hier die Autoritäten aus Direktor und Professorenschaft, dort die Gattungen, angeführt von der Historienmalerei.

Das Spätwerk Erik Pauelsens, der gegen den lieblich-mediterranen Trend dramatisch-nordische Landschaften geschaffen hatte, dürfte Friedrich beeindruckt haben; doch Pauelsen war bereits vier Jahre tot, als der Student nach Kopenhagen kam. Bei seinen lebenden Lehrern war das, was sie ihm mitgeben konnten, so unterschiedlich wie bruchstückhaft. Der durch Winckelmann in der Wolle gefärbte Klassizist Johannes Wiedewelt könnte Friedrich zur Beschäftigung mit Denk- und Grabmälern inspiriert haben, der zu Recht als Porträtist gefeierte Jens Juel beeindruckte den Studenten vermutlich mit Mondlicht-Landschaften.

Von Nicolai Abildgaard, der Friedrich sowohl in der Gipsklasse als dann auch im Zeichnen nach dem lebenden Modell unterwies, lernte er, dass man sich als Maler nicht scheuen sollte, auch als Möbeldesigner, Architekt oder Raumausstatter tätig zu werden. Ferner könnte ihm der geschliffene und gesellschaftskritische Intellektuelle mit großen Sympathien für die Französische Revolution die Überzeugung mit auf den Weg gegeben haben, dass Kunst kein wirkungsloses Wohlgefallen zu sein braucht: »Aristoteles«, so schrieb Abildgaard, »sagt, dass Malerei ebenso geschickt ist, den Menschen zum Nachdenken und zum Verdruss zu bringen, wie die überzeugendsten und ernsthaftesten Ermahnungen, die die Philosophie gibt.«[11]

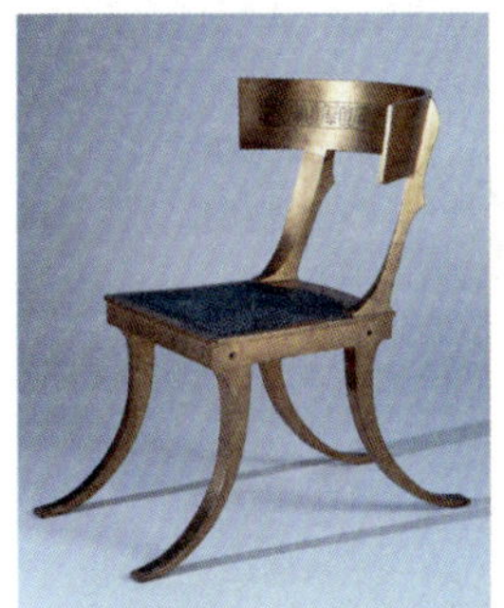

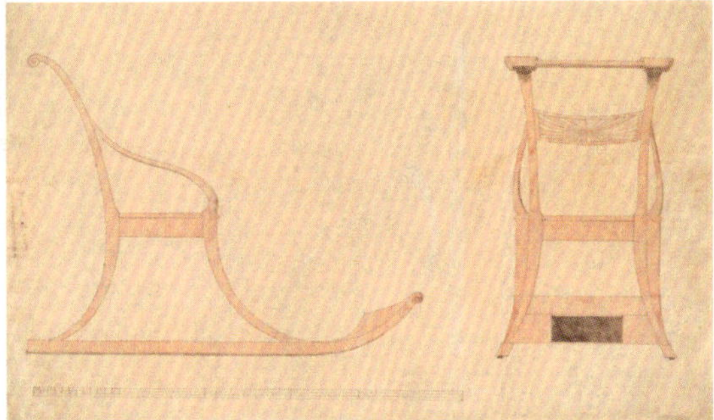

Abb. 4 und 5: Nicolai Abildgaard, *Klismos*, 1790-1800; *Entwurf für einen Stuhlschlitten*, 29. Juni 1806

Bei Thomas Thorild konnte Friedrich lesen, was er ungeachtet mancher Impulse angesichts des akademischen Lehrbetriebs während der langen Stunden in den Zeichensälen der Akademien empfunden haben dürfte: Es war nichts als Zeitverschwendung, »sich in knechtischer Nachäffung einer früheren, wenngleich schönen Kunstwelt zu gefallen«.[12] Es fehlte Friedrich nicht an Geduld, es fehlte ihm an Überzeugung, dass Sujets wie *Europa auf dem Stier* oder *Die Salbung Davids* seiner Epoche, in der das Feuer der Französischen Revolution auch im restlichen Europa neue Verhältnisse schaffen würde, noch Impulse geben konnten.

Immerhin hatte er seine merklich an Druckgrafik geschulte Schraffurtechnik perfektioniert und war nun solider Porträtzeichner, wie eine Reihe von Bildnissen belegt, die er 1798 nach Beendigung seiner Kopenhagener Zeit in Greifswald von seiner Familie schuf – quasi als Vorführung seiner erlangten Qualifikationen, bevor er nach Dresden weiterzog.

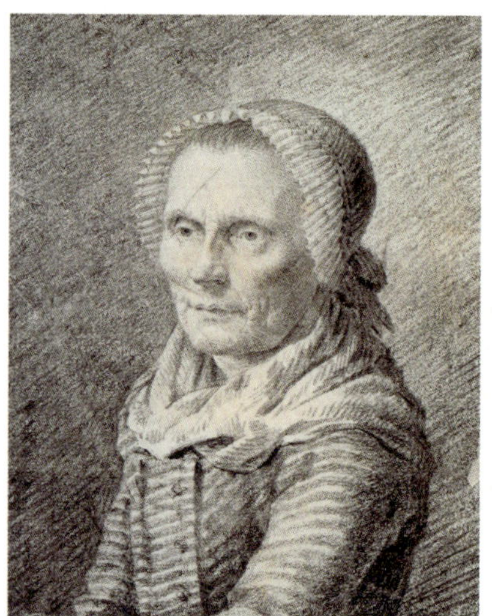

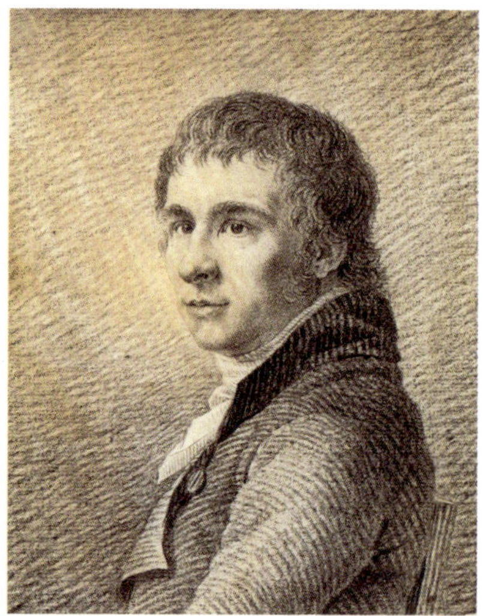

Abb. 6 und 7: *Mutter Heiden*, 1798; *Christian Friedrich*, 1798

Unter den rund zehn in Deutschland existierenden Akademien hatte er sich zur Weiterbildung – vermutlich ebenfalls auf Empfehlung Quistorps – für Dresden entschieden. Von der dortigen Kunstschule muss er sich mehr Inspiration und Orientierungshilfe versprochen haben, als ihm Kopenhagen bieten konnte. Dass er Berlin mied, weil es ihm zu groß und zu kalt gewesen sei, mag sein. Schließlich war seine

Heimatstadt Greifswald ein Ort mit rund 5000 Einwohnern. Allerdings hatte Kopenhagen um 1800 auch schon die hunderttausender-Marke erreicht, da dürften Friedrich die damals gut hundertsiebzigtausend Einwohner Berlins nicht weiter geschreckt haben. Dresden aber war allemal beschaulicher.

Auf seinem Weg nach Sachsen machte Friedrich dennoch in Berlin Station und hatte Gelegenheit, sich einen Eindruck der dortigen kulturellen Rahmenbedingungen zu verschaffen. Vom Erscheinungsbild einer eleganten Metropole war Berlin noch weit entfernt. Gerade erst war es gelungen, wenigstens die Hauptallee Unter den Linden zu pflastern, ansonsten hüllten die sandigen Straßen die Stadt konstant in eine Staubwolke und verwandelten sich bei Regen in Sumpflandschaften, eine Kanalisation war Utopie und die Spree eine Kloake. Vielleicht waren es daher eher Dreck und Gestank, die Friedrich weitertrieben, oder tatsächlich das frostige Klima, das bereits im ersten Jahr der Regentschaft Friedrich Wilhelms III. spürbar wurde.

Das Hauptanliegen des jungen Monarchen war zunächst löblich: Vermeidung eines Krieges durch Wahrung der Neutralität auf einem rundum brodelnden Kontinent. Schon die enormen Staatsschulden, die ihm sein Vater hinterlassen hatte, ließen es ratsam erscheinen, auf Feldzüge zu verzichten. Die preußische Kunstszene dankte es ihm, wie im Vorwort zur jährlichen Ausstellung der *Königlichen Akademie der bildenden Künste und mechanischen Wissenschaften* zu lesen, überschwänglich:

> *Während der Menschenfreund fürchten muß, die Flamme des Krieges wieder auflodern zu sehen, während nicht Europa allein sich rüstet, und innere Zwietracht das Feuer schürt und Waffen schmiedet, sondern auch entfernte Regionen das Panier der Fehde aufstecken, so daß die Länder aller Welttheile der Schauplatz schrecklicher Szenen, und*

alle Meere mit Blut gefärbt zu werden zittern – erhält dein König dir, o Vaterland, das Glück des Friedens, und führt dich den sicheren Weg zur Wohlfarth, Kraft und Größe.

Und was wäre mehr geeignet als die Kunst, um diesem Willen zur Eintracht Ausdruck zu verleihen? »Nichts ist so sehr im Stande«, heißt es daher weiter, »das frohe Bild des Friedens, und mit ihm das Bewußtsein unseres Glücks zu wecken, als eine Sammlung von Kunstwerken.«[13]

Friedrich Wilhelm III. ließ keinen Zweifel daran, dass ihm nach den verschwenderischen Ausschweifungen seines Vaters eine geistig-moralische Wende vorschwebte. Die Restauration, die er später politisch vollzog, kündigte sich bereits in seinem Kunstverständnis an, das mit seiner rigiden Sparpolitik Hand in Hand ging. Gebaut wurde fortan, soweit irgend möglich, kostengünstig in Backstein und Terrakotta. Und was künstlerisch gefördert wurde, war bereits Vorgeschmack auf das kommende kulturelle Dreigestirn: Architekt Karl Friedrich Schinkel, Bildhauer Johann Gottfried Schadow und der raffaelitisch-biedere Maler Karl Wilhelm Wach. Auf Jahrzehnte würden sie von den 1810er Jahren an in Berlin den Ton angeben. Der Professor für Landschaftsmalerei an der Berliner Akademie, Peter Ludwig Lütke, ein akribischer Schüler von Jakob Philipp Hackert, dürfte ein weiteres Argument gegen Berlin gewesen sein.

Die jährliche Ausstellung jener Akademie offenbarte auch im Jahr 1798, als Friedrich Berlin besuchte, das Erwartbare. Ein Sammelsurium von Schäferstündchen und Dorfbarbieren, Paris-Urteilen und Viehstücken sowie Werke »nach Raffael«, »nach Poussin«, »nach van Dyck«.[14]

In der Einleitung zu seiner *Äußerung bei Betrachtung einer Sammlung von Gemälden* hat Friedrich später den Albtraum solcher Ausstellungen beschrieben: »Es macht einen widrigen Eindruck auf mich, in einem Saal oder Zimmer eine Menge Bilder wie Ware ausgestellt [...] zu sehen, wo der Beschauer nicht jedes Gemälde für sich getrennt betrachten kann, ohne zugleich vier halbe andere Bilder mitzusehen.«[15]

Dresden war in jedem Fall für Friedrich die bessere Wahl. Sein Kopenhagener Studienfreund Johann Ludwig Gebhard Lund, der ebenfalls mit der dortigen Akademie abgeschlossen hatte, kam ihn in Dresden besuchen, wohnte bei derselben Zimmerwirtin, Frau Vetter, bezirzte mit gepflegter Erscheinung und smarten Umgangsformen deren drei Töchter und reiste dann weiter nach Paris, wo ihn im Herbst 1800 ein Brief von Friedrich erreichte:

> *O, wie oft seufzen die Mademosels: Ach, das waren mir selige Tage wie Herr Lund noch da war; wie oft spatzierte er nicht mit uns und fürte uns aufs Osterforwärk aber sie (das bin ich) thun nichts, gehen selbst dann wenn wir ihnen bitten nicht einmal mit uns auß; wie schön wu[ss]te er uns nicht mit seinen lieblichen Reden zu unterhalten, aber Sie mit Ihren Reden wovon das dritte Wort immer Scheiße ist, erwecken Eckel, von Lunds Küssen glüheten unsre Wangen, aber von ihren Grinsen [?] thut uns der Rücken weh, seine öfteren Geschencke waren die deutlichsten Beweise, seiner Liebe gegen uns; aber was sollen wir von ihnen denken sie fressen alles selber auf.*[16]

Friedrichs launige Zeilen verdeutlichen, dass er kein Salonlöwe war, aber auch keineswegs der Eremit, als der er gelegentlich gezeichnet wird. Nicht nur seine Wanderungen absolvierte er gern in Begleitung, auch sonst war er Gesellschaft nicht abgeneigt, wobei es ihm gelegentlich vielleicht an Umgangsformen, nicht jedoch an Humor fehlte. Dass er seinen pommerschen Dialekt kultivierte, mag ihm in Dresden zusätzlich einen leicht verschrobenen Anstrich gegeben haben. Sein Brief an Lund zeigt exemplarisch, dass ihm auch Selbstironie nicht fremd war und dass er gut damit leben konnte, als der grobgeschnitzte Gegenentwurf zum weltgewandten Charmeur durchs Leben zu gehen.

Wer in Friedrich, so Gotthilf Heinrich von Schubert, »nur den tiefen, schwermüthigen Ernst sah, der kannte ihn nur halb. Ich habe wenig Menschen kennen gelernt, welche im geselligen Umgang mit anderen, wenn diese nämlich ihm zusagten, eine so heitere Gemütlichkeit, eine solche Gabe zum Scherzen hatten, als er. Mit der ernstesten Miene sprach und erzählte er Dinge, welche bei allen Anderen ein unverlöschliches Lachen erregten; überall, wohin er kam, brachte er, wenn ihm der Kreis gefiel, Heiterkeit mit sich und fröhliches Bezeigen.«[17]

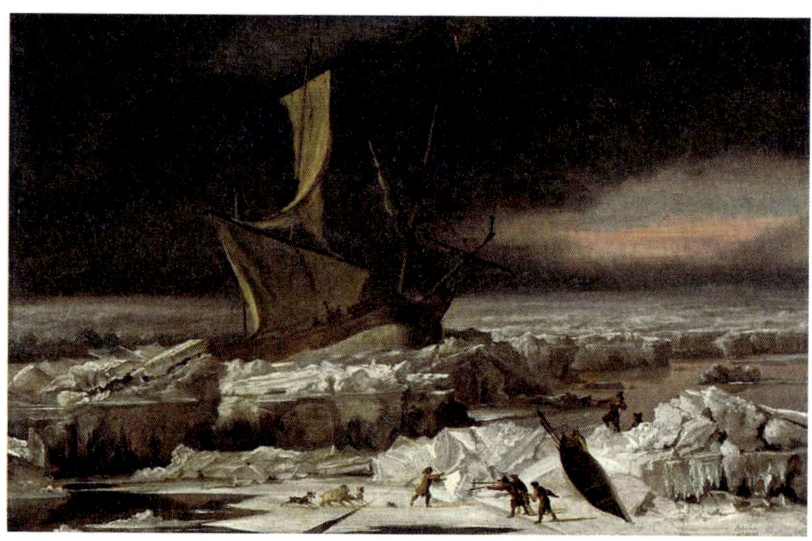

Abb. 8: Abraham Hondius, *Arktisches Abenteuer*, 1677

In Dresden machte Friedrich erste zaghafte Versuche in Öl. Erhalten ist die ihm zugeschriebene Genreszene der Befreiungsversuche eines im Eis festsitzenden Schiffes, wie Friedrich sie in Kopenhagen oder Greifswald hätte beobachten können,[18] bei der niederländische Vorbilder anklingen und die er offenbar als Skizze verstand, denn er hat sie datiert (»den 12. Dez. 1798«), wie er sonst nur in seinen Skizzenbüchern zu datieren pflegte.

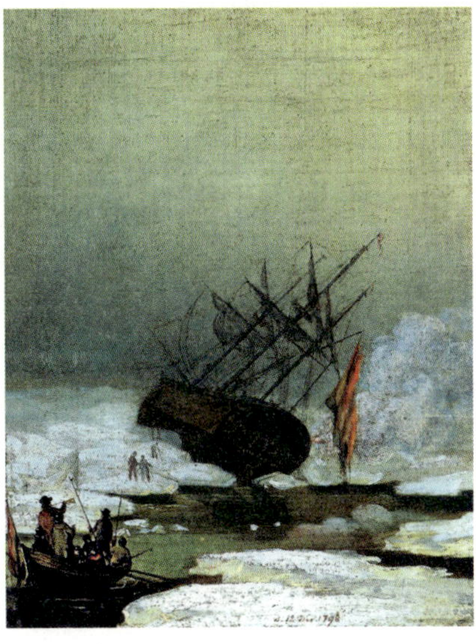

Abb. 9: *Schiff im Eis*, 1798

Es gelang ihm in seiner Dresdener Zeit außerdem, sich die Sepiatechnik anzueignen, als deren Erfinder der dortige Professor Jakob Crescenz Seydelmann galt, der das konzentrierte Melanin der Sepien-Tinte als monochrome Aquarellfarbe nutzte, vor allem um Kopien alter Meister anzufertigen.

Besonders in Dresden aber pflegte man einen starken, Caspar David Friedrich so fremden Italien-Bezug. Herzstück der Kunstsammlungen waren italienische Meister. Italophile und italienische Architekten und Bildhauer prägten das Bild vom »Elb-Florenz« und Bellotto verewigte die Stadt in seinen berühmten Veduten. Auch Seydelmanns Lehrer, der Venezianer Giovanni Battista Casanova, Bruder Giacomo

Casanovas, sowie Anton Raphael Mengs, dem Seydelmann in Rom über die Schulter sehen durfte, hatten die Brücke zwischen Deutschland und Italien nachhaltig geschlagen.

Friedrich sah sich hier bereits früh in der Opposition. Er verteidigte die nordischen Landschaften. Rom und Italien wurden ihm über die Jahre zum Feindbild, wobei es weniger Rom und Italien waren als die deutschen Künstler, die alles Italienische vergötterten und zum Maßstab erhoben, einen Aufenthalt in Rom als künstlerischen Ritterschlag verstanden und entsprechend arrogant nach ihrer Rückkehr in die vermeintliche deutsche Provinz auftraten.

Gegen sie führte Friedrich einen lebenslangen Kampf. Das begann mit den Kunstwettbewerben, bei denen antikische Szenen verlangt wurden, denn den »Herren Kunstrichtern genügen unsere teutsche Sonne, Mond und Sterne, unsere Felsen, Bäume und Kräuter, unsere Ebenen, Seen und Flüsse nicht mehr. Italienisch muß alles sein, um Anspruch auf Größe und Schönheit machen zu können.«[19] Sollte sich stattdessen nicht jeder Künstler selbst sein Thema wählen, sich selbst seine Aufgaben stellen, wenn es darum ging, wahre, gute und verinnerlichte Kunst fördern zu wollen?[20]

Immerhin existierte an der Dresdener Lehranstalt eine gewisse Diversität der Genres und Techniken. Auf heiter-bukolische Landschaftsidyllen mit Staffagefiguren im Stil Claude Lorrains hatte sich der ebenso namhafte wie verschrobene Johann Christian Klengel spezialisiert, der als Resümee seiner Lehrtätigkeit »Etüden« publizierte, nach denen sich Studenten die Prinzipien einer harmonischen und regelkonformen Naturdarstellung aneignen konnten. Der Schweizer Anton Zingg, seit 1764 Dozent für Kupferstich an der damals neu gegründeten Akademie, wurde über die fünf Jahrzehnte, die er dort lehrte, selbst zu einer Institution. Von Dresden aus durchwanderte er unter anderem das Elbsandsteingebirge und schuf großformatige pittoreske

Sepiablätter, die auch Friedrich inspirierten, diesbezüglich in seine Fußstapfen zu treten.

Dass Friedrich ein waches Auge für die Kunst anderer hatte, mag exemplarisch an einem Seestück Claude Joseph Vernets deutlich werden, das auch als Stich kursierte und dessen Bildidee Friedrich noch um 1830 zitierte: Männer wärmen sich an einem Feuer vor Segelschiffen im Mondlicht. Friedrich hat den Küstenstreifen von pittoreskem Beiwerk »befreit«, sich dabei mehrerer eigener Skizzen bedient und den Wolkenhimmel geweitet, doch das Vorbild bleibt unverkennbar.

Inspiration durch andere war folglich nicht das Problem, sie war im Gegenteil willkommen. Was Friedrich störte, war stupides Kopieren, wie es als zentrale Lehrmethode an den Akademien gepflegt wurde.

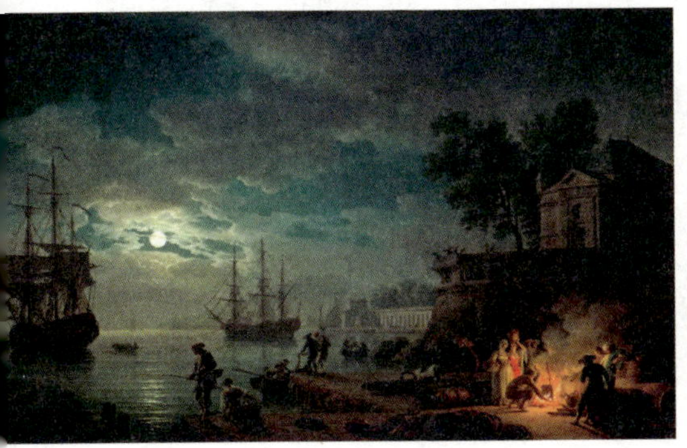

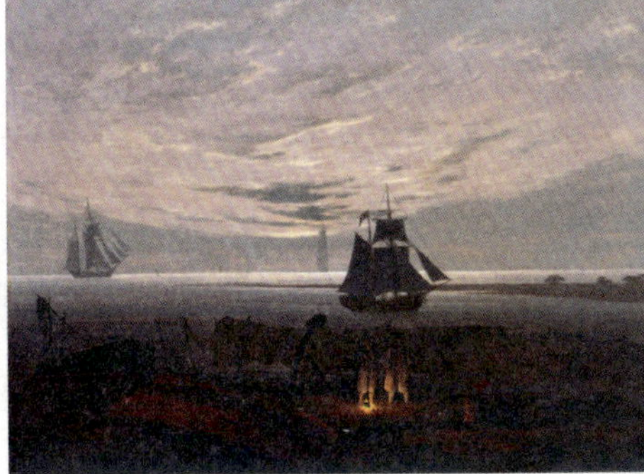

Abb. 10 und 11: Claude Joseph Vernet, *Meereshafen bei Mondlicht*, 1771; *Abend an der Ostsee*, 1830-31

Der einzige Vorteil, den Friedrich in solchen Institutionen erkennen konnte, war die Vielzahl von Lehrern unterschiedlichster Ausrichtung. So konnten Schüler eine große Palette von Stilen und Charakteren studieren und begreifen, dass es nicht die eine seligmachende Wahrheit in der Kunst geben konnte. Erst durch die Widersprüche unter den Professoren entwickelte sich für den Schüler die Möglichkeit, mehr auf sich selbst aufmerksam zu werden und Vertrauen zu den eigenen Sichtweisen zu gewinnen. Das Schlimmste, was einem noch formbaren angehenden Künstler passieren konnte, war folglich, an einen »aufgeblähten dünkelhaften Meister« zu geraten, dem er nicht zu widersprechen wagte.[21]

Hier mögen die 1796 erschienenen *Herzensergießungen eines kunstliebenden Klosterbruders* von Wilhelm Heinrich Wackenroder (herausgegeben von dessen Freund Ludwig Tieck) nachklingen, der empfahl, nicht einen, sondern verschiedene Meister zu studieren[22] und vor allem »sich nicht an einen Meister zu hängen, sondern selbst die Natur in allem ihren Wesen« zu erforschen, sonst verdiene man höchstens, »ein Enkel, nicht aber ein Sohn der Natur genannt zu werden«.[23]

Nur vordergründig ging es um den seit der Renaissance gepflegten Disput, ob nun als Lehrmeisterin eher die Natur oder die Kunst (der Antike) tauge. Friedrich plädierte deutlich für die Natur, aber er wäre kein Romantiker gewesen, würde er nicht darüber hinaus als höchste Instanz die innere Stimme jedes Einzelnen zur Kunst Berufenen verstanden haben. »Darum, ihr Lehrer der Kunst, die ihr euch dünket so viel mit eurem Wissen und Können, hütet euch sehr, daß ihr nicht einem jeden tyrannisch aufbürdet eure Lehren und Regeln, denn dadurch könnt ihr leichtlich zerknicken die zarten Blumen, zerstören den Tempel der Eigentümlichkeit, ohne den der Mensch nichts Großes vermag.«[24] Und an die Schüler und Künstlerkollegen gerichtet: »Wer selber Geist hat, kopiert nicht andere.«[25]

Ratschläge Außenstehender, so Friedrich, konnten nur schädlich, bestenfalls wirkungslos sein, wenn ein Werk wirklich *empfunden* und nicht *erfunden* wurde. War ein Bild dagegen geistlos, so halfen Belehrungen auch nicht weiter, denn »auf sein geistiges Selbst ist der Mensch, der Maler angewiesen«.[26]

Konnte Friedrich die Akademie kaum mehr als handwerkliche Bereicherung bieten, so brachten die Wanderungen eine gewisse Konstanz in sein Leben, eine Konstanz, die mindestens drei Aspekte beinhaltete: Inspiration, Erholung und Fluchtbewegung. Friedrichs Märsche führten ihn nach Neubrandenburg, in die Heimat nach Greifswald und zur dortigen Klosterruine Eldena als einem zentralen Motiv seines Lebens sowie nach Breesen unweit Neubrandenburgs, wo er bei Schwester Catharina Dorothea eine familiäre Geborgenheit suchte und zeitweise auch fand.

Bei aller Begeisterung für die Erscheinungsformen der Natur gelangte er offenbar zu der Überzeugung, es könne nicht schaden, sich zu Beginn der Karriere breit aufzustellen. Für Literaturillustrationen, Genreszenen und Porträts existierte ein Markt, den er zu bedienen beabsichtigte. Er skizzierte Bauernszenen und Hofmusikanten, versuchte sich an Porträts und illustrierte 1799 Szenen aus den *Räubern* des herzoglichen Hofrats und Ehrenbürgers der Französischen Republik Friedrich Schiller, der als Professor in Jena lehrte.

Im selben Jahr nahm er dann erstmals an der Akademischen Kunstausstellung in Dresden teil. Vielleicht dachte er daran, für dieses Forum eine Schlüsselszene der *Räuber* mit deutlichen stilistischen Anleihen bei seinem Lehrer Abildgaard, vor allem hinsichtlich der für diesen so charakteristischen langgestreckten Körper, als großes Historienbild umzusetzen.[27] Dass er nicht Hamlet oder Ossian als Thema wählte, sondern sich mit Schiller befasste, belegt seine Anteilnahme an der politischen Gegenwart. Das »Ossianische« sollten seine Zeitgenossen erst wieder als geistigen Hintergrund in seinen Landschaften entdecken.

Die enge und vertrauensvolle Verbundenheit in der Familie Friedrich trug ebenfalls in kreativer Hinsicht Früchte, denn Caspar David tat sich mit seinem Bruder Christian zusammen, der als gelernter Kunsttischler auch Zeichnungen in Holzschnitte übersetzte. Doch diese Wer-

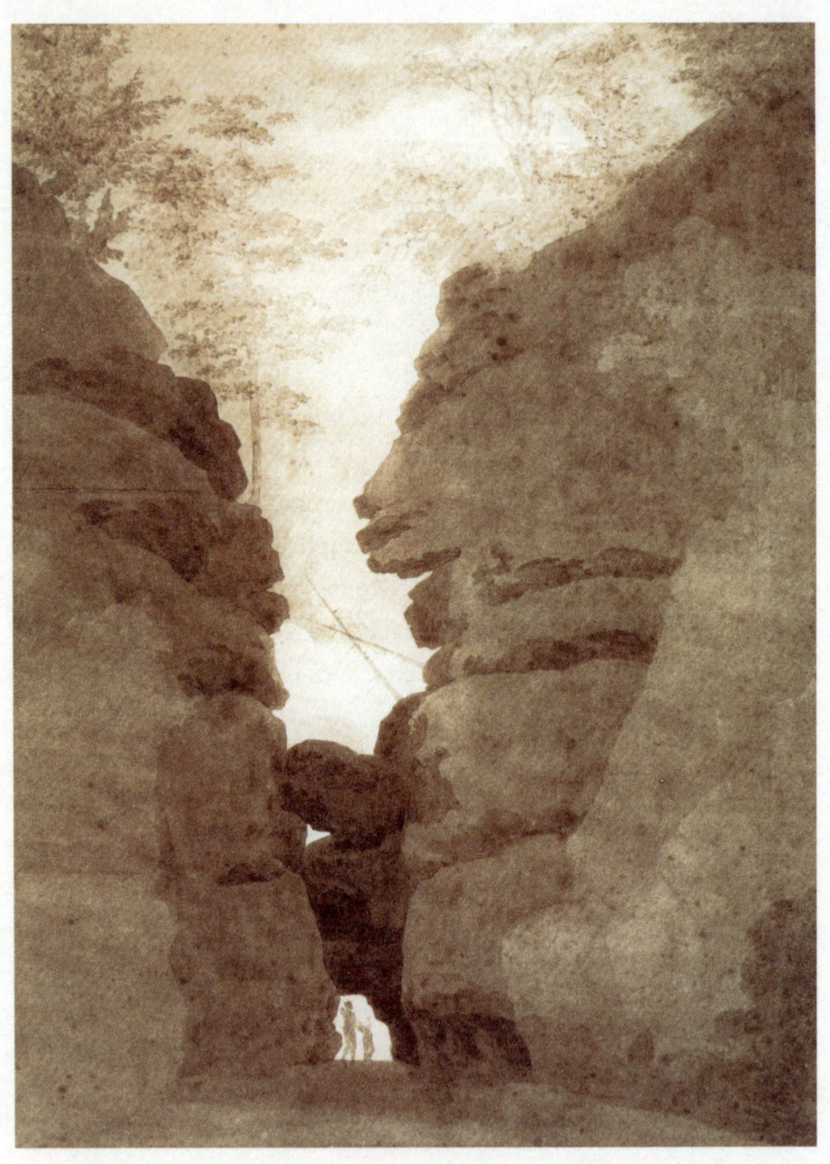

Abb. 12: *Felsentor im Uttewalder Grund*, 1801

ke gehören ebenso der Phase des Experimentierens an wie seine kurzzeitigen Historienbild-Ambitionen. Wenn Friedrich die Akkuratesse und den Schwung des Bruders lobt, so kann das nicht darüber hinwegtäuschen, dass die Zwischentöne, die für Friedrichs Werk zusehends wichtiger wurden, im Holzschnitt dieser Machart keinen Platz hatten.

Zunächst waren es daher seine Landschaften in Sepiatechnik, mit denen er von 1800 an erste nennenswerte Erfolge verzeichnen und den Versuch unternehmen konnte, seinen Lebensunterhalt als Künstler zu verdienen. Nach ersten eher dramatisch-erhabenen Motiven wie der Klamm im Uttewalder Grund, einem brennenden Kloster sowie einem Schiffbruch vor dem Kap Arkona, wandte er sich dem Meditativ-Melancholischen zu, das sein weiteres Werk bestimmen sollte.[28]

Ein früher Dresden-Besucher aus der alten Heimat war Theodor Schwarz, der, auf Rügen geboren, in jungen Jahren nach Greifswald gezogen war. Im Jahre 1800 stand er nun in Begleitung des Malers Jakob Wilhelm Roux vor Friedrichs Tür.

Roux arbeitete damals als der maßgebliche Illustrator an einem Langzeitprojekt, den *Anatomischen Tafeln zur Beförderung der Kenntniß des menschlichen Körpers*, die der bedeutendste Anatom seiner Zeit und Goethe-Freund Justus Christian Loderer publizierte. Schwarz dagegen befand sich noch in einer beruflichen Findungsphase, war Teil einer Clique junger Intellektueller in Greifswald, die sich intensiv mit den Ideen der Französischen Revolution auseinandersetzten,[29] wurde letztlich Pfarrer in seinem Heimatort Wiek, hatte aber durchaus auch literarische Ambitionen. Seinem Freund Caspar David Friedrich setzte er im Roman *Erwin von Steinbach* aus dem Jahr 1834 ein Denkmal.

Seit Johann Wolfgang Goethes Essay *Von deutscher Baukunst* aus dem Jahr 1773 war die Gotik zum Nationalstil avanciert und Erwin von Steinbach zum Prototyp des Genies, Heiligen und Halbgott der Architektur. In diesem Geiste ist auch der Held im Roman des Rügener Pfarrers unterwegs, der in den Fußstapfen des jungen Goethe die Kriterien von Empfindung und Originalität, wie sie der Sturm und Drang entwickelte, im Geist der Romantik fortspann.

Der zum Zeitpunkt des Erscheinens bereits vom Leben gezeichnete Friedrich wird auf diesen Seiten noch einmal zum Jüngling, der als Kaspar an der Seite des legendären mittelalterlichen Baumeisters des Straßburger Münsters in einer von Wikingern, Rittern und Burgfräulein bevölkerten Welt auf Reisen geht.

Manches von dem, was der tiefsinnig-melancholische Kaspar als Romanfigur äußert, entspricht Ansichten, die Friedrich um 1800 wohl noch nicht derart dezidiert vorgetragen hätte und die erst aus der Distanz von dreißig Jahren und in Kenntnis von Friedrichs weiterer Entwicklung die Schärfe annehmen konnten, die sie auszeichnet. Doch überraschen konnte diese Entwicklung letztlich bestenfalls in ihrer Geradlinigkeit, die sich in einer Fokussierung und damit auch Einengung äußerte, die sowohl zu Starrheit und Ressentiments führte als auch zu unbeirrter künstlerischer Radikalität.

Im Roman suchen Erwin und Kaspar gemeinsam nach dem nordischen Geist. Schon als sich der Maler dem Baumeister vorstellt und als Wegbegleiter gen Schweden anbietet, ist die Richtung vorgegeben: »Im hohen Norden, hoffe ich, wird mir manches Geheimnis in meiner Kunst sich offenbaren und ein unbekannter Trieb gestillt werden.«[30] Und als sie des Nordischen in Gestalt der Landschaft ansichtig werden, scheint Kaspar geradezu ein Gemälde Friedrichs zu beschreiben: »Siehst Du die Musik der Landschaft«, fragt er seinen Gefährten. »Sie hat hier nur wenig Umfang, keine reiche Gegend steht ihr zu Gebote […]. Und welch ein[en] Reichthum großer Ideen weiß sie aus den einfachen Mitteln zu entfalten! Ist es doch ein göttlicher Geist, der hier musiziert und mit Licht und Schatten, Farben und Formen wundersam spielt!«[31]

Der Dritte im Bunde der reisenden Freunde ist ein sanguinischer Historienmaler, ein Mann der Gesellschaft, der, dem Grübeln abgeneigt, den Moment zu genießen weiß und Kaspar zu überreden versucht, auch mal feiern zu gehen: »Ich brauche euch Menschenkinder so eigentlich nicht in meinem Kram«, entgegnet ihm Kaspar, »doch will ich es mir heute eben gefallen lassen und in den Kuckkasten des Weltwirrwarrs auch einmal hineinschauen, welchen ihr Historienmaler freilich nicht entbehren könnt.«[32] Das klingt ganz nach dem alten Friedrich. Der Weite der Landschaft stellt er den Guckkasten gegenüber, der Stille der erhabenen Natur das zivilisatorische Wirrwarr. Und während das Wirrwarr im engen Guckkasten einigermaßen paradox zum globalen, zum Weltwirrwarr wird, gerinnt die Landschaft wiederum zum Ausdruck volkstümlicher Heimatverbundenheit, die dann durchaus die Menschen einschließt, denn der Mensch, und besonders der Künstler, bedürfe, so Friedrichs Überzeugung, »eines Maßes von Stolz auf sein Volk und sein Vaterland, um etwas Tüchtiges zu leisten, und nicht in der charakterlosen Allheit des Weltbürgertums zu zerfließen«.[33]

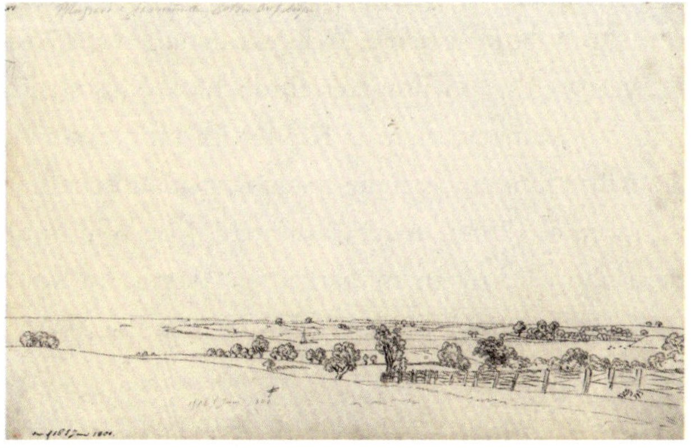

Abb. 13: Rügen-Landschaften, *Jasmunder Bodden*, 16. Juni 1801

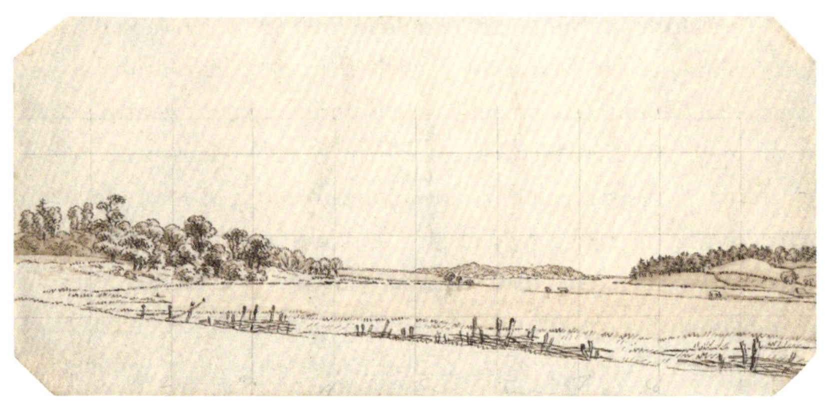

Abb. 14: *Seelandschaft*, um 1802

In der Wirklichkeit brauchte Friedrich gar nicht bis Schweden zu reisen, um seinen Trieb nach der nordischen Landschaft befriedigen zu können, denn Rügen liegt praktisch in Sichtweite seiner Heimatstadt. Es ist kaum zu glauben, dass der passionierte Wanderer nicht vor 1801 auf der Insel gewesen sein soll. Musste er wirklich zunächst nach Dresden ziehen, um dann von dort aus die Insel für sich zu entdecken?

Vom 10. April 1801 existieren Architekturstudien aus Neubrandenburg, am 5. Mai wurde 70 Kilometer nördlich die Klosterruine Eldena skizziert, am 17. Mai zeichnete er Kinder im Hof seines Bruders in Greifswald, Mitte Juni tauchen die ersten Rügenlandschaften auf. Das platte Land, wenige Linien, jeder Zaunpfahl, jede Windmühle in der Ferne, jeder Kahn wird zu einem markanten Akzent. Im Kontrast dazu die wilden Kreidefelsen der Stubbenkammer, dann wieder Strand, ein paar Findlinge, Wolken.

In Greifswald besuchte ihn Philipp Otto Runge, mit dem Friedrich inzwischen Studienerfahrungen in Kopenhagen verbanden. Seit 1799 war Runge an der dortigen Akademie eingeschrieben; nun wollte er ebenfalls nach Dresden wechseln. Dann zog Friedrich zu seiner

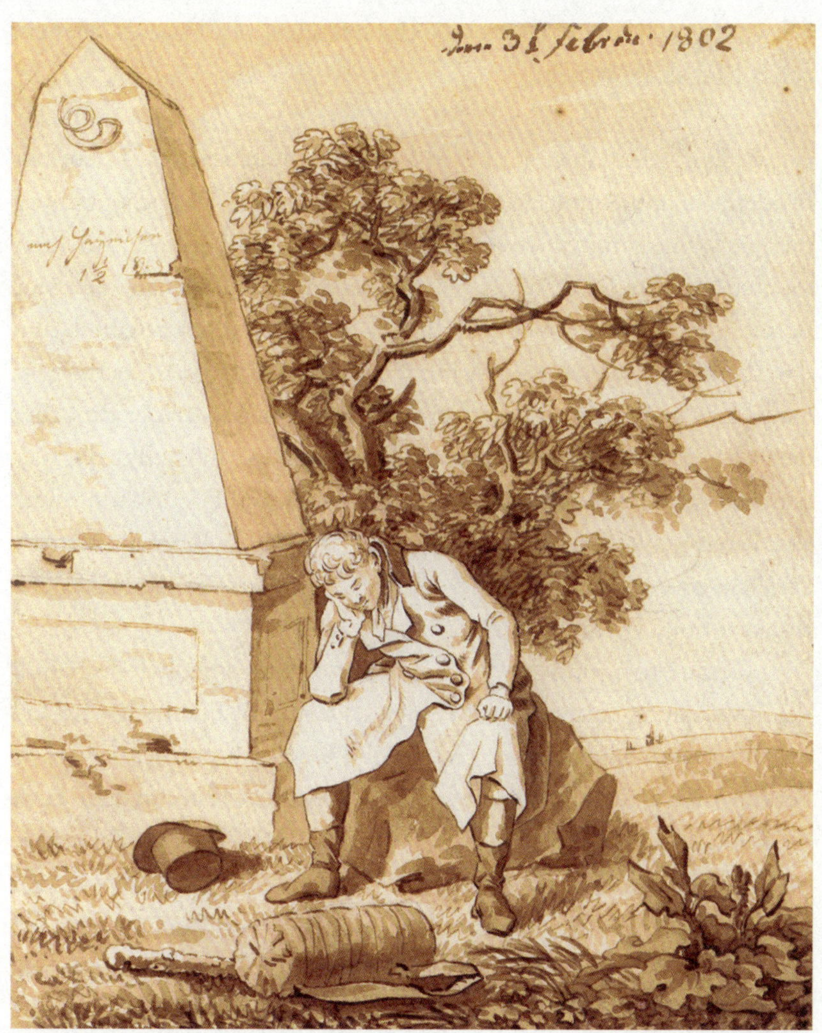

Abb. 15: *Wanderer am Meilenstein*, 1802

Schwester nach Breesen, wo er die Ruhe fand, seine Skizzenbücher ein erstes Mal auszuwerten.

Das Ereignis des Jahres 1801 war die Doppelhochzeit von Friedrichs Brüdern Johann Samuel, der am 30. Oktober die 18-jährige Kürschnertochter Wilhelmine Stoye ehelichte, und Adolf, der mit der Pastorentochter Margarethe Brückner zwei Wochen später vor den Altar trat. Beziehungen und Familiengründungen waren rund um Friedrich nun das Thema der Stunde. Am 10. Juli 1802 stand die nächste Hochzeit ins Haus. Die arrangierte Eheschließung zwischen Friedericke Brückner, der Kusine Margarethes, und Franz Christian Boll führte Friedrich erneut nach Neubrandenburg. Wohl 1798 hatte sich Friedrich mit dem Theologen in Neubrandenburg angefreundet, dessen Biografie manche Parallele zu der Friedrichs aufweist: Handwerkersohn, schwächliche Konstitution, »artfremde« Ausbildung.

Gerade neugekürter Pastor und Erweckungstheologe, war Boll – nun weitläufig verwandt mit Runge als auch mit Friedrich – für beide Maler rasch ein wichtiger Freund und Gesprächspartner geworden, der in wirren Zeiten Trost zu spenden vermochte, wie er ihn dann auch für alle Gläubigen in seinem Buch *Von dem Verfalle und der Wiederherstellung der Religiosität* bereithielt. Boll beschränkte sich keineswegs auf sein unmittelbares Metier, sondern entwarf seine Vorstellung eines idealen Staates als Voraussetzung für Humanität und Religion. Er vertrat eine konstitutionelle Monarchie mit unabhängiger Gerichtsbarkeit und ohne einen die eigenen Bürger bespitzelnden Geheimdienst, die Abschaffung der Leibeigenschaft, Meinungsfreiheit, faire Steuern, eine staatsunabhängige Kirche, und er betrachtete Napoleon als die Schmerz bereitende Hand eines Chirurgen, der die Übel der Dekadenz und Selbstsucht ausbrannte, der dem sittlichen Verfall Einhalt gebot, der Willkür und dem »Schneckengang der Justiz«.[34] Die Staaten sollten sich erneuern und damit auch den Weg zu einer Erneuerung der Religion ebnen.[35] Europa werde, so prophezeite er, weder in absolute Despotie noch in Anarchie verfallen – beides keine Nährböden für die Religion. Insofern sah er zuversichtlich in die Zukunft.[36] Spätestens seit einer gemeinsamen Wanderung durch das Elbsandsteingebirge im Jahr 1800 verband Friedrich eine enge Freundschaft mit dem Theologen, dennoch sah er im Unterschied zu Boll in Napoleon weit eher den strategischen, emotionslosen und ganz und gar diesseitigen Machtpolitiker.

Auch Friedrich schien in den ersten Jahren des neuen Jahrhunderts eine Beziehung zu einer Frau gepflegt zu haben, die in Heinichen lebte und von der er dem Freund Lund etwas kryptisch in einem Brief berichtete[37] – fast so, als ob jedes Wort zu viel indiskret wäre und die Geliebte kompromittieren könnte. Dem Ende der Romanze – ob durch Trennung oder durch Tod, ist nicht überliefert – hat er sein Blatt des *Wanderers am Meilenstein* vom 3. Februar 1802 gewidmet: Ein junger Mann hat seinen Zylinder achtlos von sich geworfen und sitzt breitbeinig und nachdenklich auf einem Felsbrocken zu Füßen des Obelisken, der auch ein Grabstein sein könnte, würde er nicht die Aufschrift »nach Haynichen 1 ½ Stunden« tragen. Soll er so kurz vor dem Ziel weitermarschieren oder doch umkehren? Oder ist er schon in Heinichen gewesen und macht nun auf dem Tagesmarsch zurück nach Dresden eine erste Rast, um über das Erlebte zu reflektieren?

Nur einen Monat nach dem *Wanderer am Meilenstein* schaut Friedrich geradezu trotzig nach vorn. Auf den 8. März 1802 ist ein kleines Selbstbildnis datiert. Gezeichnet mit Bleistift und Tusche ist der junge Künstler bereit, zur Tat zu schreiten. Das Tuschefässchen ist am Knopfloch befestigt, die Visierklappe, die ihm das Fokussieren erleichtert, übers rechte Auge heruntergezogen und mit einem Stirnband festgebunden. Indem er uns nur mit einem Auge ansieht, wird dieser Blick umso intensiver und das Sehen selbst zum Thema. Dem sichtbaren Auge steht das unsichtbare gegenüber, so wie das äußere Auge im inneren sein Pendant finden muss, wenn Kunst entstehen soll. Der, der uns hier entgegentritt, macht einen selbstbewussten Eindruck. Der legendäre Backenbart hat bereits zu sprießen begonnen, die Nüstern im eher derben Gesicht haben Witterung aufgenommen, die aufgeworfenen Lippen sind in den Mundwinkeln zu einem Lächeln dezent nach oben gezogen. Vermutlich war dieses Selbstporträt Friedrichs als letztes Blatt Teil seines *Kleinen Mannheimer Skizzenbuchs*[38] und ließe sich damit auch als eine Art abschließende Signatur der vorangegangenen Zeichnungen verstehen (siehe Frontispiz).

Das seelische Pendel schlug offensichtlich schon in jungen Jahren in verschiedene Richtungen aus. Carl Gustav Carus erwähnte in seinen Memoiren auch einen Suizidversuch Friedrichs, über den sich der Maler ebenfalls nur in Andeutungen erging und der in den ersten Jahren des neuen Jahrhunderts stattgefunden haben könnte. Wie konkret diese geheimnisvolle Attacke gegen sich selbst gewesen ist, ob sie in Zusammenhang mit dem Ende seiner Beziehung stand und ob sie überhaupt stattgefunden hat, wird sich nicht mehr ergründen lassen.[39] Überliefert ist jedenfalls, dass Friedrich schon früh die Fiktion seiner eigenen Beerdigung zu Papier brachte. Als Schmetterling flatterte die Künstlerseele in der verschollenen Friedhofsszene *Mein Begräbnis* von 1803 aus dem noch offenen, dunklen Grab ins Licht und gemeinsam mit anderen Schmetterlingen einem alles überspannenden Regenbogen entgegen.[40]

ALLGEMEINER BEIFALL

ERSTE SCHRITTE IN DIE SELBST-STÄNDIGKEIT

Im Juli 1802 kehrt Caspar David Friedrich mit dem vier Jahre jüngeren Friedrich August von Klinckowström, der ebenfalls bei Quistorp in Greifswald Malstunden genommen hatte, nach Dresden zurück. Klinckowströms autoritärer Vater hatte Friedrich beauftragt, ein Auge auf seinen Sohn in dessen Dresdener Anfangszeit zu werfen und offenbar kam ihm der Maler vertrauenserweckend genug vor, um diese Aufgabe auch erfüllen zu können. Als Künstler nahm Friedrich den Kollegen nicht ernst und äußerte sich wiederholt herablassend, auch weil sich Klinckowström vor allem dem Kopieren widmete und wenig Eigenschöpferisches vorzuweisen hatte. Dass sich der in physischer und psychischer Hinsicht labile junge Kollege allerdings schon bald mit dem wortgewandten Runge anfreundete, den er vermutlich durch Friedrich kennengelernt hatte, und dem neuen Freund 1804 vorübergehend nach Ludwigsburg und Hamburg folgte, schien Friedrich auch nicht zu behagen.

Für Friedrich sollte Dresden bis zu seinem Tod Lebensmittelpunkt bleiben, auch wenn der Kontakt mit der Heimat nie abriss und er bereits 1803 erneut wandernd auf Rügen anzutreffen war. Im Juli bezog Friedrich eine Sommerwohnung in Dresden-Loschwitz, wo er unmittelbar Glücksgefühle entwickelte und erste Bekanntschaften machte, vermutlich auch die von Christoph und Friederika Christiana Bommer und deren Kindern, darunter die damals elfjährige Tochter Caroline. Sie wird Friedrich 1818 heiraten.

Künstlerisch haderte er mit sich, zeigte sich unzufrieden, auch wenn seine Sepie *Mein Begräbnis* bei der Akademieausstellung im Frühjahr 1804 besondere Aufmerksamkeit erregte und sich nach und nach Kunden in der Dresdener Gesellschaft fanden, wenn man Philipp Otto Runge glauben darf, der bereits am 6. April 1803 seinem Bruder Daniel von Friedrich und dessen ausgestellten Sepiablättern berichtet hatte:

> *Sie finden allgemeinen Beyfall und verdienen es. Ich dachte zu einem Versuch damit sie ihm abzukaufen und euch zu schicken, nun hat er aber das eine Stück an Hrn. v. Racknitz*[41] *verkauft und das andere auch schon halb und halb; hat aber jetzt wieder eine Aussicht vom Rugard nach Jasmund, der Prora, und weit in die See, fertig, die weit reicher und schöner ist. Diese und eine andere […] hab' ich ihm für 30 Thlr. jedes abgekauft. Ich werde sie mit nach Leipzig bringen, sie werden euch viel Vergnügen machen.*[42]

Friedrich war niemand, der in Kriegszeiten hineingeboren worden war, umso mehr empörte er sich über die politischen Verwerfungen, die das neue Jahrhundert so massiv mit sich brachte.

Dresden – bereits in den Österreichischen Erbfolgekriegen und im Siebenjährigen Krieg unter Beschuss geraten – sah keinen entspannteren Zeiten entgegen. Bis 1804 ging die Einwohnerzahl um dreißig Prozent auf 45 000 zurück. Stadtbrände und Bombardements hatten die Dresdener zermürbt.

> *Friedrich hat mir nach seiner Krankheit geschrieben, welche er, wie ich glaube, sich durch Aerger über die vaterländischen Angelegenheiten zugezogen. Wer nicht Beruf hat, Alle zu befreyen, der halte doch nur sich selbst frey, und wäre es so, wie jener die brennende Stadt verließ. Nichts ist zweckloser, als teilnehmend sich verlieren in das*

Nichts des Mitleidens. Entweder Alles thun, oder sich um nichts bekümmert. Es sollte mir leid thun, wenn er nicht mit dir nach Rügen käme, da es dort gewiß recht für ihn Gegenden sind.[43]

Diese Zeilen Klinckowströms an Runge sind vielsagend. Der militärisch geschulte Künstler hatte sich während der Napoleonischen Kriege für zwei Jahre auf das väterliche Schloss in Loissin zurückgezogen, sich folglich aus allem herausgehalten. Die Argumentation seines Briefes ist also zunächst einmal Rechtfertigung des eigenen Handelns. Friedrich, so scheint er andeuten zu wollen, habe es ebenfalls gerade noch geschafft, sich physisch aus Dresden zu verabschieden, die brennende Stadt zu verlassen, allerdings nicht ohne seelische Schäden davonzutragen. Rügen empfiehlt er als Kurort, als Balsam für die Psyche. An der Seite Runges wäre, so deutet der Runge-Verehrer an, zudem eine künstlerische Inspiration garantiert. Doch die gemeinsame Reise kam nicht zustande. Dennoch trug die Bekanntschaft mit Runge auch für Friedrich Früchte, wie sein Jahreszeitenzyklus in Sepia zeigt, in dem er sein Vokabular weiterentwickelte.[44]

Zwei Versionen gibt es. Die eine wird auf 1803 datiert, die zweite auf 1826. Sie unterscheiden sich vor allem dadurch, dass Friedrich vermutlich in der frühen Version nur die vier Jahreszeiten zeichnete, während er die spätere durch drei weitere Blätter ergänzte. Außerdem variiert die Anzahl der abgebildeten Figuren. 1803 sind fünf Kinder im Frühlingsbild präsent, der Herbst ist menschenleer, im Winter bleibt ein Mann am offenen Grab zurück. 1826 sind in allen Blättern außer dem Eröffnungsblatt des Schöpfungsmorgens immer zwei Gestalten zu sehen: zwei Kinder im Frühling, ein junges Paar im Sommer, das sich im Herbst auf Wanderschaft begibt, zwei Alte am Grab, zwei Skelette in einer Höhle, zwei Engel auf dem Weg gen Himmel.

Den Jahreszeiten der Natur setzte Friedrich die Lebensalter des

Menschen gleich, was seinen Freund Gotthilf Heinrich von Schubert zu einer mehrseitigen Eloge in seinen *Ansichten von der Nachtseite der Naturwissenschaft* veranlasste. Über Friedrichs »Bildungsgeschichte der Natur« in vier Blättern ergießt er einen Schwall an Deutungen: Kaum zum Leben erwacht, so Schubert, streben wir als Kinder im Frühling begeistert zum Licht und greifen nach der Sonne, die wir für ein nahes Objekt halten, »doch schon die ersten Schritte sind ein Irrthum, und wir eilen von dem einsamen Hügel der kindlichen Träume, auf dem wir die ersten aufgehenden Strahlen empfiengen, hinabwärts, in das tiefe Gewühl des Lebens, wo uns neue Dämmerung umfängt«. Oder, um es mit den Worten des Kunsthistorikers Martin Kirves zu sagen: »Das präreflexiv wirksame Ursprungsstreben, das – reflexiv geworden – zur Sehnsucht wird, resultiert aus dem unüberbrückbaren Hiatus einer fundamentalen Differenz, die das Apriori des Bewusstseins bildet.«[45] Friedrich selbst beschreibt das Stadium der Kindheit als köstliche Gegenwart, als Genuss des Moments ohne Bewusstsein von Vergänglichkeit, wobei in seinem Frühlingsbild die Natur diesen Zustand illustriert: »Kein Stein ist hier zu sehen, kein dürrer Zweig, kein abgefallenes Laub.«[46]

Am Mittag dann eröffnet sich uns die weite Welt, die wir kühn zu erobern suchen, wobei uns »das ferne hohe Gewölk noch als fernes Gebürge erscheint«, das wir leicht zu erreichen wähnen, doch zunächst gilt es in den Armen jugendlicher Liebe ein erstes und letztes Mal auszuruhen, bevor es herbstlich-abendlich wird. Die Blüten sind dahin, »die meisten waren fruchtlos, und auf dem herbstlichen Boden blühet nur noch einsam, mit der Farbe des Abendroths, die späte Zeitlose, deren Früchte erst in einem andern Frühling reifen«. Einsamkeit ist hier das Stichwort, denn der Herbst ist in der Version von 1803 reine Landschaft. Zeugnisse menschlicher Anwesenheit finden sich in kleinen Details, einem Kreuz auf den Felsen vorne rechts und einigen Gebäuden

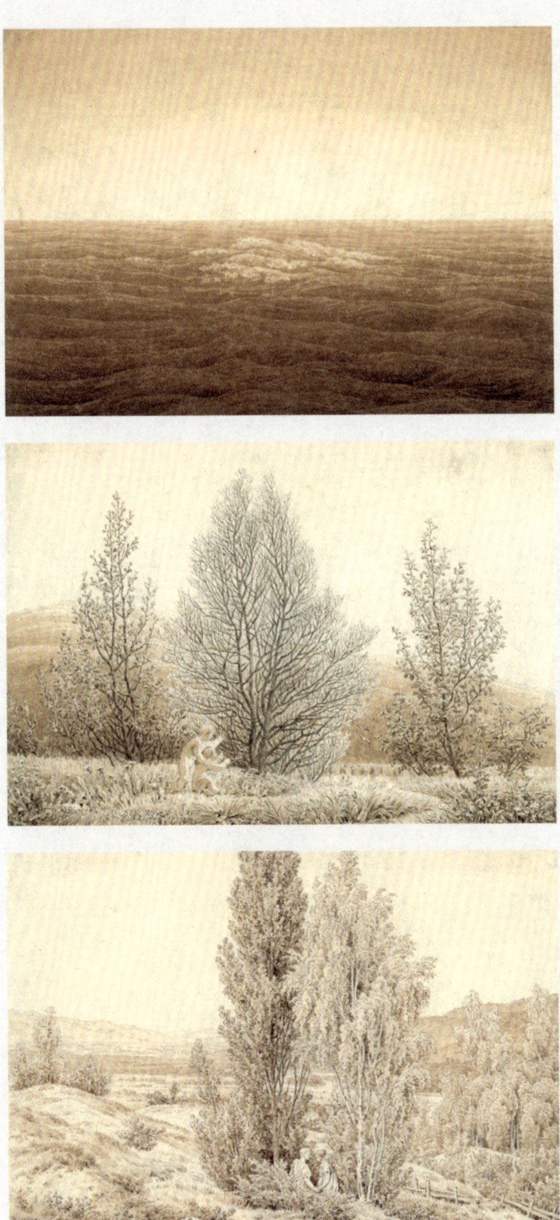

Abb. 16-18: *Schöpfungsmorgen*, *Frühling* und *Sommer*, um 1826

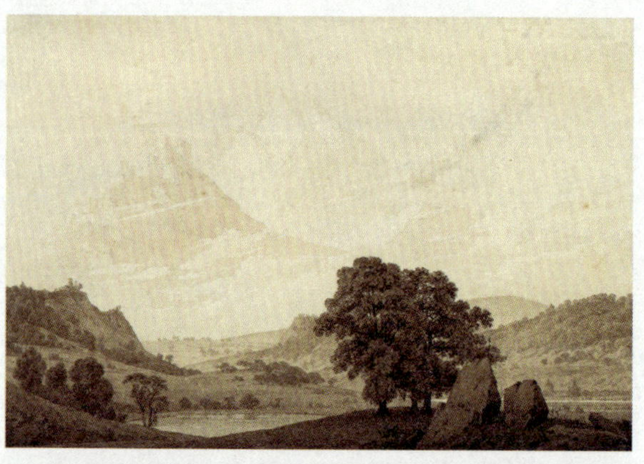

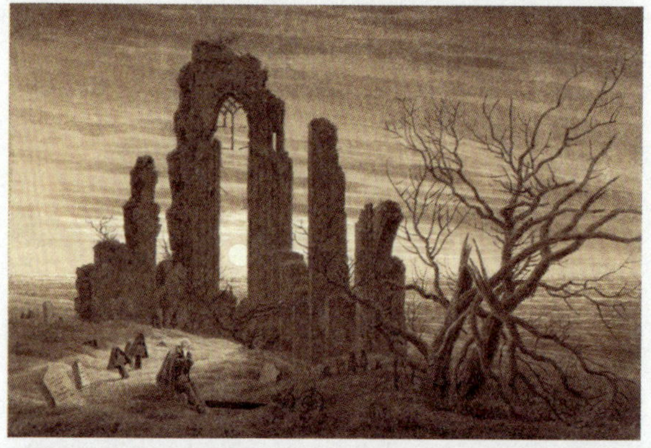

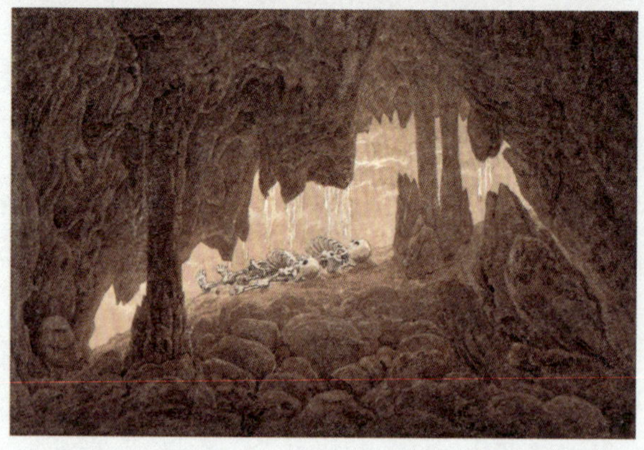

Abb. 19-21: *Herbst* und *Winter*, 1803; *Felsgrotte mit Skeletten*, um 1826

dahinter, doch die Lesart der Bildfolge als Lebensalter scheint unterbrochen.[47] Es entspräche Friedrichs Denkweise, nach Kindheit und Partnersuche die Welterfahrung und -erkundung durch Abwesenheit darzustellen. Der Mensch ist unterwegs und folglich außerhalb des Bildes, erst zum Lebensende wird er zurückkehren. Betont Friedrich im Frühling das Sanfte der Landschaft, die nichts Steiniges zeigt, so ist der Stein nun zum alles überragenden Felsmassiv geworden. Der ferne Berg, den wir nur erahnen, gibt in seiner Erhabenheit über den Wolken und bedeckt von ewigem Schnee eine Idee des Überirdischen und Ewigen, seine Dreigliederung mag ein Hinweis auf die göttliche Dreifaltigkeit sein.

Doch unsere Kräfte schwinden, der Weg wird öder, steiniger, so dass er uns auf Erden unerreichbar bleibt. »Der graue Wanderer sieht sich einsam unter Gräbern«, richtet im Winter vor einer Kirchenruine, hinter der die Sonne sinkt, seinen Blick in das Dunkel des (für ihn oder seine Gefährtin) ausgehobenen Grabes, das Friedrich mit Beinschwarz, einem aus verkohlten Knochen gewonnenen Farbstoff, geradezu substantiiert hat.[48] Am Ende steht die Erkenntnis, die paradoxe Weisheit, dass sich das Streben nach geistiger Vollendung während des kurzen Daseins unmöglich erfüllen kann, so dass nur die hoffnungsvolle Vorahnung auf ein höheres Dasein bleibt.[49]

Gut zwanzig Jahre später hat Friedrich seine *Jahreszeiten* um drei Blätter erweitert. Voran stellte er als Ouvertüre das biblische Urgewässer, den Abschluss bilden die irdischen und himmlischen postmortalen Zustände: für die physische Welt eine Tropfsteinhöhle, in der einträchtig zwei Skelette ruhen, in der spirituellen Dimension das Gebet zweier Engel-Seelen über den Wolken. Damit gibt es nun sieben »Jahreszeiten«, wobei sich die Frage aufdrängt, ob es sich weiterhin um einen Zyklus handelt, ob also nach dem finalen Gebet im Jenseits mit der Genesis wirklich noch einmal alles von vorn beginnt.

Dass Friedrich den »Zyklus« zu einer Folge von sieben Blättern ergänzte, dürfte kein Zufall gewesen sein. Neben den Jahreszeiten sowie den Lebensaltern lassen sich nun auch die Tugenden mit den Szenen assoziieren. Vorangestellt ist die Hoffnung auf den Schöpfergeist über den Wassern, es folgt die Frühlingssonne als Gerechtigkeit, die alle Kreaturen gleichermaßen erwärmt, die Hochstimmung sommerlicher Fortitudo, die herbstlich-gemäßigte Temperantia, die melancholisch-reflektierende Sapientia angesichts des Lebensendes sowie die Liebe über den Tod hinaus und schließlich der Glaube, personifiziert in den ins Gebet vertieften himmlischen Gestalten.

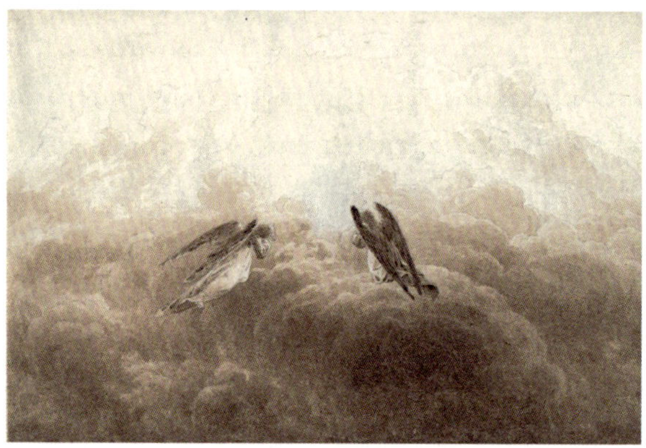

Abb. 22: *Engel, über Wolken schwebend*, um 1826

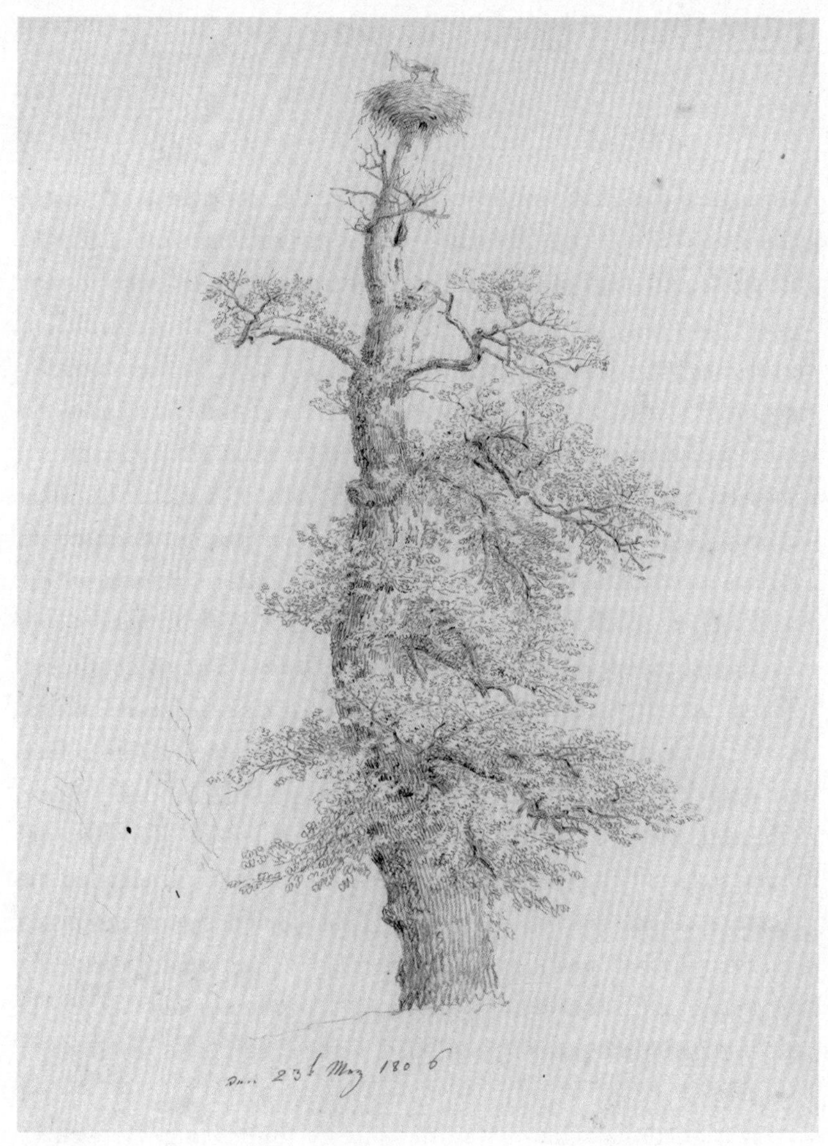

Abb. 23: *Eiche mit Storchennest*, 1806

ROMANTIK

Kant hatte der Vielfalt sinnlicher Eindrücke die Generalisierung entgegengesetzt, die mit den Mitteln des Verstandes Prinzipien und allgemeingültige Regeln destilliere. Die Vernunft stand über der Sinnlichkeit wie der Herrscher über dem Volk. Diese Hierarchie infrage zu stellen, darf als eine zentrale Ambition der Romantiker gelten. Die Kombination aus unmittelbarer, empirischer Naturempfindung und einer emotionalen Religiosität mit pietistischen Tendenzen führte zu einer ganz neuen künstlerischen Ausdrucksform. Sehr zum Schrecken mancher Klassiker, wie etwa Goethe, die in der Romantik das Überspannte, Diffuse und Kranke ausmachten. Die Psyche künstlerisch derart zu offenbaren, die Natur als Ausdruck des eigenen Seelenlebens zu instrumentalisieren und dieses Seelenleben damit zu zelebrieren, das stand im deutlichen Widerspruch zu den Vorstellungen des Klassizismus. Denn Romantik, das war auch ein eingestandener Kontrollverlust, der von ihren Gegnern als Schwäche verstanden wurde, als unmännlich und schwärmerisch. Man wiegte sich nicht mehr in der Sicherheit der alles dominierenden menschlichen Vernunft, sondern sah sich ausgeliefert an die Elemente, einsam und verloren in der Unendlichkeit und sehnte sich nach Freundschaft und Geborgenheit. Zugleich wurde der stetige Zyklus der ewigen Natur in den politischen Wirren, brutalen Gemetzeln und dem gefühlten moralischen Niedergang der Epoche als Trost empfunden.

Mit Friedrich Schlegel war man nun der Auffassung, die Welt sei kein System, lasse sich folglich auch nicht systematisieren, sondern vielmehr ein Narrativ, eine Geschichte voll von Intuition und Poesie. Gegenüber unumstößlichen Wahrheiten herrschte zusehends Skepsis.

Konnte die Wahrheit nicht auch im Ambivalenten liegen, im emotional Widersprüchlichen? Gab es nicht auch das von Hegel erwähnte »Lächeln unter Tränen«, die »Wonne im Leiden«?[50]

Das Bedürfnis nach Klarheit, nach Kategorien, nach dem hell leuchtenden Supremat des Intellekts wurde plötzlich ganz bildlich durchzogen von Nebelschwaden und verdunkelt durch nächtliche Schattenspiele, durch gleichermaßen politische wie seelische Abgründe. Und hoch oben oder in die Ferne entrückt, tauchte – gleich einer Vision – ein Gekreuzigter oder eine Kathedrale auf: Die Religion entzog sich wieder dem Zugriff der Rationalisten, die sich daran gemacht hatten, selbst Gott mit den Mitteln der Vernunft zu ergründen. Die Natur wiederum erlangte animistische Züge, wirkte beseelt und diese Seele konnte nur göttlichen Ursprungs sein. Es verwischten sich die Grenzen zwischen materiellen und spirituellen Sphären, so dass die Gesetze der reinen Physik irrelevant wurden und zugleich eine abgehobene Metaphysik obsolet erschien.

Die *Inselfahrt* des von Friedrich geschätzten Ludwig Gotthard Kosegarten etwa verdichtet die Spannungen, Kontraste und Widersprüche sehr anschaulich. Bei einem Friedhofsbesuch trifft sengende Sonne auf schaurige Grabnacht, das Umherirren auf tröstende Worte, das bange Grauen auf Ahnungen ewigen Lebens:

Scharf zwar sengte des Mittags Strahl auf dem nackenden Abhang,
Wo kein schattender Wipfel Erquickung bot dem Betrachter.
Dennoch irret im weiten Bezirk der Freund mit den Mägdlein
Zwischen den Gräbern umher des hügelbesäten Kirchhofs.
Musternd die Leichensteine, die rohgeschnitzten, mit manchem
Tröstenden Spruch verziert, der den schauernden Geist von der Grabnacht
Bangem Grau'n aufrichtet zu Ahnungen ewigen Lebens.[51]

Der Begriff der Romantik leitet sich vom Romanhaften, vom »Romanischen« ab und gab so auch dem Fiktiven einen Raum. Die Einbildungskraft wurde zum Gradmesser der Freiheit, denn wichtiger noch als die Freiheit des Verstandes war die Freiheit der Seele. Rationalisten dagegen blieb der Roman als Gattung an sich suspekt, denn »Romane werden für nachteilig gehalten, weil sie die Phantasie erhitzen«, wie der Maler Wilhelm von Kügelgen in einem Plädoyer für jene Phantasie paraphrasiert, um dann über die Wirkung seiner ersten Romanlektüre zu berichten: »Die mich umgebende Wirklichkeit nahm ein romantisches Gewand an, indem ich unwillkürlich die Züge des Gelesenen in sie hineintrug.« Aus der ödesten Umgebung wurde »die Szenerie zu dem schwärmerischen Aufschwung, den ich genommen, und dem damit verbundenen Gefühle eines ungewöhnlichen inneren Wohlseins«. Alles vermochte sich »im Zauberlichte der Romantik« zu verändern, »und das war der wesentlichste Vorteil, den ich von meinem Romane hatte«.[52]

Einen wichtigen Beitrag zur Wiederentdeckung der Romantik um 1900 leistete die Historikerin und Schriftstellerin Ricarda Huch, bei der Caspar David Friedrich mit seinen »träumerischen Landschaften und Luftschaften« noch Randfigur bleibt.[53] Wenn sie allerdings den romantischen Charakter schildert, kann man nicht umhin, an Friedrich zu denken:

> *Was ihm fehlt, ist Festigkeit und Harmonie, aber er hat, wenn man den Berührungspunkt des Unbewußten und Bewußten so nennen darf, Seele. Er hat einen Körper in dem das ausgelassene Herz bald zu geschwinde, bald zu träge klopft, ein Gesicht, aus dem uns suchende, ahnende Augen voll Geheimnis ansehen.*[54]

Der Begriff Romantiker, reduziert auf einen gefühlsbetonten, schwelgerischen, leicht weltfremden Charakterzug, hat bis heute überlebt. Je länger die Zeit der »eigentlichen« Romantiker zurückliegt, desto entgrenzter wurde die Vorstellung dessen, was Romantik sein konnte. Romantische Tendenzen ließen sich nun ebenso bei den Surrealisten, im Kitsch der Nazi-Künstler, im Informel, ja noch bei Joseph Beuys ausmachen.[55] Irgendwelche romantischen Aspekte – sei es Dämonisch-Phantastisches, Antirationalistisches oder Kosmisch-Lebensreformerisches – fanden sich praktisch überall. Überzeugende Argumente dafür zu finden, inwieweit sie in einer Tradition der Romantik stehen, ist umso schwieriger, je weiter der ohnehin diffuse Romantikbegriff gefasst wird.

Fatal aber erscheint die Konstruktion einer solchen Traditionslinie erst, wird sie rückwärts betrachtet. Dann finden sich plötzlich die Wurzeln des nationalsozialistischen Ungeistes bei Caspar David Friedrich.

Aspekte der Romantik in späteren Stilen, Ismen und Attitüden wiederzufinden, mag auch deshalb so einfach und verlockend sein, weil sich die Romantik ihrerseits aus so vielfältigen Quellen speiste. Antikenzitate, eine Neubewertung der Gotik und eine neuzeitliche Naturbeobachtung bilden den stilistischen Nährboden, auf dem Mythen und Legenden, religiöse Erbauung und patriotische Schwärmerei wirkmächtig gedeihen und auf dem sich Weltschmerz – die Einsamkeit des Menschen im Allgemeinen und des Künstlers im Besonderen – und biedermeierliche Beschaulichkeit erstaunlich konfliktfrei begegnen.

DER WEG ZUR ÖLMALEREI

UNENDLICHKEIT IM KLEINFORMAT

Aus dem Jahr 1805/06 stammt ein eigenwilliges Selbstporträt. Der Blick aus dem hohen, in vier mal zwei Quadrate geteilten Atelierfenster auf die Elbe ist eines der ganz seltenen Interieurs im Werk Friedrichs und das Pendant zu einem zweiten *Blick aus dem Atelierfenster* (beide um 1805, Kunsthistorisches Museum, Wien). Die Aussicht geht über den Fluss auf Pappeln und einige kleine Häuser am jenseitigen Ufer. Dazwischen fährt ein Boot vorüber, und ein zweites, von dem nur die Takelage zu sehen ist, ankert unmittelbar vor dem Fenster, dessen untere Flügel geöffnet sind, um Luft und damit die Natur hereinzulassen. Die Position des Malers ist nicht ganz zentriert, sondern nach links gerückt, so dass der rechte geöffnete Fensterflügel betont ist, in dessen Spiegelung sich das Fensterkreuz zu einem Kruzifix fragmentiert. Auf der anderen Seite hängt prominent eine Schere an einem Nagel. Sie dient dem Künstler vielleicht zum Schneiden seines Papiers oder zum Kürzen der Dochte seiner Kerzen, sie ist aber auch Attribut der antiken Schicksalsgöttin Atropos bzw. Morta, deren Aufgabe darin besteht, die Lebensfäden der Menschen abzuschneiden. Flankiert von Kreuz und Schere ließe sich das jenseitige Ufer dann vielleicht sogar als spirituelles Jenseits verstehen, wobei man geneigt ist, sich das Paradies etwas komfortabler vorzustellen.[56] Viel zu sehen gibt es insgesamt nicht. Weder vom Inneren noch vom Außen. Thema des Bildes ist somit das Fenster an sich.

Wie so oft im Werk Friedrichs ist auch hier dem naturalistischen Bild möglicherweise eine symbolische Ebene unterlegt. Möglicherweise, denn es bedarf dieser Uneindeutigkeit, um dem Subtilen und Sublimen den notwendigen Raum zum Atmen zu geben.

Friedrich schloss üblicherweise bei der Arbeit die unteren Läden, um Oberlicht zu haben und Ablenkung von außen zu vermeiden. Dieses Fenster aber hat keine Läden, es kann bestenfalls die Wärme regulieren. Dieser rein funktionalen Aufgabe setzt der Künstler nun eine ästhetische entgegen. Das Fenster – als transparente Grenze zwischen Außen- und Innenwelt, zwischen Extrovertiertem und Introvertiertem beliebtes Sehnsuchtsmotiv vor allem der Romantik – wird selbst zum Bild. Am linken Rand, scharf angeschnitten, hängen noch zwei kleine Rahmen an der Wand, von denen der obere ein Spiegel ist, in dem Augen und Haarschopf Friedrichs erscheinen. Der Spiegel wirkt damit als eine Art zweites Fenster, durch das der Künstler von draußen zu sich selbst hereinspäht.

Indem wir den Maler im Bild entdecken, der sich auf so kuriose Weise als Nebensache eingeschlichen hat, ließe sich auch das Fenster plötzlich noch ganz anders verstehen: Es wird als zentrales Motiv nun ebenfalls Teil eines Selbstporträts, zum Symbol einer notwendigen Transparenz zwischen Innen- und Außenwelt, zum Ausdruck einer durchlässigen Künstlerseele.

1805 erhielt Caspar David Friedrich für zwei Sepiablätter die Hälfte des Weimarer Kunstpreises zugesprochen. Was schon Runge begeistert hatte, die handwerkliche Bravour in Einheit mit einem Feingefühl für Stimmungen, das faszinierte nun auch Goethe und den Kunstexperten Johann Heinrich Meyer, Goethes *Kunschtmeyer*, die Friedrich auszeichneten, obwohl er mit den Werken vollkommen das gesetzte Thema verfehlte. Statt der verlangten Szene aus dem Herakles-Mythos wurden zwei Landschaften bedacht, eine *Wallfahrt bei Sonnenuntergang* und ein *Herbstabend am See*.

Es hätte zu Friedrich gepasst, wenn er, vollkommen auf sein Talent vertrauend, die Jury mit der Qualität seiner Werke zu überzeugen gesucht hätte. Derartige Akte, mit denen er sich über Vorgaben und

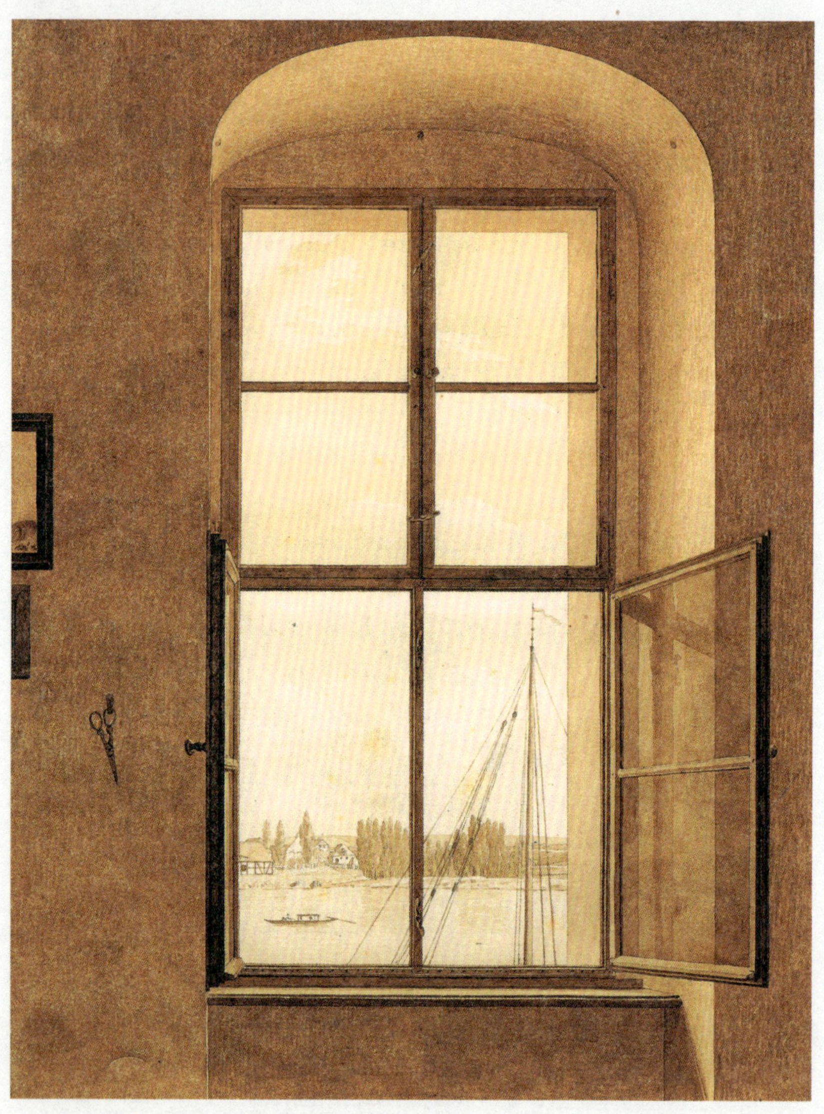

Abb. 24: *Blick aus dem Atelierfenster*, 1805-06

Regeln hinwegsetzte, bestimmten seinen Charakter und machten ihm das Dasein nicht leichter. Noch aber war sein künstlerisches Selbstbewusstsein nicht so stark entwickelt, dass er ein vorgegebenes Thema derart ignoriert hätte. Es wäre auch nichts weniger als ein Affront gegenüber der Kommission gewesen, die die Illustration einer konventionellen und bildungsbürgerlich verbrämten Heroengeschichte verlangte, welche, bei allen allegorischen Bezügen auf die Zeitgeschichte, für ernsthafte Künstler kaum mehr als dekoratives Geplänkel sein konnte. Sich über die thematische Vorgabe hinwegzusetzen, wäre allerdings jener rhetorischen Frage gleichgekommen: Warum sollte nicht jeder Künstler präsentieren, was er in seinem Schaffen für am gelungensten erachtet? Warum nicht Kunst prämieren, die unabhängig vom Thema unmittelbar die Seele des Betrachters berührt?

Vermutlich hatte Friedrich die beiden Blätter größeren Formats (40,5 × 62 cm) zur jährlich veranstalteten Weimarer Kunstausstellung eingereicht, wo sie von Goethe und Meyer entdeckt wurden. Es war also wohl die Jury selbst, die sich über eigene Vorgaben hinwegsetzte. Friedrich wusste sich Goethe zu Dank verpflichtet und schenkte die Sepien dem Geheimrat mit dem unverhohlenen Stolz, nun zwei eigene Werke in dessen Kunstsammlung zu wissen.[57]

Die preiswürdigen Blätter waren das vorläufige Resultat aus Hunderten von Naturstudien, die Friedrich über Jahre in seinen Skizzenbüchern sammelte. Diese Skizzenbücher, stets mit genauer Datierung versehen, wurden zu einer Art Tagebuch, in dem er nonverbal Orte, Stimmungen und Gedanken über künstlerische Fragestellungen und Lösungen festhielt, oder, wie Wackenroder schreibt, zu einer Schatzkammer des Geistes, denn der Kunstsinn »ist nicht darauf angesehen, etwas ganz aus eigenem Sinne zu gebären; der Kunstsinn soll vielmehr emsig außer sich herumschweifen, und sich um alle Gestalten der Schöpfung mit behender Geschicklichkeit herumlegen, und die Firmen und

Abdrücke davon in der Schatzkammer des Geistes aufbewahren; so daß der Künstler, wenn er die Hand zur Arbeit ansetzt, schon eine Welt von allen Dingen in sich finde«.[58]

Schon vor 1800 trug Friedrich hier vor allem Baum- und Pflanzenstudien zusammen, die bereits große Sicherheit und ein entsprechend langes und intensives Studium verraten. Mit Routine und zugleich dem Blick für Details gingen ihm diese Skizzen spürbar leicht von der Hand. Dann tauchen vermehrt Ruinen auf, die er auf ihre dramatische und pittoreske Wirkung hin untersuchte, und spätestens mit seinen Rügen-Wanderungen ab 1801 legte er gesteigerten Wert auf die Erprobung der »leeren« Landschaft, spielte dabei mit der Höhe des Horizonts im Bezug zum Blattformat – Landschaften sind auch bei Friedrich fast ausschließlich Querformate – und konnte beobachten, wie eine radikal tiefgelegte Horizontlinie unmittelbar den Rest des Blattes in einen unendlich weiten Himmel verwandelte, selbst wenn diese Fläche nur aus dem Weiß des Papiers bestand. Die Reduktion der »Requisiten« war ein weiterer Kunstgriff, um das Gefühl von Dimension zu steigern.

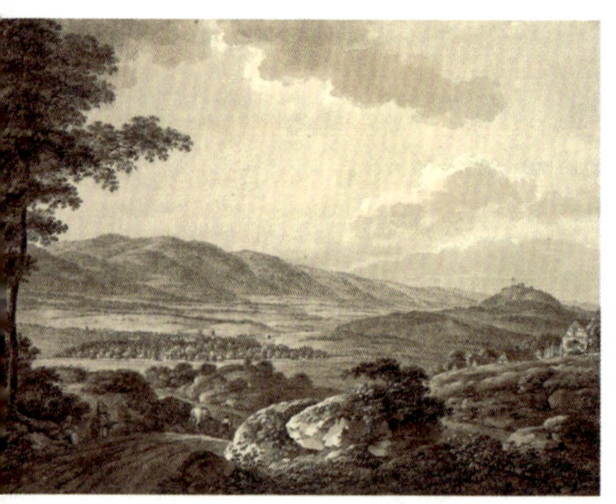

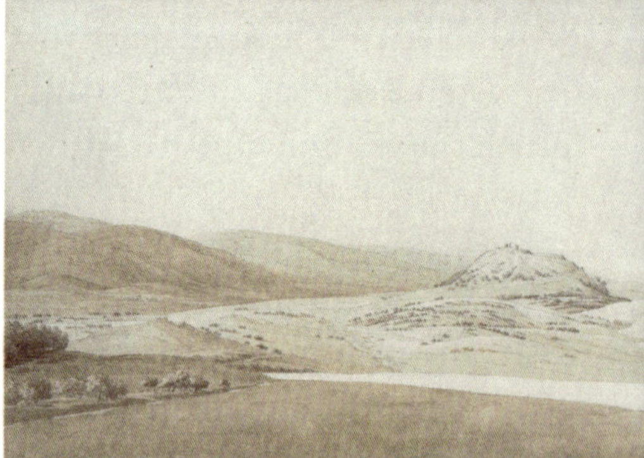

Abb. 25 und 26: Adrian Zingg, *Blick auf Teplitz in Böhmen*; *Der Schlossberg bei Teplitz*, 1807 / 1835

Friedrichs Landschaften wurden so zum Gegenteil von heimeligen Puppenstuben, wie sie in der Nachfolge Claude Lorrains entstanden. Es war ihm ein Anliegen, die Unermesslichkeit auf kleinstem Raum zu erfassen, das Monumentale en miniature überzeugend in Szene zu setzen.

Das verdeutlicht ein Vergleich zweier Ansichten vom Schlossberg bei Teplitz. Die eine, von Adrian Zingg, zeigt eine wohlausgewogene und gefällig ausstaffierte Idylle. In der anderen, von Caspar David Friedrich, geht es dagegen um Tiefe und Weite, um die Kargheit und Unermesslichkeit der Landschaft.

Bei den beiden Weimarer Blättern Friedrichs liegt der Horizont im unteren Viertel bzw. Sechstel, beide zeigen Bäume als Protagonisten – filigran und zart in der *Wallfahrt*, wo sie ein Natur-Tor für die Prozession bilden, knorrig und entlaubt im *Herbstabend*, wo Menschen im Schatten des mächtigen Stamms Schutz suchen. Und schon hier wird deutlich, dass Bäume bei Friedrich mehr sind als verholzte Flora.

Er verstand Bäume als Symbole für Religiosität und Vielfalt, ähnlich seinem Freund Boll: »Als ein herrlicher Baum soll die Religion in dem Menschen emporwachsen, und seine fruchtbaren Zweige verbreiten. Mannigfaltig aber stehen diese Bäume da im großen Garten Gottes, angemessen dem Boden und der Luft, woraus sie ihre Nahrung ziehen.«[59]

1807 wandte sich Friedrich der Ölmalerei zu. Sepia beherrschte er brillant, und doch hatte diese Technik den Beigeschmack einer Modemanier ambitionierter Amateure. In Öl zu malen, das war etwas anderes, das brachte nicht nur Farbe in die Gemälde, sondern wurde auch als wirklich professionelles Medium erachtet.

Zu seinen ersten Werken in Öl gehören zwei Nebelküsten, die sich durch viel Raum für Himmel auszeichnen. Dass es sich bei ersterem

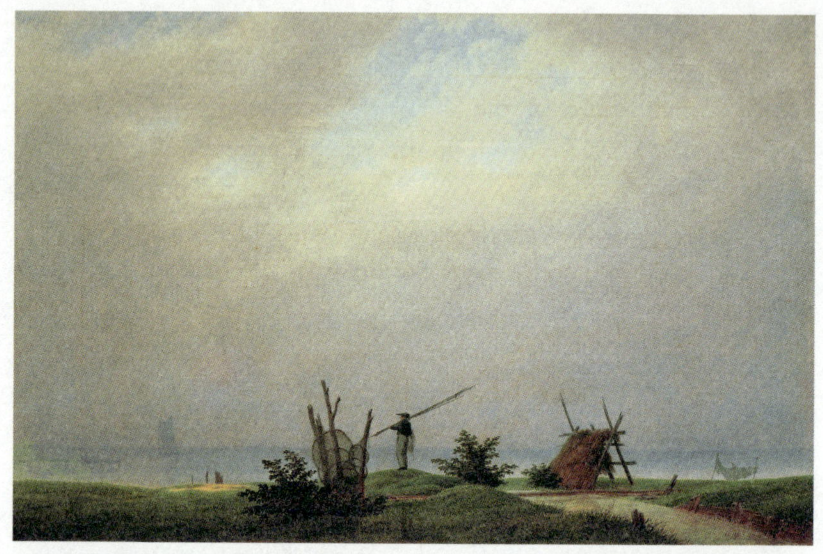

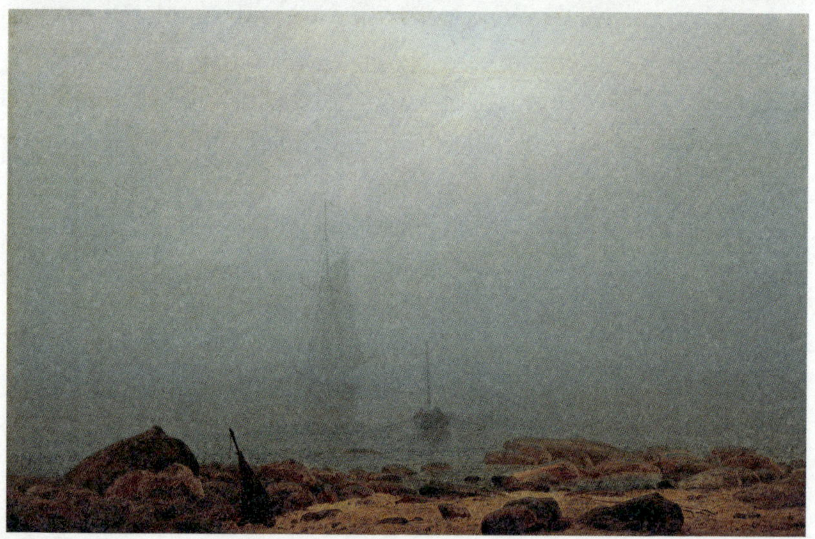

Abb. 27 und 28: *Meeresstrand mit Fischer* und *Meeresstrand im Nebel*, um 1807

wohl eher um einen Binnensee handelt – vermutlich um den Tollensesee bei Neubrandenburg[60] – ist für das Bildsujet wenig relevant, es sei denn, man möchte in jedem von Friedrichs Bildern eine symbolische Ebene erkennen und deutet das Meer als Sinnbild des Jenseits oder der Ewigkeit.

Dass es allerdings ein Symbolregister gibt, nach dem sich Friedrichs »Hieroglyphen« ultimativ dekodieren lassen, ist eher unwahrscheinlich. Es steht außer Frage, dass Schiffe oder Bäume, Nebel oder Sonnenuntergänge symbolisch besetzt sein können. Doch sie nehmen in unterschiedlichen Kontexten unterschiedliche Bedeutungen an. Und manchmal, so möglicherweise auch beim *Meeresstrand mit Fischer* und beim *Meeresstrand im Nebel*, mag es sogar vorkommen, dass Friedrich beim Anblick des Mannes, der nach getaner Arbeit friedlich seine Reusen trocknet, nicht unmittelbar an Simon Petrus am See Genezareth dachte oder eine Todessehnsuchtsallegorie assoziierte.

Nach der verheerenden Niederlage gegen Frankreich 1806 wurde Sachsen am 15. Oktober ohne Gegenwehr von französischen Truppen besetzt und für sieben Jahre Teil des Napoleon-Reiches.

Bereits am 11. Dezember unterzeichnete Friedrich August III., Kurfürst von Sachsen, in Posen einen Friedensvertrag, der nebenbei aus dem Kurfürstentum ein Königreich machte und Katholiken und Protestanten gleichstellte. Nur neun Tage später wurde er als Friedrich August I. zum König ausgerufen. Er selbst war wohl wenig daran interessiert, doch politisch war diese Erhöhung nötig, um im Rheinbund eine Gleichrangigkeit Sachsens mit Bayern und Württemberg herzustellen.

Friedrich war in Dresden endgültig angekommen, hatte weitere Freundschaften geschlossen – mit dem Malerehepaar Helene Marie und Gerhard von Kügelgen, mit dem Mystiker und Naturphilosophen Gotthilf Heinrich von Schubert und der Malerin Caroline Bardua –

und versuchte zugleich Franzosen aus dem Weg zu gehen, was nicht ganz einfach war. Man könnte den Eindruck gewinnen, dass seine jährlichen Wanderungen, die ihn zwischen 1806 und 1811 durch Brandenburg und Nordböhmen, nach Rügen, ins Riesengebirge und in den Harz führten, besonders ausgedehnt ausfielen. Seine Skizzenbücher füllten sich unterwegs mit Zeichnungen und entwickelten sich zu einem unerschöpflichen Fundus für alles, was auf der Staffelei im heimischen Atelier zukünftig entstehen würde.

Der Gewinn des Weimarer Kunstpreises macht deutlich, dass Friedrich seinen Wirkungskreis zu erweitern suchte. In Weimar und Jena stieß er »auf ein intellektuell anregendes Klima von Kunstliebhaberei, entwickeltem Ausstellungswesen und überregional wahrgenommener Kunstpublizistik«.[61] Da Goethe keineswegs, wie von Friedrich erhofft, die beiden prämierten Sepien behalten hatte, sondern sie der herzoglichen Sammlung eingliederte, konnte das Herzogspaar 1808, nachdem Carl August von Sachsen-Weimar-Eisenach seiner Gemahlin Louise das *Hünengrab am Meer* zum Geschenk gemacht hatte, nun schon drei Werke Friedrichs ihr Eigen nennen.

Die steinzeitlichen Hünengräber kamen Friedrichs Vorliebe für Friedhöfe entgegen, waren aber keineswegs mit einer Todessymbolik belegt. Vielmehr erscheinen sie in seinem Werk wie Denkmäler einer jahrtausendealten urgermanischen Kultur, die wiederum von der Natur bereits geformte Steine erwählt hatte, um daraus ewige Erinnerungen an ihre Toten zu erschaffen. In ihrer archaischen Schlichtheit besaßen sie eine natürliche Erhabenheit, die die Verbindung von Kultur und Natur geradezu minimalistisch auf den Punkt brachte.

An einem der Abende bei Friedrich, an denen wieder einmal Trübsal über die französische Invasion geblasen wurde, erzählte er, wie sich Schubert erinnert, die Geschichte eines pommerschen Bauernknechts, eines »baumstarken, braven Burschen«, der als Diener einen Engländer zu Fuß auf einer Reise begleitete – selbstverständlich in das von Friedrich geschmähte Italien. Auf dem Weg wurden sie von vier mit Pistolen und Dolchen bewaffneten Kerlen überfallen, die vom Engländer Geld, Uhr und all seine Kleidung verlangten, die der Diener in einem Tornister auf dem Rücken trug. Auf einen Wink seines Herrn schnallte er ruhig den Tornister ab und übergab ihn den Räubern. Kaum waren sie verschwunden, begann der Engländer mit einem Stock auf seinen Diener einzuprügeln, weil der so gar nichts unternommen hatte. Der Diener ließ sich eine Weile prügeln, bis es ihm genug schien, dann nahm er dem Engländer den Stock ab, lief ins Gebüsch und war kurz darauf mit allen Sachen zurück. »›Du alberner Bursche‹, sagt der Engländer, ›warum hast du das nicht gleich so gethan, da wären wir doch unserer zwei gewesen, denn ich hätte dir gern mit geholfen.‹ – ›Herr‹, so antwortete der Andere, ›der Deutsche muß nur erst warm werden, dann steht er seinen Mann.‹«[62]

Was Friedrich als lange Anlaufzeit beschreibt, als eine gewisse gutmütige und stoische Behäbigkeit des Deutschen, das verkörpern auf ihre Art die Hünengräber. Sie sind in Friedrichs Bildern nicht nur Gräber von riesenhaften Helden, sondern erscheinen selbst als schlafende Giganten.

Bereits eines der ganz frühen Ölbilder Friedrichs zeigt ein solches Grab. Der erste Eigentümer, Karl Schildener, Jurist und Schwager des Philosophen Friedrich Muhrbeck, beschrieb das Motiv der Grabanlage im Schnee zwischen drei ramponierten Eichen als »altvaterländische Scene«. Entstanden im Jahr nach der Niederlage gegen Napoleon in der Schlacht von Jena und Auerstedt, gab es perfekt die Stimmungslage in deutschen Landen wieder, doch Friedrich sah weiter, wenn man dem Bericht Schuberts glauben darf: »›So, meine ich‹, fügte Friedrich seinem Geschichtchen hinzu, ›wie mein Landsmann, der Pommer,

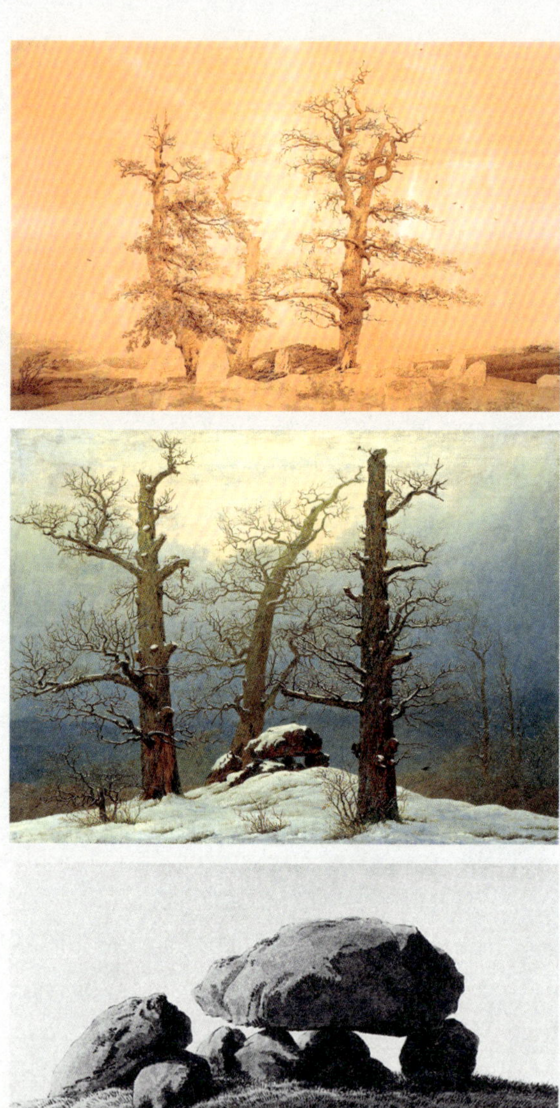

Abb. 29-31: *Hünengrab am Meer*, 1807; *Hünengrab im Schnee*, 1807; *Hünengrab bei Gützow*, 1837

den Spitzbuben, so werden es die Deutschen, wenn sie erst warm werden, das heißt brüderlich einig geworden sind, auch noch den Franzosen machen.‹«[63]

Friedrich war von Hünengräbern bereits Jahre zuvor fasziniert, wie Skizzen zeigen, nicht erst angesichts der napoleonischen Invasion. Vielleicht schwebten sie ihm nicht gleich als ideale Symbole eines Urgermanentums vor, doch sie vermochten offensichtlich Trost zu spenden, und das lebenslang. Das Hünengrab bei Gützow hielt er noch 1837 in Sepia als Bild einer unverrückbaren Bastion nationaler Kraft fest, zu einem Zeitpunkt, als es in der Wirklichkeit längst zerstört worden war.

Am 25. November 1808 besuchte der Lieblingssohn der Großherzogin Louise, Carl Friedrich, – verheiratet mit der in jeder Hinsicht dominanten Maria Pawlowna, Tochter des russischen Zaren – den Maler in seinem Atelier in Dresden. In einem langen Brief an seinen Bruder Christian erwähnte Friedrich die Begegnung mit zwei eher seltsamen Sätzen, die sich als süffisante Aufmüpfigkeit verstehen lassen. »Soeben hatte ich einen Besuch von Erbprinzen von Weimar, er war, wie's sich gehört, sehr artig«, schrieb er, als handle es sich um einen ergebenen Bittsteller, um hinzuzufügen: »Das Gerücht geht hier sehr stark, daß er verliebt sein soll, versteht sich, in ein Mädchen.«[64] Dass es sich um ein Mädchen handle, hielt Friedrich offenbar besonderer Erwähnung für nötig.

DER TETSCHENER ALTAR

RELIGION ALS LANDSCHAFT – LANDSCHAFT ALS RELIGION

Der Felsgipfel, der über dem heraufziehenden Morgennebel steht, erscheint unwirklich, als sei er selbst kaum mehr als eine Komposition aus Dunst. Tiefe und Perspektive sind aus diesem Werk verbannt, Konturen verschwimmen, alles beginnt mit Nebel unten, endet mit Nebel oben, und es braucht schon einen scharfen Blick, um auf der höchsten Spitze das winzige Kreuz zu entdecken, das die Möglichkeit eröffnet, dem Ganzen eine christliche Interpretation angedeihen zu lassen.

Der Nebel, der erfahrungsgemäß den Blicken überraschend die Dinge entzieht oder sie ebenso unerwartet wieder enthüllt, bringt zum einen eine zeitliche Dimension in Friedrichs Bilder und verdeutlicht zum anderen, dass Gott und die Schöpfung, in der er allgegenwärtig ist, nicht zu allen Zeiten in gleicher Weise präsent und zugänglich sein können. Zudem sind die Farben gedämpft, die Konturen verwischt, das Erscheinungsbild aller Substanz nivelliert, die wie das Leben unkalkulierbar wird.

Da dem Werk, dem *Morgennebel im Gebirge*, ein Rahmen fehlt, der es zum Altarbild machen könnte, hat es weit weniger Aufruhr verursacht als der sogenannte *Tetschener Altar*, ein weiteres »Kreuz im Gebirge« von der Hand Friedrichs, obwohl es als Landschaftsmalerei ohne Vorbilder in der abendländischen Kunst das differenzierte und letztlich revolutionärere Werk ist.

Auf den *Morgennebel* folgt im *Tetschener Altar* ein Sonnenuntergang. »Auf dem Gipfel des Felsens steht hoch aufgerichtet das Kreuz, umgeben von immergrünen Tannen, und immergrüner Epheu umwin-

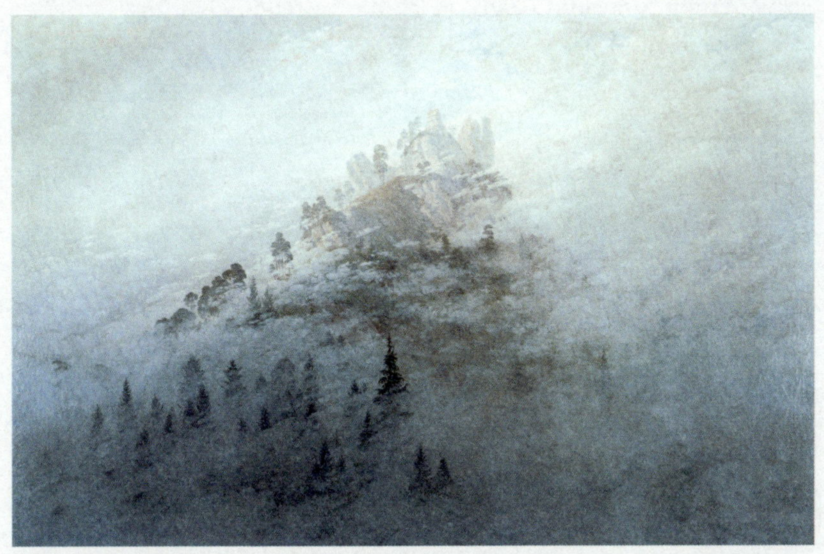

Abb. 32: *Morgennebel im Gebirge*, 1808

det des Kreuzes Stamm. Strahlend sinkt die Sonne, und im Purpur des Abendrotes leuchtet der Heiland am Kreuz.« So beschreibt Friedrich selbst seinen Altar und liefert gleich die passende Deutung:

> *Jesus Christus, an das Holz geheftet, ist hier der sinkenden Sonne zugekehrt, als das Bild des ewigen allbelebenden Vaters. Es starb mit Jesu Lehre eine alte Welt, die Zeit, wo Gott der Vater unmittelbar wandelte auf Erden. Diese Sonne sank, und die Erde vermochte nicht mehr zu fassen das scheidende Licht. Da leuchtet vom reinsten edelsten Metall der Heiland am Kreuz im Golde des Abendrots und widerstrahlt so im gemilderten Glanz auf Erden. Auf einem Felsen steht aufgerichtet das Kreuz, unerschütterlich fest wie unser Glaube an Jesum Christum. Immergrün, durch alle Zeiten während, stehen die Tannen um das Kreuz, wie die Hoffnung der Menschen auf ihn, den Gekreuzigten.*[65]

Versteht man diese Aussagen als ein eigenwilliges Glaubensbekenntnis, so gab es in Friedrichs Vorstellung eine Zeit, in der Gottvater persönlich auf Erden unterwegs war, bevor er an den Sohn übergab und sich zurückzog. Jesus aber wurde ans Kreuz geschlagen, so dass die Zeit, in der er anstelle des Vaters unterwegs sein konnte, begrenzt blieb. Mit dem Erscheinen Christi und dem Aufstieg des Christentums wandelte sich der Glanz des unmittelbaren religiösen Lichts in ein lediglich mittelbares, reflektierendes und damit milderes Leuchten, das vom Gekreuzigten wie von einem Mond ausgeht. Gotteserfahrung kann nur noch indirekt erfolgen, das Kruzifix als Bild des christlichen Glaubens aber steht inmitten der ewigen Natur als Hoffnungsspender fest verankert.

Der von Friedrichs Freund Christian Gottlieb Kühn gefertigte goldene Rahmen, der das Bild erst unmissverständlich zum Altarbild macht, schließt sich über schlanken Säulen zu einem Bogen aus Palmblättern mit Engelsköpfen, während die Predella das dreieckige Symbol des Gottesauges schmückt, dessen Strahlen die der untergehenden Sonne im Bild aufgreifen und so die Interpretation Friedrichs sehr anschaulich machen. Die Sonne *ist* das (mit ›Augenbraue‹ überaus naturalistische) Auge Gottes, das, bereits untergegangen, nur noch jenseits des Bildes in dessen Sockel erstrahlt. Wenn Gott aber die Sonne ist, dann ist seine Schöpfung nichts Abgeschlossenes, sondern etwas, das sich täglich durch sein Licht und seine Wärme erneuert. Die Hoffnung, die sich im Kruzifix manifestiert, hat also ihre Berechtigung, sie gründet sich gewissermaßen auf ein unerschütterliches Naturgesetz.

Die Bäume links, die größer werden, je weiter sie sich dem Kruzifix nähern, erscheinen wie Pilger, die den Berg hinaufsteigen. Das Kruzifix seinerseits ist eine Art Rückenfigur, vom Betrachter ab- und dem schwindenden Licht zugewandt. Es wird, wie die flüchtigen rosa Wolken, als Sinnbild der Religion von jener Quelle beleuchtet, aus der sich auch die Natur speist. Natur und Religion existieren dank derselben Energie, dem Licht, das physisch und geistig Leben spendet und damit göttliche Schöpferkraft besitzt.

Es ist Friedrich ein Trost, dass die Zeit des Unglaubens, in die er sich hineingeboren wähnt, auch nur ein Tag in der Ewigkeit bleibt und die Zeit, in der Gott »unmittelbar wandelte auf Erden«, wiederkommen wird. Das Kruzifix, unerschütterlich auf einem Felsen verankert, der ein tatsächlicher Felsen ist und nicht der vatikanische Petrus, wird die Nacht überdauern und die immergrünen Koniferen, als Symbole der Hoffnung, werden auch beim nächsten Morgengrauen noch an ihrem Platz stehen.

»Kruzifix auf Bergspitze« war ein Motiv, das Friedrich bereits mehrfach erprobt und ausgestellt hatte. Theresia Gräfin von Thun und Hohenstein, die eine Version in Dresden als Sepie gesehen hatte, wünschte sich das Motiv für ihre Hauskapelle.

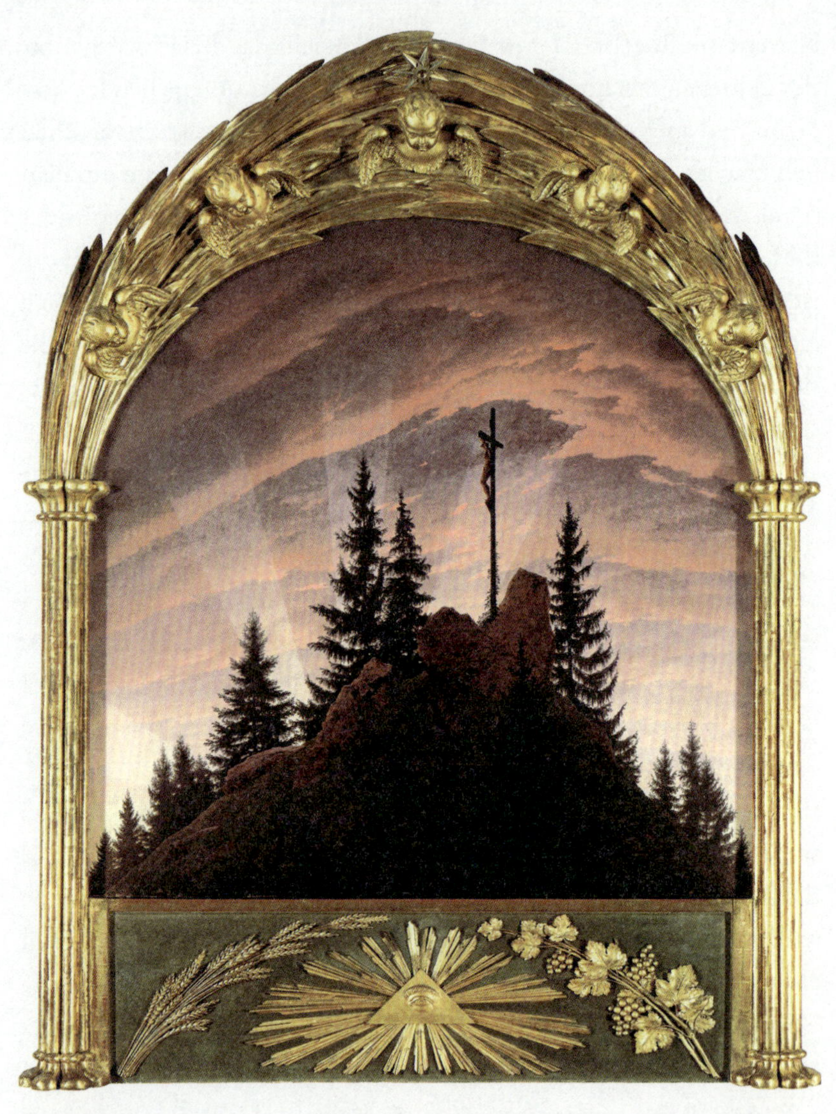

Abb. 33: *Tetschener Altar*, auch *Das Kreuz im Gebirge*, 1808

> *Nach manchem Widerstreben vonseiten Friedrichs, der nur malt und zu seiner Genugtuung schaffen kann, wenn er aus eignem Antriebe, ohne einen von außen her bestimmten Zweck, sondern durch unwillkürliche innere Begeisterung dazu angetrieben, den Pinsel ergreift, kamen indessen beide Teile über Form und Größe und auch darin überein, daß das Bild in Öl und farbigem Kolorit ausgeführt werden sollte,*

berichtete der Offizier, Militärautor und Kleist-Freund Otto August Rühle von Lilienstern.[66] Die Gräfin war von dem Ergebnis offenbar so angetan, dass das eigens für sie erstellte Werk nicht in die Hauskapelle kam, sondern ihr Schlafzimmer auf Schloss Tetschen (heute Děčín) bereicherte.

Zuvor jedoch hatte es Friedrich 1808 auf Drängen seiner Freunde in seinem Atelier einer interessierten Öffentlichkeit präsentiert, zu der selbstverständlich die Freunde Gerhard von Kügelgen und Caroline Bardua gehörten, aber auch Heinrich von Kleist und Friedrich Wilhelm Basilius von Ramdohr, der sich zu dem Gemälde am 9. Januar 1809 ausführlich äußert, verfolgte er doch, seit er sich 1808 vorübergehend aus dem politischen Leben zurückgezogen hatte, den Plan, sich als Kunstschriftsteller einen Namen zu machen.

Mit Ramdohr wurde der *Tetschener Altar* zu einem Meilenstein in Caspar David Friedrichs Leben. Die Fundamentalkritik des Juristen führte zu dem, was als Ramdohr-Streit in die Kunstgeschichte eingegangen ist.

Zunächst gestand der Kritiker, dass er sich lediglich zu Wort melde, weil ihm als Streiter für das Gute und Schöne Friedrichs Werk als etwas erscheine, was sich nicht von selbst erledige, sondern – innovative Landschaftsmalerei aus dem Geist eines durchaus phantasiereichen und gefühlvollen Künstlers – vielmehr schauderhafter Vorbote einer heraufdämmernden Barbarei sei, die darauf ziele, als effekthaschende Scharlatanerie »Emotionen bei dem großen Haufen zu erwecken«[67] und mit Simplizität Erhabenheit vorzutäuschen: »Aber im Moralischen sowohl als in der Kunst gibt es eine Anmaßung auf Einfachheit, die zur Armseligkeit wird.«[68]

Nachdem Ramdohr den Tatbestand der Täuschung so weit erläutert hatte, ging er ins Detail und zog die Gesetzestexte der Kunst heran. Landschaftsmalerei, so der Ankläger, habe die Aufgabe, mehrere harmonisch gestaffelte Ebenen zu zeigen, mit Luftperspektive Tiefe zu erzeugen, niemals akribisch studierte Details aneinanderzufügen, auf sanfte Beleuchtung zu setzen und keinesfalls Dämmerung oder gar Dunkelheit darzustellen. In seiner ästhetischen Eindimensionalität widerspreche Friedrichs Werk sämtlichen dieser Grundsätze. Ramdohr zweifelte zudem an der Plausibilität, denn auch Friedrichs Naturalismus sei fehlerhaft: Die Sonne stehe beispielsweise so tief hinter dem Berg, dass sie das Kruzifix gar nicht beleuchten könne. Weiter bleibe angesichts des unrealistisch gemalten Himmels völlig offen, ob nun ein Morgen oder ein Abend zu sehen sei. Der Helldunkelkontrast des horizontlosen Machwerks beraube die Dinge zudem ihrer Plastizität und der Standpunkt, den der Maler gegenüber dem Berg einnehme, sei unmöglich.

Heute, im fotografischen Zeitalter, würde man eine Teleobjektivaufnahme von einem entfernten Bergrücken oder die Perspektive einer Drohne vermuten, doch zu Beginn des 19. Jahrhunderts war Friedrichs Blickwinkel tatsächlich ungewohnt, so dass Ramdohr dafür nur eine Erklärung hatte: Friedrich müsse wohl das Ganze im Atelier nach einem Modell aus Ton, Moos, Kieselsteinen und ein paar Föhrenspitzen gemalt haben.

Die Urteilsbegründung basierte auf den genannten Indizien und ließ nur den Schluss zu, dass der ästhetischen Eindimensionalität des Bildes eine inhaltliche entspreche. Wer das Naturerlebnis suche, möge in die Natur gehen und dort angerührt die Größe Gottes erfahren, anstatt sich mit einem Rührungs-Surrogat zufriedenzugeben. Wenn das Bild aber wahre Andacht vor dem Altar ohnehin nur *unterstützen* wolle, so seien dafür Heiligenfiguren besser geeignet, denn sie stellten die Andacht *unmittelbar* dar. Ferner wittert Ramdohr einen modischen Mystizismus, der sich als narkotischer Dunst über Kunst, Wissenschaft und Religion breite, in Symbolen und Phantastereien schwelge und orphische Schamanen feiere. Seine Hauptkritik richtet sich damit auf das Sujet, auf das Unterfangen Friedrichs, Gott in der Natur aufzuspüren, eine Landschaft zum Altarbild zu erheben und dabei die Vielfältigkeit der Naturerscheinungen auf eine Allegorie zu reduzieren. Auf Basis einer klaren Hierarchie der Genres war es ohnehin frevelhaft, eine Landschaft zum religiösen Bild zu erheben: »In der Tat, es ist eine wahre Anmaßung, wenn die Landschaftsmalerei sich in die Kirchen schleichen und auf die Altäre kriechen will.«[69] Schließlich waren Ideal und Moral und somit auch Religion dem Historienbild vorbehalten. Der Landschaftsmalerei haftete etwas Dekoratives an, ihr gestand man zu, sich empirisch und sinnlich den vielfältigen, ja chaotischen Phänomenen der Natur zu widmen, »der in Tat und Erscheinung exemplarische Mensch« aber blieb »zentrale Sinnfigur der Schöpfung«, wie Werner Hofmann formulierte.[70] Selbst die sogenannte »ideale Landschaft« des 17. Jahrhunderts konnte daran nichts Grundlegendes ändern, auch wenn die profane Natur den Klassizisten in dieser geläuterten und harmonisierten Form akzeptabel erschien.

Ramdohrs Urteil empörte Friedrich, der sich unter anderem ratsuchend nach Weimar wandte, wo man es für angemessen hielt, nicht persönlich den Fehdehandschuh aufzunehmen. Friedrichs Freund Johannes Schulze, Theologe, Lehrer am Gymnasium in Weimar und bei Hofe gern gesehen, besprach sich mit der »Princessin, Friedrichs großer Freundin«, die davon abriet, die treffenden Äußerungen zu Ramdohr, die Friedrich bereits formuliert hatte, zu veröffentlichen: »Friedrich würde diesen Menschen doch nie eines besseren überzeugen, und sei überhaupt zu gut für einen Streit mit Ramdohr.«[71] Friedrich mag auch gehofft haben, dass Goethe seine Partei ergreifen möge, doch der hielt sich ebenso zurück. Vielleicht weil er den Altar nicht gesehen hatte, vielleicht weil er Friedrichs Ölmalerei mit Vorbehalten gegenüberstand. Ganz sicher aber, weil er es unter seinem Niveau erachtete, Ramdohr zu antworten, und wohl auch, weil man einer solchen Antwort persönliche Motive hätte unterstellen können, schließlich hatte Ramdohr über Jahre eine Affäre mit Charlotte Kestner, geborene Buff, gepflegt, welcher der zurückgewiesene Goethe in seinem *Werther* lediglich ein platonisch-literarisches Denkmal hatte setzen können.

Folglich mussten andere bei der Verteidigung Friedrichs aushelfen, was zu Entgegnungen der Malerkollegen Ferdinand Hartmann (publiziert in Kleists Kunstjournal *Phoebus*) und Gerhard von Kügelgen (publiziert in der *Zeitung für die elegante Welt*) führte und diese wiederum zu einer erneuten ausführlicheren Stellungnahme Ramdohrs (*Über kritischen Despotismus und künstlerische Originalität, als Beantwortung der Bemerkungen des Herrn von Kügelgen über eine von mir herrührende Kritik eines Gemäldes des Herrn Friedrich*).

Die scharfe Kritik hatte den sensiblen Künstler nicht nur erregt, sondern zutiefst getroffen, oder, wie es Kügelgen formulierte: »Das zarte Selbstgefühl« Friedrichs wurde »durch jenen wirklich wenig schonenden Aufsatz beleidigt und gekränkt«.[72] Sie bewirkte jedoch auch eine Selbstreflexion Friedrichs, der seine künstlerische Positionierung noch präzisieren konnte. Nicht nur hatten selbst seine Verteidiger eingeräumt, dass die von Ramdohr angesprochenen handwerklich-formalen Mängel angesichts der Tatsache, dass Friedrich gerade erst das Terrain der Ölmalerei betreten hatte, Nachsicht verlangten – was nichts anderes bedeuten konnte, als dass diese Mängel ebenso in ihren Augen vorhanden waren –, sondern sie waren auch auf den Vorwurf des Mystizismus nicht oder nur sehr flüchtig eingegangen. Schubert hatte sich auf offensichtliche Widersprüche in Ramdohrs Argumentation fokussiert (wie dessen Ablehnung von Nachäffern großer Vorbilder bei gleichzeitiger Feindseligkeit gegenüber Neuerern) und den antiaufklärerischen Zeitgeist, auf den Ramdohr anspielt, ausgeklammert.

Auch wenn Friedrich dem Kritiker niemals verzieh, brachte der entfachte Disput doppelten Gewinn. Zum einen bestärkte er den Künstler in seinem Tun. Er brauchte sich seiner tiefempfundenen Religiosität nicht zu vergewissern, und so war es für ihn selbstverständlich, dass er ihr mit seinen Mitteln, den Mitteln der Landschaftsmalerei, huldigte. Folglich sah er sich ermutigt, seinen Kampf für eine Gleichberechtigung aller Genres auszufechten und die Verschmelzung der Bildgattungen fortzuführen.

Zum anderen verschaffte ihm Ramdohrs Kritik eine überregionale Aufmerksamkeit, die sich im kommenden Jahrzehnt auszahlen sollte. Das Thema »Kruzifix in der Natur« aber, das sich auch schon im Jahrzehnt vor dem *Tetschener Altar* in seinen Zeichnungen findet, hat Friedrich sein Leben lang begleitet.

Das erste Buch des Reise-Romans *Erwin von Steinbach* seines Freundes Theodor Schwarz endet damit, dass der Maler Kaspar im Wohnsitz eines Bischofs ein Altarbild konzipiert. »Kaspar besah sich die Hauskapelle und nahm das Maß des hohen Wandfeldes, welches oben einen Rundbogen hatte, den das Bild ausfüllen sollte«[73] und entwarf etwas, das im Mittelalter ebenso undenkbar gewesen wäre, wie es 1808 noch immer Gemüter erregte und Kritiker verstörte: ein Altarbild als »allegorische Landschaft«.[74] Kaspar im Roman war damit bei sich selbst angekommen. Für Friedrich ging die Reise erst richtig los.

Eine neue Bewegung, zu der er sich unmittelbar in Opposition sehen musste, manifestierte sich im Jahr eins nach dem *Tetschener Altar* und machte deutlich, was Friedrich gerade nicht vorschwebte.

Es handelt sich um den Versuch einer religiösen Erneuerung der Kunst durch die – später Nazarener genannten – überwiegend katholischen Maler, die 1809 ihre Vorstellungen mittelalterlicher Künstlerzünfte in der Gründung eines sogenannten *Lukasbundes* zum Ausdruck brachten. Diese Erneuerung gründete sich auf einer ebenso offensiven wie vordergründigen Themenwahl, die im krassen Kontrast zu jener naturreligiösen und sublimen Aufladung stand, die Friedrich in seinen Gemälden anstrebte.

Der Auftritt der Nazarener war theatralisch. Beginnend mit der zelebrierten Jesus-Mode, die ihnen den zunächst spöttisch gemeinten Namen einbrachte und an Raffael oder Dürer denken ließ, bis hin zum expliziten Rückzug in die Künstlerkommune eines verlassenen Klosters am Fuße eines der römischen Hügel, lebte die Bewegung von der Selbstinszenierung. Doktrinäre Moralvorstellungen und mönchisches Gehabe sollten die Voraussetzungen für eine geläuterte Kunst schaffen. Diese Prinzipien waren Friedrich nicht fremd, aber bei ihm beruhten sie auf einem inneren Drang, der ihm zugleich Freiheit bedeutete, auf einer Selbstverständlichkeit, die ohne Regularien auskam.

Ebenso plakativ wie die Erscheinungsform der Nazarener und ihre Produktionsbedingungen waren auch die Bildinhalte, die sich weitgehend auf Illustrationen biblischer Legenden beschränkten. Nichts lag Friedrich ferner, kaum etwas kam ihm oberflächlicher vor. Und so erschien ihm das, was seine Kollegen im Dunstkreis des Vatikans zelebrierten, als eine rückwärtsgewandte Entweihung der Kunst.

Seine Gemälde hingegen bedeuteten den Anfang vom Ende christlicher Anekdotenmalerei. Sie waren keine Illustrationen von Bibelgeschichten, sondern eigenständige religiöse Schöpfungen. Es existierte zwar ein Bildinhalt, aber keine Bilderzählung, denn Religion ist nichts, was in alten Büchern zu finden ist, sondern mitten unter uns, in der Natur als göttlicher Schöpfung.

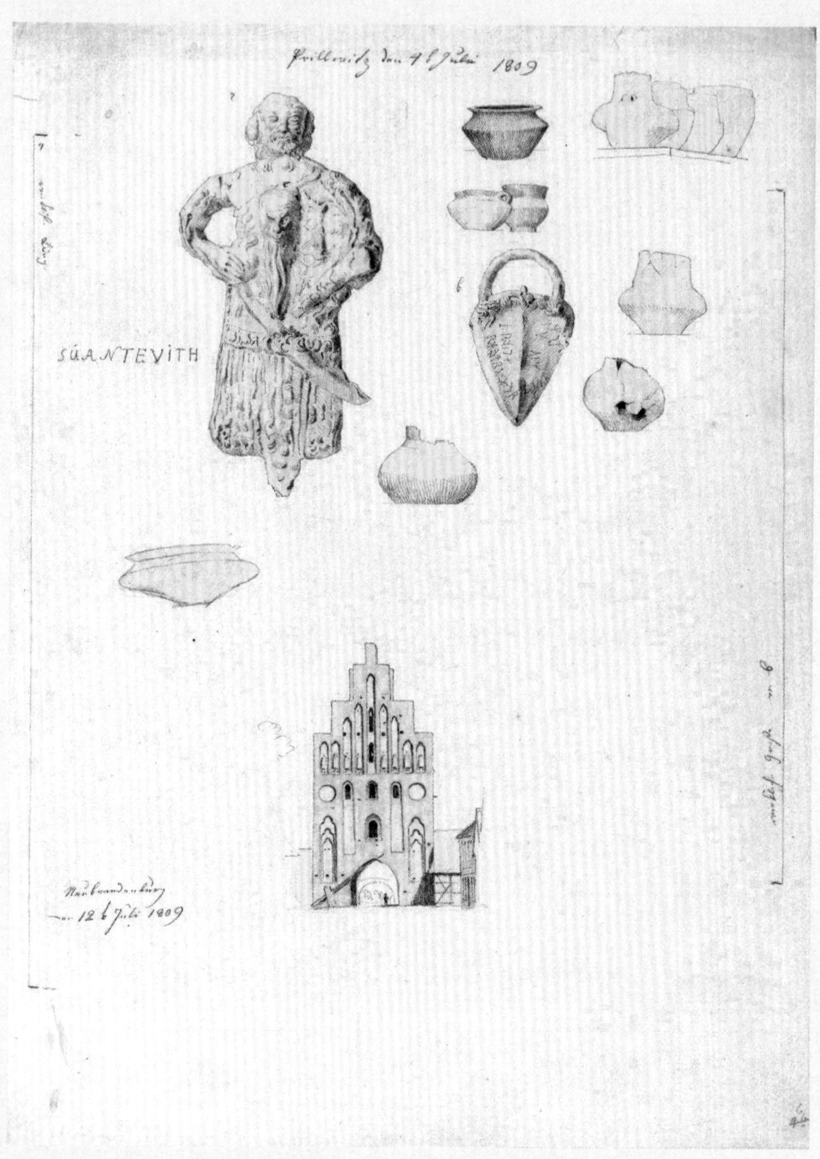

Abb. 34: *Studie der Prillwitzer Idole und des Neuen Tors von Neubrandenburg,* Juli 1809

FAMILIENBANDE

»WIE SEHR ICH EUCH LIEBE«

In einem Brief an Caspar David Friedrich vom 9. November 1808 fragte sein Bruder Heinrich, wo wohl Bruder Christian sein möge. Zwei Wochen später, als Caspar David einen Brief Christians in den Händen hielt, herrschte Klarheit: Der jüngste der Brüder war nach Frankreich gereist, ins Land Napoleons, ins Land dessen, der die Verantwortung dafür trug, dass von Finnland bis Neapel Europa in Unruhe war. Bei aller Bruderliebe zeigte sich Friedrich empört. Am 24. November nun – dem Tag, an dem der Staatsreformer und Minister Karl vom und zum Stein von Friedrich Wilhelm III. auf Napoleons Befehl hin aus dem Amt gejagt und mit dem Tod bedroht wurde – beantwortete Friedrich Christians Brief:

> *Lieber guter Bruder!*
> *Vorgestern abends spät erhielt ich Deinen Brief, und als ich gedruckt LYON auf der Anschrift las und Deine Handschrift erkannte, grollte es mir im Herzen, und um mir nicht die Nacht zu verderben, las ich Deinen Brief erst gestern. Du fühlest es selbst, daß es nicht recht ist, daß Du als Teutscher in Frankreich bist, und das tröstet mich noch einigermaßen, denn sonst würde ich ganz an deiner Teutschheit zweifeln. Indes grollt es mich so sehr, lieber guter Junge, daß ich Dich bitten muß, solange Du in Frankreich bist, nicht mehr an mich zu schreiben.*[75]

Außerdem berichtete er Christian über einen Zwist mit dem Schwager Sponholz, Pfarrer in Breesen. Bruder Heinrich hatte diesen als niederträchtigen Schurken tituliert, und es wäre Wasser auf seine Mühlen gewesen, hätte man bereits mit Sicherheit sagen können, was bislang nur vermutet wurde: Zwei Mitglieder der Familie Sponholz hatten wunderbar phantasiereich slawische Götterfiguren erfunden – quasi als skulpturaler Gegenpart zum Ossian-Mythos –, die als *Prillwitzer Idole* in die Geschichte eingingen, denn sie waren im Garten des Pfarrhauses von Prillwitz »entdeckt« worden. Der Pfarrer aus dem benachbarten Breesen, der sich nun aus dem bescheidenen Friedrich'schen Familienvermögen bereicherte, hätte in den Augen Heinrichs gut in die Reihe jener Fälscher und Betrüger gepasst.

Ansonsten wusste Friedrich in seinem Brief an Christian nur von den eigenen, allerdings derzeit überschaubaren Schulden zu berichten und von der schweren Krankheit der Schwester Catharina. Die schlimmsten Befürchtungen sollten sich keine vier Wochen später bestätigen und so näherte sich das Jahr 1808 zwei Tage vor Heiligabend mit ihrem Tod seinem Ende.

Der nächste Trauerfall in der Familie betraf Vater Adolph Gottlieb, der am 6. November 1809 in Greifswald starb. Mit jedem Verlust schien der Zusammenhalt der Familie zu wachsen. Friedrich versicherte die Brüder bei jeder Gelegenheit seiner Verbundenheit und Liebe und diese Bekundungen bekamen über die Jahre geradezu pastorale Züge. In Pelze gehüllt, setzte er sich an sein Pult und griff zur Feder, um den Dialog zu suchen: »Es ist mir Bedürfnis, Euch, meine Brüder, wiederholt von Zeit zu Zeit zu sagen, wie sehr ich Euch liebe und wie unbegrenzt mein Zutrauen zu Euch ist, je mehr ich mich durch gemachte bittere Erfahrungen in mich selbst zurückziehe«, schrieb er im Herbst 1825 und ergänzte: »Lasset aber durch die Äußerungen keine Sorge in Euch aufkommen, denn dies sind ja Erfahrungen, die mehr oder weniger jeder Mensch gemacht hat, wenn er sich einige Zeit in der Welt umhergesehen.«[76]

Er nennt nicht die verstreichende Zeit als Grund für Lebenserfahrungen, sondern das Umsehen in der Welt. Das ist mehr als eine Redewendung, eher Ausdruck eines Lebensentwurfes. Gegen die Zeit ist man machtlos, ihr ist man ausgeliefert, doch auf das Umsehen in der Welt hat der Mensch selbst maßgeblichen Einfluss. Je weniger er reist, je weniger der Blick nach außen geht, desto mehr bittere Einsichten bleiben ihm erspart, so Friedrichs Überzeugung. Sensible Seelen sind daher gut beraten, sich nicht zu sehr auf Erden umzutun, sondern in der Heimat zu bleiben und die Einsamkeit zu suchen, wie jener *Mönch am Meer*, den Friedrich zwischen 1808 und 1810 malte.

ALLES UND NICHTS
DER MÖNCH

Im Laufe des 18. Jahrhunderts war zwischen das Schöne und das Hässliche als weitere Kategorie das Erhabene getreten. Zwar spricht schon Aristoteles vom Erhabenen, wenn es darum geht, auf der Bühne die Zuschauer zu erschüttern, doch zum philosophischen Modebegriff wurde es erst, nachdem Edmund Burke die Diskussion darüber angestoßen hatte, inwieweit es jenseits der harmonischen Schönheit, die ästhetischen Gesetzen unterlag, eine unkalkulierbare Qualität gab, die etwa angesichts von Monumentalität, Leere oder Unendlichkeit zu überwältigen vermochte. Das Erhabene berührt das Existentielle, berührt den Selbsterhaltungstrieb und erzeugt somit Angst als natürliche Reaktion auf Gefahr. Aus einer gewissen Distanz betrachtet, im Wissen darum, dass keine reale Bedrohung besteht, kann das Erhabene jedoch einen lustvollen Schauer erzeugen: als gesicherter Blick in einen Abgrund, als Gruselgeschichte, aber auch als Schauspiel der Naturgewalten. Schön seien der Tag, die Idylle, die Frau, erhaben dagegen die Nacht, der Sturm, der Mann. Schönheit erzeuge Wohlbefinden und Liebe, Erhabenheit bewirke Achtung und Bewunderung.

Nach Kant kann ein »Gegenstand an sich« schön sein, jedoch niemals erhaben. Insofern ist auch die Natur für sich nicht erhaben, denn Erhabenheit sei ein Gefühl, das erst im Betrachter entstehe. Man könne bestenfalls davon sprechen, dass etwas »zur Darstellung der Erhabenheit tauglich sei«, wie er in seiner *Kritik der Urteilskraft* ausführt. »So kann der weite, durch Stürme empörte Ozean nicht erhaben genannt werden. Sein Anblick ist gräßlich; und man muß das Gemüt schon mit mancherlei Ideen angefüllt haben, wenn es durch eine solche Anschauung zu einem Gefühl gestimmt werden soll, welches selbst erhaben ist.«[77] Es gibt für das Erhabene in der Natur im Unterschied zum Schönen keine objektiven Prinzipien, keine zweckmäßige Formgebung, sondern im Gegenteil erregt die Natur am deutlichsten die Idee der Erhabenheit, »in ihrem Chaos oder in ihrer wildesten, regellosesten Unordnung und Verwüstung, wenn sich nur Größe und Macht blicken läßt«. Für das Schöne in der Natur gebe es sinnvolle, objektive Ursachen, die folglich unabhängig von uns, außerhalb von uns bestünden, die Erhabenheit aber sei ein Gefühl, das nur in uns existiere.[78]

Hochgebirge als monströse Bodengeschwüre und versteinerte Eruptionen flößten den Menschen tendenziell Angst und Unbehagen ein, bevor sie im 18. Jahrhundert zum Musterexempel des Erhabenen im doppelten Sinne avancierten. Man zog nicht mehr unbedingt die Vorhänge der Kutsche zu, wenn man auf dem Weg gen Italien die Alpen passierte, sondern ergötzte sich an dem Gefühl eines wohligen Schreckens angesichts bizarrer Felsformationen.

Mit zu den ersten Alpenpanoramen gehören die Werke des Schweizers Felix Meyer, dessen bedeutendster Nachfolger Caspar Wolf sich zum Spezialisten in der Darstellung dieser Erhabenheit entwickelte. Er durchwanderte seine Heimat auf der Suche nach dramatischen Perspektiven und vermittelte, eine Generation vor Friedrich, ein Bild von Gewaltigkeit.

Erzeugt wurde der Eindruck vor allem durch die Einfügung winziger Staffagefiguren, die ihrerseits das Naturspektakel bestaunen. Doch diese Figuren sind gleichzeitig eine Absicherung dessen, der seinen Blick auf das Bild richtet. Er sieht nicht unmittelbar die Naturgewalt, sondern wird lediglich Zeuge ihrer Betrachtung. Auch im Bild verbreitet das Schauspiel höchstens noch unter Hunden Schrecken, die vor einem Blitzschlag flüchten, die Menschen aber zeigen sich eher gelassen und neugierig. Die wilde Natur ist nichts mehr, wovor es sich wirklich zu fürchten gilt, »das Gebirgserlebnis ist im ästhetischen Genuß domestiziert«.[79] Das Erhabene wird zu einer Attitüde, Kontrollverlust ist nicht vorgesehen, der Geist der Aufklärung gebietet es, dass die Krone der Schöpfung die Erde und ihre Phänomene rational betrachtet.

Caspar David Friedrich nimmt einen neuen Anlauf, um die Macht der Natur zu veranschaulichen, indem er auf die Konfektionierung verzichtet, auf den simplen Effekt, mit dem bei Caspar Wolf Größe erzeugt wird, und indem er dem Blick des Betrachters keinen Rückhalt gibt, ihn hineinstößt in die Nebel, die Nacht, die Eiswüste.

Im *Tetschener Altar* hatte er auf einen Vordergrund verzichtet und dem Betrachter so den Boden entzogen, im *Mönch am Meer* nun entleert er das Bild, um dem Meer seine Größe zu verleihen, die auch hier eine Größe der Schöpfung Gottes ist. Friedrich vollzieht den Schritt zurück nach vorn in die Metaphysik, zu den großen, den ersten und letzten Fragen nach Sein und Unendlichkeit.

Ludwig Gotthard Kosegarten hatte in seiner *Inselfahrt* von 1804 einmal mehr den Ton vorgegeben. Gott ist nichts Himmlisch-Fernes, er lebt vielmehr in den Elementen, das Schlagen der Wellen ist sein Atem, sein Geist schwebt noch immer über den Wassern:

Wacht auf, Freund', aus dem Schlaf. Entrafft euch dem thierischen Dumpfsinn.
Stündlich hört ihr die Stimm' auf den Wassern, den mächtigen Wassern.
Meint ihr, es sei unbändig Geschrei der blinden Naturkraft?
Kämpfender Mächte Gebrüll, Schlachtruf ergrimmter Gewalten?
Denket an Davids Wort: »Es ist die Stimme des Herrn,
Die auf den Wassern geht, auf den großen Wassern!« – »Der Weltenkreis
Ist voll Geistes des Herrn!« – Wo Leben ist, Athem ist, Stimm' ist,

Da ist der Geist des Herrn!
[…]
»Es war im Anfang die Erde
Öd und leer, und das Dunkel bedeckte schaurig die Tiefe.
Aber es schwebte der Geist des Herrn auf den Wassern!« – Auch jetzt noch
Schwebt auf den Wassern der Geist des Herrn und rüttelt und rührt sie,
Daß sie durchrieseln die Adern des Alls befruchtend und mischend.

Friedrichs *Mönch am Meer* ist Sand, Wasser, Luft und ein Betrachter. Es ist ein Querformat, denn, so Friedrich, »wenn ich nicht allen Anmaßungen, wozu ich auch die sogenannten Kunstregeln zähle, herzlich gram wäre, so könnte man vielleicht im allgemeinen annehmen, daß Darstellungen von Seestücken und flachen Gegenden eines mehr oder weniger länglichen Vierecks bedürfen«.[80] Die hellen Dünen, spärlich mit Gras bewachsen, deren Kontur Friedrich schon 1801 auf der einst zum Kloster Eldena gehörenden südwestlichen Halbinsel Mönchgut am Strand von Lobbe skizziert hatte, kontrastieren mit dem dunklen Meer, das nur durch die weißen Schaumkronen als solches zu erkennen ist. Die Schaumkronen wiederum setzen sich in den Möwen fort, die den Mönch in braunem Habit schwalbengleich umflattern. Der Mönch, barfuß im Sand stehend, hat die Hand ans Kinn erhoben und blickt in die Brandung.

Dort, wo der Himmel das Meer berührt, nähert er sich auch dem Farbton des Meeres und klart nach oben freundlich auf. Eine weitere Kunstregel, die klassische Luftperspektive, die durch Aufhellung der Landschaft zum Horizont hin üblicherweise Tiefenwirkung erzeugen soll, wird von Friedrich bewusst außer Kraft gesetzt. Der Himmel verdunkelt sich zum Horizont, die Luftperspektive kehrt sich zugunsten

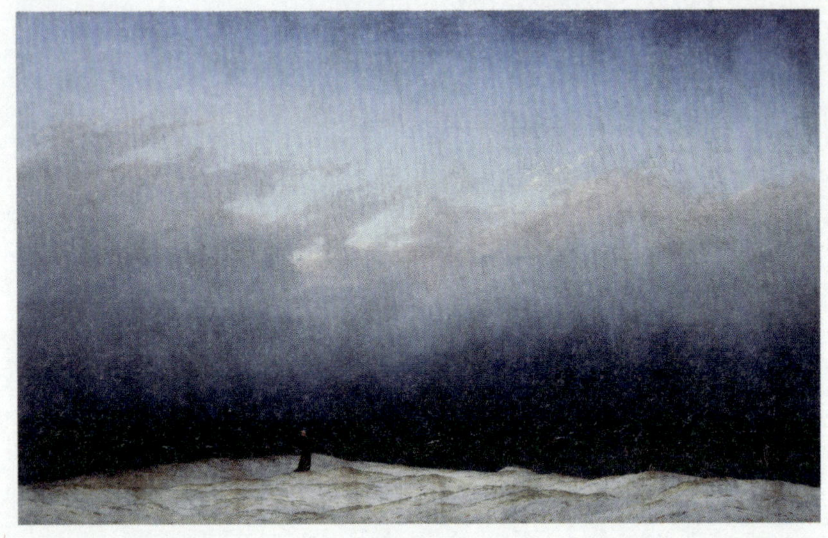

Abb. 35: *Der Mönch am Meer*, 1809-10 (restaurierte Fassung von 2016)

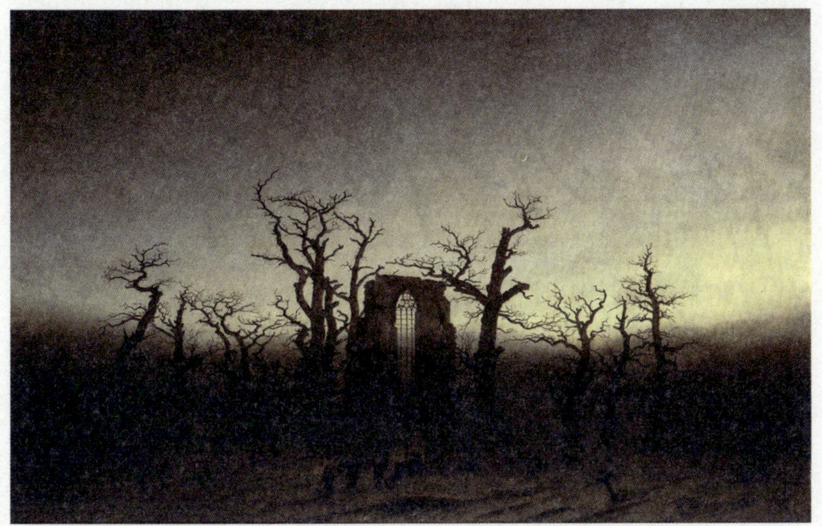

Abb. 36: *Die Abtei im Eichwald*, 1810

einer fast abstrakten Flächigkeit des Himmels um. An die Stelle handwerklich-malerischer Konvention, die lediglich Sehgewohnheiten bestätigen würde, setzt Friedrich die eigene Naturbeobachtung, die mehr zu bieten hat als akademisch bewährte Effekte. Nicht, dass er sich grundsätzlich gegen eine Luftperspektive ausgesprochen hätte. Im Gegenteil. Doch die Regel forderte spätestens dann Ausnahmen, wenn es die Natur verlangte, denn in der Natur herrschen andere Gesetze als in den Malersälen der Kunstschulen. Der echte Himmel würde sich niemals um Darstellungstraditionen kümmern. Hier verdunkelt er sich gegen alle Konvention durch ein über dem Horizont niedergehendes Gewitter oder die heraufdämmernde Nacht. Ansonsten herrscht Leere, die Friedrich maximierte, indem er drei ursprünglich geplante (und in der Unterzeichnung sichtbare) Segelschiffe übermalte.

Das Bild zeigt wenig und zugleich alles. Es ist die Symbiose aus Farbfeldmalerei[81] und Symbolik und doch in keiner Weise ein abstraktes Bild. Im Gegenteil scheint es so naturalistisch, dass es offenbart, wie abstrakt die Natur selbst in ihren Erscheinungsformen zu sein vermag. Dem Betrachter bleibt nichts als die Erkenntnis, dass es nichts zu erkennen gibt.[82]

Als Helene Marie von Kügelgen das Bild im Juni 1809 in Friedrichs Atelier sah, schrieb sie an eine Freundin:

> *Ein großes Bild in Öl sah ich auch, welches meine Seele garnicht anspricht. Ein weiter, unendlicher Luftraum. Darunter das unruhige Meer und im Vordergrunde ein Streifen hellen Sandes, wo ein dunkel gekleideter oder verhüllter Eremit umherschleicht. Der Himmel ist rein und gleichzeitig ruhig, kein Sturm, keine Sonne, kein Mond, kein Gewitter – ja ein Gewitter wäre mir Trost und Genuß, dann sähe man doch Leben und Bewegung irgendwo. Auf der ewigen Meeresfläche sieht man kein Boot, kein Schiff, nicht einmal ein Seeun-*

geheuer, und in dem Sande keimt auch nicht ein grüner Halm, nur einige Möven flattern umher und machen die Einsamkeit noch einsamer und grausiger.[83]

Kleist findet (in seiner redaktionellen Bearbeitung einer Rezension von Achim von Arnim und Clemens Brentano) noch weitaus drastischere Worte. Er beschreibt das Gemälde als apokalyptisch, als ein Werk ohne Vordergrund, einförmig und uferlos. Gerade weil kein Weg vom Betrachter ins Bild führt, kein Repoussoir den Blick in die Tiefe leitet, sei die Wirkung der Komposition so überwältigend distanzlos.[84] Vor dem Bild sehe sich der Rezipient selbst zum Mönch werden, und wie der Mönch auf der Düne stehend aufs Meer blickt, so blicke er in der Galerie stehend auf das Bild. Doch wo dem Mönch das Meer ein Sehnsuchtsraum sei, bedeute das Bild für den Betrachter das Reich des Todes und er selbst sei der einzige Lebensfunke im weiten Kreis der Einsamkeit. Das Bild bietet für Kleist keinen Halt, es sauge ihn in einen kosmischen Raum, in einen Abgrund und weite den Blick, »als wenn einem die Augenlider weggeschnitten wären«.[85]

Gleichwohl hat der Maler zweifelsohne eine ganz neue Bahn im Felde seiner Kunst gebrochen, und ich bin überzeugt, daß sich mit seinem Geiste eine Quadratmeile märkischen Sandes darstellen ließe mit einem Berberitzenstrauch, worauf sich eine Krähe einsam plustert, und daß dies Bild eine wahrhaft Ossianische oder Kosegartensche Wirkung tun müßte. Ja, wenn man diese Landschaft mit ihrer eigenen Kreide und ihrem eigenen Wasser malte, so glaube ich, man könnte die Füchse und Wölfe damit zum Heulen bringen: das Stärkste, was man ohne allen Zweifel zum Lobe für diese Art von Landschaftsmalerei beibringen kann.[86]

Kleist spielt hier keineswegs auf den Mythos an, laut dem der antike Maler Zeuxis in einem Künstlerwettstreit Trauben malte, die so täuschend echt erschienen, dass Sperlinge danach pickten. Es geht in den Werken Caspar David Friedrichs laut Kleist gerade nicht um Täuschung, sondern um Wahrheit, um das Substantielle dieser Bilder, es geht um das Romantische, Nordische, Authentische, um den Instinkt für die Heimat, den der Maler mit den wilden Tieren teilt, um eine Naturverbundenheit, die die Grenzen der Kunst zu sprengen vermag.

Friedrich selbst sieht seinen Mönch als Demutsbekundung. Die menschliche Vergänglichkeit könne nur im Glauben Erfüllung finden:

> *Und sännest Du auch vom Morgen bis zum Abend, vom Abend bis zur sinkenden Mitternacht; dennoch würdest du nicht ersinnen, nicht ergründen, das unerforschliche Jenseits! Mit übermüthigem Dünkel, wennest du der Nachwelt ein Licht zu werden, zu enträzlen der Zukunft Dunkelheit! Was heilige Ahndung nur ist, nur im Glauben gesehen und erkannt; endlich klar zu wissen und zu Verstehn! – Tief zwar sind deine Fußstapfen am öden sandigen Strandte: doch ein leiser Wind weht darüber hin, und deine Spuhr wird nicht mehr gesehen: Thörigter Mensch, voll eitlem Dünkel!*[87]

Werner Busch hat darauf hingewiesen, dass der Dresdener Zeichner, Radierer und Maler Moritz Retzsch an Illustrationen zu Goethes *Faust* arbeitete und Goethe 1810 bei dessen Besuch in Dresden erste Entwürfe präsentierte.[88] Der beim abendlichen Osterspaziergang am Meer nachsinnende Faust, der bei Retzsch nachdenklich die Hand ans Kinn hebt, könnte Friedrich zu seinem Mönch inspiriert haben, so Busch.

Die Geste allerdings ist die einzige Übereinstimmung, denn Friedrich dreht die Gestalt in seinem Bild vom Betrachter weg, nimmt ihr die ausschreitende Bewegung, verwandelt sie in einen Mönch und beraubt sie der Gesellschaft des Adlatus Wagner, der Faust begleitet. Wo Faust bei Retzsch auf den heranstürmenden Pudel blickt, auf den funkenstiebenden Mephisto, schaut Friedrichs Mönch aufs Meer. Das Teuflische ist durch das Göttliche ersetzt, der ehrfürchtige Mönch wird zum Gegenentwurf des hedonistischen Faust. Wo Goethe unverhohlen Sympathie mit dem geistreichen, witzigen und charmesprühenden Mephisto als Begleiter zeigt, wählt Friedrich die gottesfürchtige Einsamkeit.

Das Pendant zum *Mönch am Meer* ist die gleichformatige *Abtei im Eichwald*, auch sie, deren Leinwand von derselben Stoffbahn stammt, ist in ihrer ursprünglichen Farbgebung eine Symphonie in Blau- und Grautönen. Das Bildpaar begeisterte bei der Berliner Akademieausstellung, wo es Friedrich auf Initiative des »Kurators« Friedrich Schleiermacher[89] noch ohne Titel präsentierte, den 15-jährigen Friedrich Wilhelm IV., der es von seinem Vater zum Geburtstag geschenkt bekam. Auch wenn der Kronprinz erst dreißig Jahre später (und einen Monat nach dem Tod des Malers) König von Preußen werden sollte, war dieser Ankauf durch die königliche Familie selbstverständlich gut fürs Renommee und dürfte wesentlicher Impuls gewesen sein, Caspar David Friedrich am 10. November 1810 in die Königlich Preußische Akademie der Künste aufzunehmen.

Die *Abtei im Eichwald* ist weitaus detailreicher als der *Mönch am Meer*. Über einen aufgelassenen Friedhof mit überwiegend windschiefen Holzkreuzen gleitet der Blick zu einer an Eldena erinnernden Kirchenruine mit derangiertem Maßwerkfenster zwischen entlaubten Eichen unter einem fahlen Mond, dessen schmale Sichel darauf hindeutet, dass der Neumond erst kürzeste Zeit zurückliegt. Obwohl der Friedhof offenbar lange schon nicht mehr genutzt wurde, zieht eine

Gruppe von Mönchen mit einem Sarg durch das Tor der Ruine. Ein großes Kruzifix bildet der Trumeau des Portals und im Innenraum wartet eine Gestalt am Altar, auf dem zwei brennende Kerzen stehen, auf die Prozession.

Es wirkt, als ob die Mönche den Verfall der Kirche sowie die Verwahrlosung des Friedhofs gar nicht wahrnehmen. Dadurch bekommt der Zug zusätzlich etwas Geisterhaftes. Das Bild ist seit Theodor Körners Sonetten, die er auf das Werk dichtete und in denen er auch das Geisterhafte der Szene bereits erwähnte, stets als Leichenzug beziehungsweise Beerdigungsszene gedeutet worden.[90] Bei näherer Betrachtung erhärten sich allerdings die Indizien dafür, dass es sich gar nicht um eine Beerdigung handelt, sondern um eine Exhumierung. Warum sollte auf einem seit Jahren oder Jahrzehnten aufgelassenen Begräbnisplatz noch eine Beisetzung stattfinden? Dazu gibt es keinerlei Veranlassung. Das Grabloch ist zudem nicht sorgsam ausgeschachtet, um passend einen Sarg aufnehmen zu können (wie etwa im Winterbild des Jahreszeitenzyklus), sondern für eine Beisetzung vollkommen überdimensioniert und unkonturiert, als habe man in einem größeren Radius nach dem Toten suchen müssen. Und schließlich wird der Leichnam vom Friedhof weggetragen. Während die ersten Mönche bereits mit dem Sarg die Kirche betreten, verharren die letzten noch am Grab und blicken in das enorme schwarze Loch. Man könnte annehmen, hier werde der Leichnam eines neu erkorenen Heiligen geborgen, der nun umgebettet und damit der Vergessenheit entrissen wird.

Der Mönch am Meer und *Die Abtei im Eichwald*: Was verbindet die beiden Bilder, warum wurden sie als Pendants gemalt, ausgestellt und wahrgenommen? Beide Bilder zeigen Mönche und Natur. Damit ist die formale Gemeinsamkeit allerdings auch schon erschöpft. Aufgrund der oben erwähnten Elemente und Details ließe sich schlussfolgern, Friedrich habe hier zwei Formen der Religiosität gemalt. In der *Abtei* eine rückwärtsgewandte, abgestorbene, nebulöse Gottessicht, die ihre Leichen wieder ausgräbt, um sie auf Altären in Ruinen anzubeten, im *Mönch* die zukunftsgerichtete Spiritualität, die nur der Gewalten der Natur bedarf, um jederzeit und an jedem Ort unter freiem Himmel ihren Gottesdienst zelebrieren zu können.

Die Klosterruine Eldena begleitete Friedrich über 40 Jahre von seinen ersten selbstständigen Schritten als Maler bis zu seinem Tod, Dutzende von Skizzen, Aquarellen und Ölbildern zeigen das Zisterzienserkloster vor den Toren Greifswalds. Erst 1825 aber machte er es auch in Öl zum Hauptmotiv. Ein Jahrhundert zuvor hatten die Bürger und Universitätsangehörigen Greifswalds die Ruine noch munter als Steinbruch genutzt. So ist es maßgeblich Friedrich zu verdanken, dass man das Bauwerk von den 1820er Jahren an in neuem Licht sah, Grabungen unternahm und nach einem königlichen Verbot weiterer Zerstörung im Jahr 1827 den preußischen Star der Gartenarchitektur Peter Joseph Lenné sogar mit der Gestaltung eines Landschaftsparks rund um die Anlage betraute.

Bei Friedrich wird das Bauwerk zu einem Monument, das erst als Ruine seine volle Wirkung entfalten kann. Ihm war dieser Effekt durchaus bewusst, weshalb er auch andere, in Wirklichkeit intakte Kirchen in seinen Bildern in Ruinen verwandelte, um ihnen so die angemessene Erhabenheit zu verleihen. Auf den ersten Blick machte er sie zu dysfunktionalen Relikten. Doch sie in jedem Fall als Absage an einen in Friedrichs Augen überholten Katholizismus zu verstehen, wäre zu kurz gegriffen. Auch hier vermag sich die Bedeutung zu wandeln. Aus der frostigen Nebelruine der *Abtei im Eichwald* kann auch ein einladender Ort werden. Aus dem abweisenden Relikt wird ein Bauwerk, dass sich zum Himmel geöffnet hat. Es lädt die Elemente ein, Besitz zu ergreifen, verwebt die Architektur mit der Landschaft, lässt in der Vierung

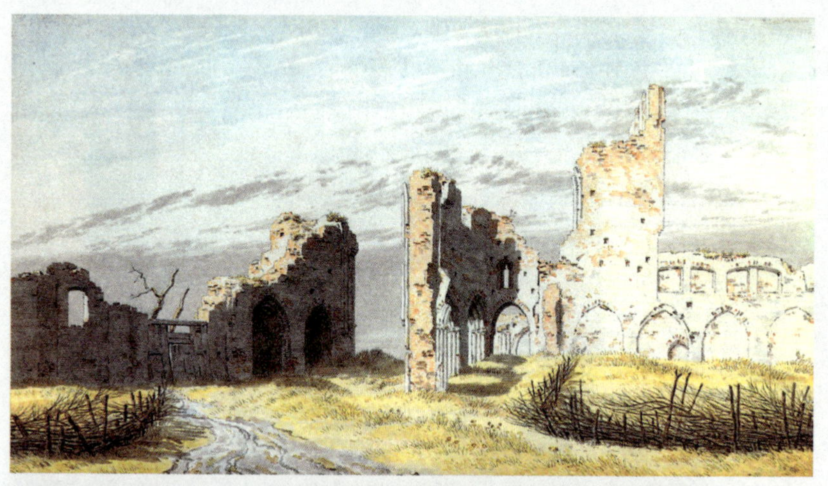

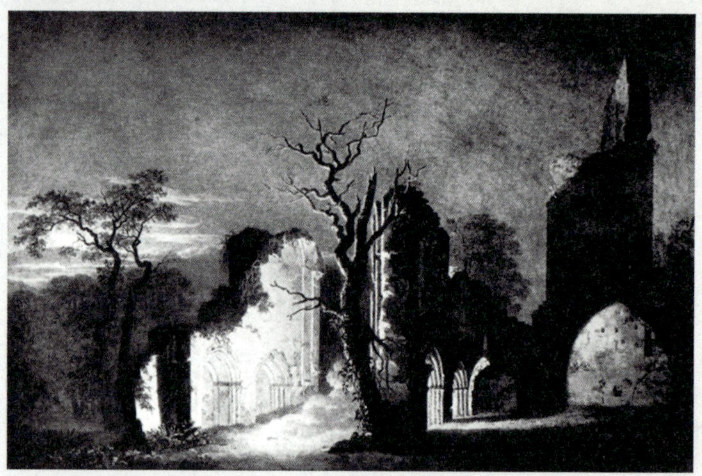

Abb. 37 und 38: *Kloster Eldena*, 1801; *Kloster Eldena*, 1801

das Gras wachsen. Religion und Natur sind nicht länger getrennte Welten. Die Bäume schauen herein, der Regen fällt auf den Altar, die Natur erobert sich den Kultraum zurück. Auch das ist ein perfektes Bild für Friedrichs Vorstellung von Religion.

Eine zusätzliche Faszination mag für ihn in der absoluten Konzentration auf den Ritus gelegen haben, der die Zisterzienser mit der besonderen Schlichtheit ihrer Architektur Ausdruck verliehen. Und nun steht inmitten der Ruine ein Wohnhaus neueren Datums. Die Tür ist offen, hier herrscht Leben, man geht ein und aus. Das einstige Langhaus der Kirche ist zum Garten geworden, in dem zwei Männer plaudern. Gestrüpp und ein abgebrochener Ast bilden eine natürliche Barriere zum Betrachter. Überhaupt konnte die Natur weitgehend Besitz ergreifen – noch hat der für brachiale Ideen bekannte Landschaftsarchitekt Lenné nicht interveniert – und wuchert aus allen Richtungen, als würde das Bauwerk vergessen in einem Dschungel stehen. Inwieweit dieser imposante Bewuchs authentisch ist, bleibt auch angesichts der zeitnahen anderen Darstellungen des Klosters fraglich, das Haus in der Kirche, so viel scheint gesichert, gab es wirklich. Es ist also keine vom Maler erfundene Konstellation, mit der er eine allegorische Bedeutung forcieren wollte, sondern wurde so vor Ort als charmanter Kontrast vorgefunden. Das Motiv kommt Friedrichs Versuch jener Jahre entgegen, sich gelegentlich auch im zusehends in Mode kommenden Realismus zu versuchen, der vor allem das Sichtbare abbilden möchte, ohne es sogleich symbolisch aufzuladen. Mit dem Wissen um Friedrichs Bedürfnis nach Subtext allerdings fällt es schwer, nicht dem Reflex zu erliegen, auch hier ein »Mehr« zu vermuten.

Doch was hat der Maler gesehen? Ein lebenswert und idyllisch eingerichtetes Haus im Schutz der Geschichte oder doch nur ein Bild der ärmlichen Gegenwart, die selbst dann von der Vergangenheit überragt wird, wenn diese nur noch Ruine ist?[91]

Auch auf Reisen begleitete ihn die Ruine, wie es scheint. »Eldena mit dem Riesengebirge im Hintergrund, fürwahr eine abenteuerliche Zusammenstellung und doch als Kunstwerk durchaus überzeugend, zugleich für Friedrich menschlich und künstlerisch ungemein aufschlußreich«, stellte der Kunsthistoriker Otto Schmitt bereits 1931 fest.[92] »Dichtung und Wahrheit bunt miteinander verschmelzend und die Wirklichkeit poetisch verklärend, schafft Friedrich sein Werk.«[93]

Dichtung und Wahrheit treffen auch in Fritz Meichners Friedrich-Roman aufeinander. Dort steht die Ruine Eldena für den ertrunkenen Bruder. »Wie ein Tor, das in einen Bereich außerhalb alles Vertrauten führt«, erscheint ihm das Bauwerk als das Letzte, was Friedrich gewahr wird, bevor er vor der Küste ins Eis einbricht und der Bruder bei seiner Rettung ertrinkt.[94] Der Gedanke ist reizvoll, dass die Ruine Eldena Friedrich als Symbol für den Verlust des Bruders durch sein Leben begleitete und dass er »das Tor« in seiner *Abtei im Eichwald* als überdimensionales Grabmal für Christopher auf einem imaginären Friedhof errichtete.[95]

In Begleitung des Freundes Georg Friedrich Kersting zog Friedrich im Sommer 1810 gen Osten, skizzierte unterwegs die Klosterruine Oybin, erreichte am 10. Juli eine Quelle der Elbe im Riesengebirge, erklomm am Tag darauf die Schneekoppe, den mit 1600 Metern seinerzeit höchsten Berg Preußens, und trug sich am 11. Juli ins Gipfelbuch ein. Als Kleist fast auf den Tag genau 11 Jahre zuvor hier war, hinterließ er seine *Hymne an die Sonne*, wahrlich kein Meisterwerk der Poesie und vielleicht tatsächlich spontan nach dem Aufstieg gedichtet, aber in seiner Botschaft programmatisch auch für Caspar David Friedrich. In Erwartung der Sonne, Lichtbringerin und Herrscherin über das Leben (bei Kleist selbstverständlich maskulin), steht der Dichter auf der Klippe über dem Dunst, und so heißt es bereits in der ersten Strophe:

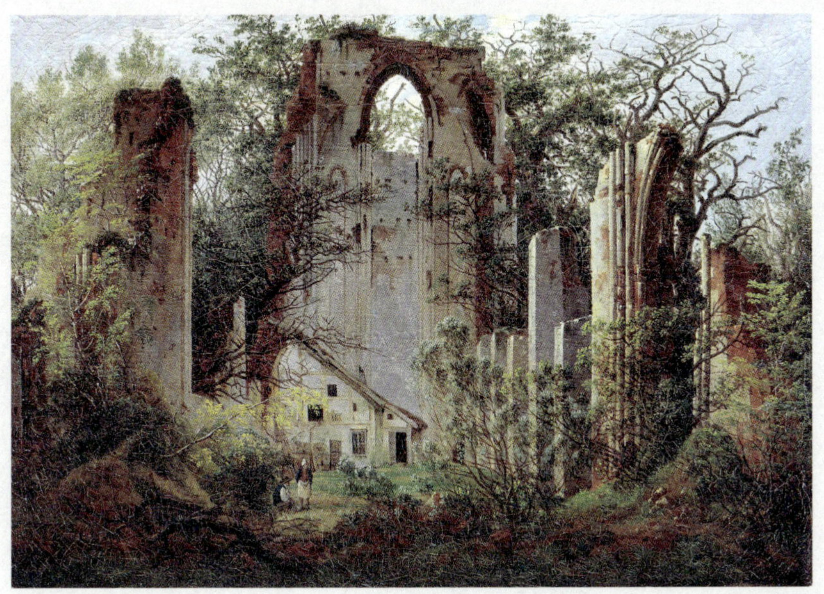

Abb. 39: *Kloster Eldena*, 1825

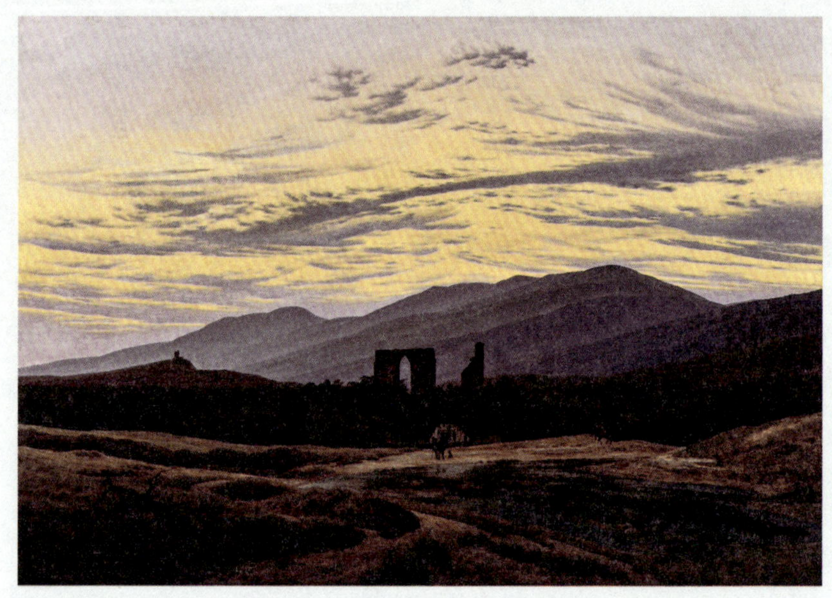

Abb. 40: *Ruine Eldena im Riesengebirge*, 1830-35

Über die Häupter der Riesen, hoch in der Lüfte Meer,
Trägt mich, Vater der Riesen, dein dreigezackigter Fels.
Nebel walten
Wie Nachtgestalten,
Um die Scheitel der Riesen her,
Und ich erwarte dich, Leuchtender!

Die Eindrücke des Riesengebirges, dessen Landschaften er in ihren Dimensionen zu übersteigern und zu dramatisieren wusste, wirkten in Friedrichs Werk lange nach. Das entsprechende Bild zu Kleists Poem, Friedrichs in der Populärkultur vielleicht berühmtestes, der *Wanderer über dem Nebelmeer*, ließ allerdings noch einige Jahre auf sich warten.

Nach der Gipfelbesteigung des Riesengebirges mit Kersting orientierte er sich im Jahr darauf von Dresden aus nach Westen und unternahm eine Wanderung mit dem Bildhauer-Freund Christian Gottlieb Kühn durch den Harz. Auf dem Weg von Ballenstedt, wo er die Schwestern Caroline und Wilhelmine Bardua besucht hatte, zum Erdbeerkopf skizzierte Friedrich am 27. Juni einen Höhleneingang, der in seinen Gemälden *Grabmale alter Helden* und *Felsenschlucht* (um 1821, Pommersches Landesmuseum, Greifswald) Verwendung fand. Die Skizzenbücher erwiesen sich einmal mehr als Fundus, als Quelle, aus der Monate, Jahre oder gar Jahrzehnte später noch geschöpft werden konnte.

Seine Kompositbilder sind keine Erfindungen, sondern Zusammenfügungen von akribisch vor der Natur studierten Elementen. Die »künstlerische Freiheit« gestattete er sich lediglich in ihrer Kombination, während er innerhalb der Elemente weitgehend treu seinen Skizzen folgte. Werner Busch spricht hier von einem »Authentizitätszwang«. Die Wahrheit des Sichtbaren müsse, schon aus Respekt vor der Schöpfung, unbedingt verbürgt werden. Das Ganze ist Erfindung, die Details jedoch sind naturalistisch. Wir bewegen uns folglich in Friedrichs Bildern im-

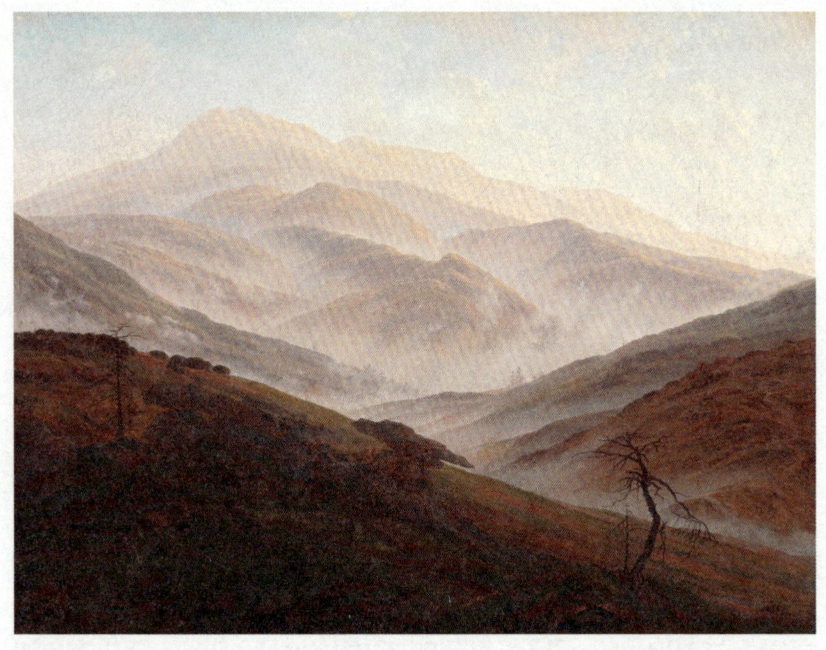

Abb. 41: *Riesengebirgslandschaft mit aufsteigendem Nebel*, 1819-20

mer in Räumen aus Realität und Fiktion zugleich, und weil die Komponenten so naturgetreu sind, erscheint die Fiktion umso realer.[96]

Doch was sprach die Betrachter im Allgemeinen und die Aristokratie im Besonderen an Friedrichs Werken überhaupt an?

Carl August von Sachsen-Weimar-Eisenach erwarb in Folge eines Atelierbesuchs im April 1810 fünf Bilder und diese erregten bei Goethe offenbar genügend Neugier, um Friedrich im September selbst einen Besuch abzustatten. Sosehr er Friedrichs Schaffen respektierte, dessen verbalen kunsttheoretischen und religiösen Ausführungen konnte er wenig abgewinnen. Bereits im Monat vor dem Atelierbesuch zeigte sich Friedrich seinem Freund Friedrich August Koethe gegenüber beleidigt, denn offenbar hatte sich die Goethe-Freundin und Schülerin Gerhard von Kügelgens Louise Seidler bei einer Visite ihrerseits verplappert: Goethe hatte ihr mit auf den Weg gegeben, Friedrich ruhig zu besuchen, sich aber ja nicht durch seine Reden verführen zu lassen.[97] Ebenfalls auf Goethes Empfehlung hin wurde Carl Wilhelm Lieber ein Schüler Friedrichs. Ohne nennenswert Früchte zu tragen, endete das Verhältnis allerdings rasch in einer Missstimmung.

Der besondere Reiz von Friedrichs Werken mag darin gelegen haben, dass er christliche und patriotische Botschaften in einem besonderen Naturalismus, einer sowohl akkuraten als auch überraschenden Naturbeobachtung, präsentierte.

Darauf deuten Bemerkungen hin, wie die Friedrich Wilhelms III., der den großformatigen *Morgen im Riesengebirge* auf der Akademieausstellung 1812 erworben hatte: »Das ist ein schön Bild; als ich nach Teplitz reisete, war Ich früh auf und gedachte die schöne Gegend zu sehen; aus dem Tau ragten die Hügelspitzen hervor und machten gerade diese Wirkung einer Meeresoberfläche, und meine eigentliche Absicht war vereitelt.«[98]

Der König kaufte also ein Bild von etwas, was er bei seinem mor-

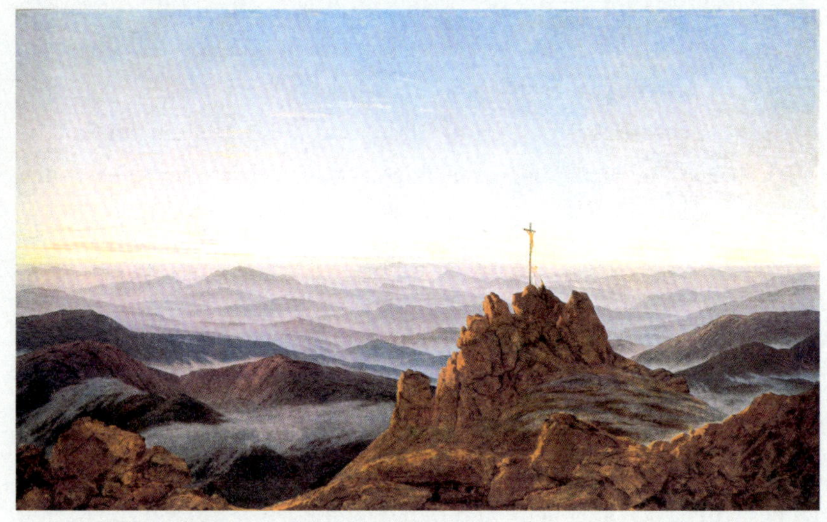

Abb. 42: *Morgen im Riesengebirge*, 1810-11

gendlichen Gang in die Natur eigentlich nicht hatte sehen wollen: Nebel statt Fernsicht. Als Kunstwerk aber faszinierte es ihn, gerade weil es eher unglaublich als real erschien und die Kollegen Friedrichs es daher auch für eine Erfindung hielten, wie Johann Gottfried Schadow berichtete: »Die Künstler waren sämtlich der Meinung, Friedrich habe da etwas aus seiner Phantasie gemalt.«[99] Und auch der König bestätigte: »Wer es nicht gesehen hat in der Natur, denkt, es ist nicht wahr.«[100]

Die Landschaft war zwar nicht real, doch das Naturphänomen dafür umso naturalistischer eingefangen, so dass das Gemälde die Betrachter an eigene Naturerlebnisse erinnern konnte. Friedrich hatte das Riesengebirge im Sinn, Friedrich Wilhelm III. assoziierte das Erzgebirge, Charlotte von Schiller dachte an Ilmenau im Thüringer Wald.[101] Gerade weil Friedrich allgemein blieb, konnte hier jeder »seine« Landschaft wiederentdecken.

Die eigentliche Botschaft des Bildes ist selbstverständlich wiederum eine religiöse. Auch wenn es noch so zierlich sein mag, das Kruzifix ist das einzige Objekt, das in die obere Bildhälfte hineinragt und so die irdische mit der himmlischen Ebene verbindet. Charlotte von Schiller erinnerte nach Betrachtung des Gemäldes nur das, was konventionell zu erwarten wäre: »Aus jedem Berggipfel steigen Nebel heraus und diese sind vortrefflich gemacht. Auch da steht ein Kruzifix auf einem Fels im Vordergrund, und ein Mann reicht einem Mädchen die Hand zum Hinaufsteigen.«[102] Wilhelm von Kügelgen hatte unterdessen genauer hingesehen:

> *Auf hohem Felsenkegel, der aus dunkler Tiefe aufsteigend in den heiteren Morgenhimmel ragt, steht ein Kreuz. Daran klammert sich mit der einen Hand ein Weib, während sie die andere hülfreich dem nachkletternden Manne reicht. Das war ein rührendes Kapitel aus der Geschichte der Menschheit und insbesondere die Geschichte mei-*

ner Eltern. Die Mutter war vorangepilgert auf dem Glaubenspfade. Sie erreichte zuerst die Höhe, da ihres Herzens Trost stand, und zog jetzt den Mann nach, den sie liebte.[103]

Es ist also nicht der Mann, der der Frau hinaufhilft, sondern umgekehrt die Frau in Weiß, die dem Mann in Schwarz die Hand reicht – laut Zeitgenossen Friedrich selbst.[104] Es sind die Frauen, so Kügelgen, die den Männern den Weg zu Gott weisen, nicht nur in seiner eigenen Familie, sondern auch in der Menschheitsgeschichte.

Der Kunsthistoriker Andreas Aubert sah vor dem Ersten Weltkrieg in der Szene eher patriotische Symbolik. Das wiedererstarkte Christentum nach Aufklärung und Französischer Revolution vermochte die Deutschen zu mobilisieren: »Das Kreuz – nicht der Stern der Ehrenlegion – ward das Zeichen für den Freiheitskampf: für Deutschlands ›heiligen Krieg‹. Dies ist der Sinn von Friedrichs *Kreuz auf dem Felsen* im Lichte der Geschichte seines Vaterlandes.«[105]

Solche möglichen Bildideen aber wurden zumindest vom preußischen König offenbar als Beiwerk empfunden, die »Naturwahrheit« des Bildes war vordringliches Thema und fürs Erste von höchster, royaler Stelle bestätigt worden. Doch an der »Bildwürdigkeit« des Motivs klang sogar in Friedrich Wilhelms Worten ein leiser Zweifel an, denn die weite klare Sicht auf die Landschaft mit all ihren Details war ihm verstellt. Das Bild wurde damit zwar unkonventionell, aber auch ein wenig zum Kuriosum, denn es zeigte die Natur nicht unter vermeintlich idealen Bedingungen. Und so war es vor allem die Motivwahl Friedrichs, an der zusehends Anstoß genommen wurde.

Schon Goethe hatte im September 1810 Friedrichs Atelier, wo er den *Mönch am Meer* und die *Abtei im Eichwald* gesehen hatte, mit gemischten Gefühlen verlassen. Seine Aversion gegen die Themen Einsamkeit und Tod verunmöglichte eine differenzierte Wahrnehmung.

Goethe, der Beerdigungen unerträglich fand und selbst der Beisetzung seiner eigenen Frau fernbleiben würde, sah sich in Friedrichs Studio ausgerechnet mit einem winterlichen Leichenzug in imposantem Format konfrontiert. Vielleicht war diese Missstimmung auch der Grund dafür, dass bei Hofe das Interesse an Friedrich etwas erkaltete. Weder die neun Ölgemälde, die Friedrich 1811 ausstellte, noch neun Sepiablätter, die er im April 1812 schickte, weckten Begehren, so dass Meyer an Goethe berichtete, er habe die Werke zwar dem Herzogspaar und auch dem französischen Gesandten vorgelegt, »allein die Lust scheint vergangen zu seyn, und so werde ich den darbenden Friedrich wohl wieder mit seinen Kunstwerken, nicht, wie er gewünscht, mit Geld heimsuchen müssen«.[106]

Es ist als Mahnung an die kommende Generation gemeint, wenn Goethe Jahre später über den jungen, offensichtlich von Friedrich beeindruckten Carl Friedrich Lessing schreibt:

> *Was ist das für eine frostige Jugend, [...] ich höre viel Gutes von dem jungen Manne, aber mit seiner Winterlandschaft will ich nichts zu schaffen haben, und dabei noch Mönche und Begräbnis, lauter Negationen. [...] Ich friere nicht gerne draußen, warum soll ich mich denn in der Stube erkälten, und dazu noch vor einem Kunstwerke. Man muss die jungen Künstler beizeiten warnen, sonst bleiben sie in solchen hohlen Wegen sitzen; dem guten Friedrich in Dresden ist's nicht anders ergangen; von dem haben wir dergleichen Landschaften in Menge.*[107]

Nach dem Erfolg des Bildpaares *Mönch am Meer* und *Abtei im Eichwald* hätte es für Friedrich nahegelegen, diesen Weg weiter zu beschreiten. Und in der Tat findet sich eine Reihe von anscheinend aufeinander bezogenen Morgen- und Abend- beziehungsweise Nachtstimmungen sowie Sommer- und Winterlandschaften. Als Pendants sind aber auch die beiden Winterlandschaften verstanden worden, die das Abtei-Bild variieren.[108] Die Elemente – Schnee, Bäume, Friedhof, Kirche, Kruzifix – sind modifiziert und neu kombiniert und führen entsprechend zu veränderten Assoziationen. Einmal mehr wird deutlich, wie Friedrich mit seinem limitierten Repertoire an Versatzstücken neue Wirkungen zu erzielen vermochte. Allerdings wählt er nun ein Kleinformat, kaum mehr als ein Sechzehntel der Bildgröße des *Mönchs* und der *Abtei*.

ENDZEIT
WINTER

Auf den ersten Blick stehen sich in der Londoner *Winterlandschaft mit Kirche* drei Fichten und ein Sakralbau gegenüber. Die Fichten sind präzise konturiert und fest verwurzelt, die Kirche erscheint dagegen schemenhaft diffus wie eine Fata Morgana über dem Nebel schwebend. Ein eindrucksvoller Kontrast. Doch die Pendants Religion und Natur erscheinen nicht als Gegensätze, sondern, wie es Friedrichs Ikonographie entspricht, als Glaube und Hoffnung, als zwei sich bedingende Tugenden.

Der zweite Blick fällt auf das Kleinteilige: zwei Krücken im Schnee, die auf einen bärtigen Mann hinweisen, der mit gefalteten Händen in Anbetung eines Kruzifixes vertieft auf dem kalten Boden sitzt und sich dabei an einen Felsen lehnt, der Teil eines Hünengrabes sein könnte. Offensichtlich hat er wenige Meter zuvor seine Krücken nacheinander weggeworfen und sich dann niedergelassen. Braucht er die Krücken nicht mehr, weil er aufgegeben hat und sein Leben nun Gott übereignet? Oder ist ein Wunder geschehen und er kann sich wieder ohne Krücken fortbewegen? Dass er nicht aus eigener Kraft steht, scheint gegen letztere Deutung zu sprechen. Vielleicht hat sich der Mann auch derart physisch verausgabt, dass er in einem Zustand der erschöpfungsbedingten Euphorie meinte die Gehhilfen nicht mehr zu benötigen.

Doch woher kommt er überhaupt? Wanderer wird er wohl nicht sein, denn wer wandert schon an Krücken? Es gibt keine bildimmanente Erklärung für sein Da-Sein, kein Haus und keine Hütte weit und breit, auch keinen Weg, der ihn hergeführt haben könnte, nicht einmal Fußspuren im Schnee. Wir ahnen aufgrund der Position der Krücken

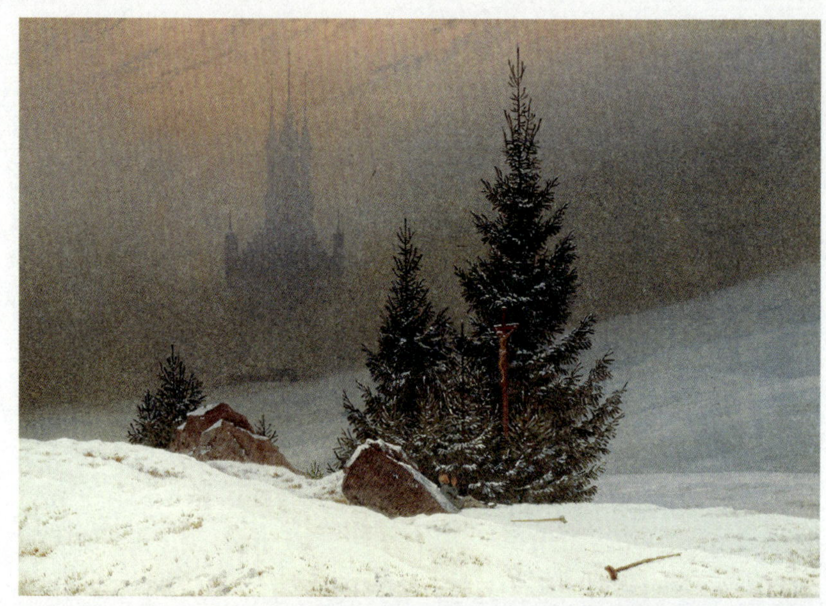

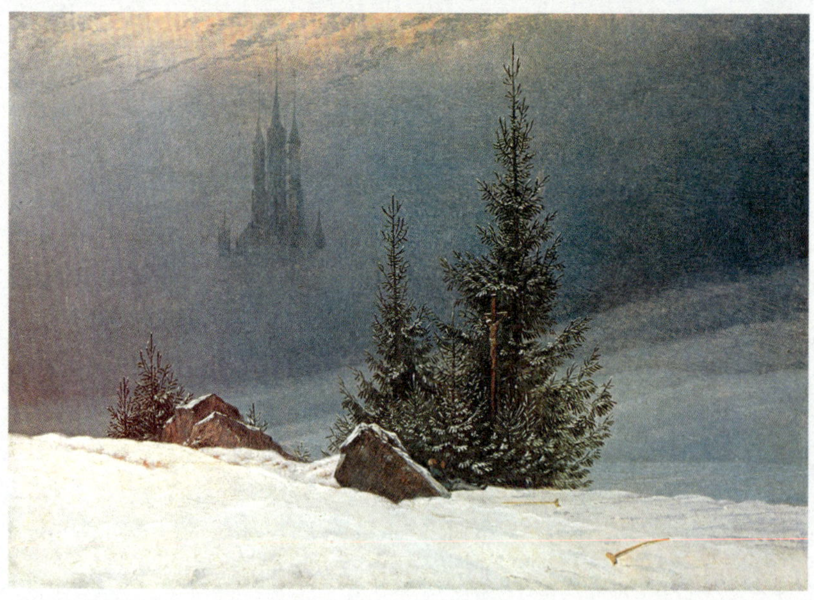

Abb. 43 und 44: *Winterlandschaft mit Kirche*, 1811 (Fassungen London und Dortmund)

nur die Richtung, aus der er gekommen sein mag. Wer aber aus dieser Richtung kommt, für den bleibt die Erscheinung der Kirche hinter den Fichten verborgen. Der Betende hat sie möglicherweise selbst gar nicht wahrgenommen.

Aber ist die Kirche überhaupt real oder nur eine Vision – eine Vision, die ohnehin nur der Betrachter erkennt, während der Invalide lediglich das Kruzifix sieht? Und sind nicht alle solitären Kirchenbauten, sofern es sich nicht um Ruinen handelt, bei Friedrich Visionen? Die winzige Mauer mit Tor, die der Kirche in der Londoner Fassung noch vorgelagert ist, lässt erst die wahren Dimensionen des dahinter liegenden Bauwerks erahnen und verwandelt es in eine monumentale Kathedrale, die im Nichts zu schweben scheint. Es ist ein gotisierendes Bauwerk, wie es im Sinne Friedrichs der nordischen Landschaft angemessen ist, oder, um es mit Franz Christian Boll zu sagen:

»Unter die vielen Verirrungen des neuen Geschmacks gehört auch diese, daß in unsern Zeiten Manche wünschen, unsere christlichen Kirchen mögten doch in griechische Tempel verwandelt, oder ihnen wenigstens so ähnlich, als möglich gemacht werden; damit der Gebildete, an schöne Formen Gewöhnte sich mehr von ihnen angezogen fühle«, dabei sei erwiesen, »daß grade unsere Kirchen, die im ächt gothischen (richtiger, ächt germanischen) Style ausgeführt sind, der Grundidee des Christentums – der Erhebung des Geistes über das Sinnliche und Irdische – mehr entsprechen, als Tempel von griechischer Bauart, welche vorzüglich bestimmt waren, heitre, freundliche Empfindungen und Gedanken zu erwecken.«[109]

Die Neugotik als Wiederbelebung eines vermeintlichen Nationalstils für alle, nicht nur für die gebildeten Schichten, war auch aus Friedrichs Perspektive die ernste und visionäre Architektur der Zukunft, besser als alle anderen Stile geeignet, die schöne Form durch Erhabenheit zu ersetzen und die Sinnlichkeit zu überwinden.

Das Bild erzählt keine Geschichte, gibt keine Antworten, stellt bestenfalls Fragen. Aber auch diese bleiben wenig relevant. Der Mann ist einfach da, ganz gleich woher er kam und wohin er will, und vielleicht sieht auch er die Kathedrale vor seinem inneren Auge als Wirkung des Gebets, derer wir teilhaftig werden: Die Andacht des einsamen Mannes verwandelt die Fichte in eine Kirche. Die Natur wird einmal mehr zum Glaubensbekenntnis, die Schöpfung zum Gottesbeweis.

Dass der Goldene Schnitt hinsichtlich ästhetischer Harmonieempfindung empirisch betrachtet wenig Wirkung entfaltet (zumindest weit weniger, als es eine Symmetrie tun würde), darauf hat bereits Gustav Theodor Fechner in seiner *Vorschule der Aesthetik* 1876 hingewiesen. »Mit schwierigen philosophischen und theologischen Vorbegriffen, worin die Ästhetik von Oben ihre Begründung sucht«, möchte er sich jedoch erklärtermaßen nicht abgeben,[110] doch genau hier mag Friedrichs Ansinnen liegen, den Goldenen Schnitt wiederholt in seinem Werk unterzubringen. Als göttlich hatte schon Luca Pacioli in seiner *Divina Proportione* (1509) das Teilungsverhältnis beschrieben: Der kleinere Teil hat zum größeren das gleiche Verhältnis wie der größere zum Ganzen, alles steht zueinander in Beziehung und die Selbstsimilarität evoziert die göttliche Gegenwart im kleinsten Teil. In diesem theologischen Sinne ließe sich gelegentlich auch die Verwendung des Goldenen Schnitts bei Friedrich verstehen, vorausgesetzt, er hätte dieses Harmonieverhältnis bewusst eingesetzt – was, wenngleich es dafür keinerlei schriftliche Quellen gibt, durchaus naheliegt.[111]

Konkret betrachtet, markiert in der *Winterlandschaft mit Kirche* die höchste der Fichten die »göttliche Teilung«. Ihre sakrale Bedeutung (als lebendiges Gegenstück zur Kirche) und die natürliche Harmonie einer christlichen Weltordnung werden damit untermauert.

Als Gegenstück zu diesem Werk wurde oft die Schweriner *Winter-*

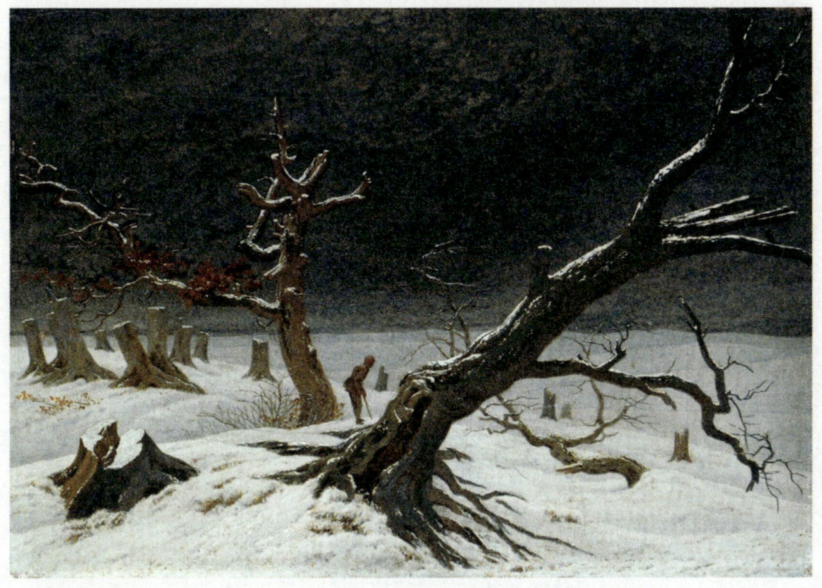

Abb. 45: *Winterlandschaft*, 1811

landschaft betrachtet.[112] Schon Zeitgenossen – Gustav Heinrich Naeke und Friederike Tugendreich – erwähnten, sie hätten beide Werke zeitgleich in Friedrichs Atelier gesehen.[113]

Auch hier steht ein einsamer Mann mit Krücken im Mittelpunkt. Leicht vornübergebeugt, verharrt er um sich schauend zwischen zwei sterbenden oder bereits toten Laubbäumen, deren Äste in unterschiedliche Richtungen zu weisen scheinen, während ein dritter Baum im Mittelgrund bereits umgestürzt ist. Einst stand hier ein Wäldchen, doch nun ist es Vergangenheit, bis auf die drei bizarren Bäume abgeholzt von Menschenhand.

Durch die unsachgemäß hohe Kappung der Baumstämme erscheinen sie wie Grabsteine. Die Gegend verwandelt sich in einen Friedhof und selbst der Schnee kann die Spuren des Baum-Massakers nicht mehr verbergen.

Wie Nebel wirkt auch Schnee als »Gleichmacher«. Ihm, der den Boden bedeckt, verdankt die Landschaft ihre Monochromie. Auf seine Weise verursacht er die Auslöschung aller Unterschiede. Das Wenige, was sich auf dem Schnee befindet, wirkt noch vereinzelter. Was unter dem Schnee liegt, kann dagegen sowohl die schlafende Natur sein, die sich auf den kommenden Frühling vorbereitet, als auch eine verborgene Gefahr für den bedeuten, der darüber geht. Schnee dämpft nicht nur die Farben, sondern erfahrungsgemäß auch die Geräusche. Er deckt Wege zu, erschwert die Orientierung. Schnee bedeutet Kälte und Tod, aber auch Reinheit und Frieden. Er ist das Ende und zugleich das Versprechen auf einen Neuanfang, auf neues Leben. Für Friedrich war er »das große weiße Tuch, der Inbegriff der höchsten Reinheit, worunter die Natur sich zu einem neuen Leben vorbereitet«,[114] während Ludwig Justi ihn als Todesbotschaft versteht: »Weißer Schnee deckt wie ein Leichentuch die deutsche Ebene zu.«[115]

Eingriffe durch den Menschen in die Natur bedauert und verurteilt Caspar David Friedrich deutlich und ist diesbezüglich eher im Geiste Jean-Jacques Rousseaus unterwegs: »Alles ist gut, was aus den Händen des Schöpfers hervorgeht; alles entartet unter den Händen des Menschen.«[116] Das Unschöne, die durch Not oder Gier oder Gedankenlosigkeit getriebene Umweltzerstörung (die mit der beginnenden industriellen Revolution rapide fortschreiten wird) ist Friedrich im Grunde nicht bildwürdig. Die Landschaft, »verhunzt durch Anbau von Wohnungen und widrig sich durchkreuzende Felderabteilungen und Hinweghauung der Wälder«, muss vom Maler in seinem Werk geheilt und in einen Urzustand »zurückgedacht« werden.[117] In der Schweriner Winterlandschaft machte er eine Ausnahme.

Dass Friedrich Bildpaare geschaffen hat, steht wie gesagt außer Frage, auch wenn die Kunstgeschichte vermutlich weit mehr solcher Paare konstruierte, als Friedrich selbst im Sinn hatte. Die immer wiederkehrenden Motive in neuen Kombinationen verleiten dazu, selbst Werke miteinander in Beziehung zu setzen, die weder gleiche Formate noch eine ähnliche Entstehungszeit verbindet. Ob es sich bei den beiden Winterlandschaften um solche Pendants handelt, scheint ebenfalls uneindeutig. Gäbe es bei einem solchen Bildpaar ein Vorher und ein Nachher, zwei Stationen einer Bilderzählung, oder hätten wir es mit einer Gleichzeitigkeit der beiden Szenen zu tun? Und welche Inhalte sollten die Bilder im Duo vermitteln? Kann von der *Winterlandschaft mit Kirche* noch die Botschaft von Glaube und Hoffnung ausgehen, so herrscht im zweiten Gemälde Endzeitstimmung. Statt einer vertikal aufstrebenden Strukturierung ist hier alles schräg, stürzend, im Abwärtstrend.

Zeigt das Schweriner Bild den Suchenden und das Londoner / Dortmunder Bild den Findenden? Das wäre die einfachste Deutung. Doch wo das eine Gemälde so offensichtlich religiösen Inhalts ist, könnte das andere eine eher patriotische Botschaft transportieren. Die Eichen verkörpern das Deutsche, sind wie die gotischen Ruinen Relikte und Zeugen einer großen Vergangenheit. Anstatt sich aber wie sonst üblich jedes Jahr zu erneuern, neue Blätter zu treiben und Früchte zu tragen, sind sie hier todgeweiht und abgeholzt und lediglich ein einsamer (Kriegs-)Invalide verharrt noch inmitten dieser Tristesse für eine Schweigeminute.

Möglicherweise wurde Friedrich durch Theodor Körners Gedicht *Die Eichen* aus dem selben Jahr inspiriert, das er düster weiterdenkt: Stehen in der Dichtung die Eichen noch, während die Menschen längst tot und begraben sind, so könnten die gefällten Bäume bei Friedrich das »deutsche Volk« symbolisieren.

Abend wird's, des Tages Stimmen schweigen,
Röter strahlt der Sonne letztes Glühn;
Und hier sitz' ich unter euren Zweigen,
Und das Herz ist mir so voll, so kühn!
Alter Zeiten alte treue Zeugen,
Schmückt euch doch des Lebens frisches Grün,
Und der Vorwelt kräftige Gestalten
Sind uns noch in eurer Pracht erhalten.

Viel des Edlen hat die Zeit zertrümmert,
Viel des Schönen starb den frühen Tod;
Durch die reichen Blätterkränze schimmert
Seinen Abschied dort das Abendrot.
Doch um das Verhängnis unbekümmert,
Hat vergebens euch die Zeit bedroht,
Und es ruft mir aus der Zweige Wehen:
»Alles Große muß im Tod bestehen!« –

Und ihr habt bestanden! – Unter allen
Grünt ihr frisch und kühn mit starkem Mut.
Wohl kein Pilger wird vorüberwallen,
Der in eurem Schatten nicht geruht.
Und wenn herbstlich eure Blätter fallen:
Tot auch sind sie euch ein köstlich Gut.
Denn verwesend werden eure Kinder
Eurer nächsten Frühlingspracht Begründer.

Schönes Bild von alter deutscher Treue,
Wie sie bessre Zeiten angeschaut,
Wo in freudig kühner Todesweihe
Bürger ihre Staaten festgebaut.
Ach was hilft's, daß ich den Schmerz erneue?
Sind doch alle diesem Schmerz vertraut!
Deutsches Volk, du herrlichstes von allen,
Deine Eichen stehn, du bist gefallen!

GOTTHILF HEINRICH SCHUBERT

ÜBER DIE NATUR ALS FÜR DIE MENSCHHEIT VERFASSTES BUCH

»Seit den ältesten Zeiten hat eine reine, unbefangene Betrachtung, in der Natur ein Abbild des menschlichen Lebens und Bestrebens gefunden, und auch den aus dem anfänglichen Kreise weit abgewichenen Menschen, erinnert die Natur auf mannigfaltige Weise an seine ursprüngliche Bestimmung. Der Anblick einer hohen einsamen Gebirgsgegend, das Wehen der Abendröthe, erwecken öfters den in uns schlummernden Ideenkreis einer höheren, geistigeren Welt und ein Verlangen, welches vergeblich seine volle Befriedigung von dem jetzigen Daseyn begehrt.

Wie dem Menschen aus der ihn umgebenden Natur das Bild seines eigenen sinnlichen Daseyns von allen Seiten zurückstrahlt; so findet er in derselben auch sein innres, geistiges Leben abgespiegelt. Der Geist der Natur scheint sich mit denselben Gedanken, mit denselben Problemen zu beschäftigen, welche auch dem unsrigen am meisten anliegen, und welche derselbe am meisten zu lösen bemüht ist. Nicht ohne höhere Bedeutung ist es in jener Hinsicht, daß uns in der Insektenmetamorphose das Erwachen ›nach dem höhern ursprünglichen Vorbilde‹ aus dem Tode der unvollkommneren Larve dargestellt wird. Der Geist der Natur thut hier wirklich einen prophetischen Blick über das jetzige Daseyn des Menschen hinaus, und beantwortet diesem hiermit eine der angelegentlichsten Fragen seines Geistes.

Wir erwähnten vorhin, daß der Inhalt aller Vorherverkündigungen der Propheten, der Inhalt aller Offenbarungen Gottes, ein gemeinschaftlicher, und überall derselbe sey: die Geschichte einer Wiederherstellung und Wiederbringung des Menschen zu seiner ursprünglichen Bestimmung, die Geschichte eines großen Kampfes des Lichts mit der Finsterniß und des endlichen Sieges der Wahrheit über die Lüge. Wenn die Natur ein *Wort* der ewigen Weisheit, eine Offenbarung derselben an den Menschen ist, so muß auch diese Offenbarung von demselben Inhalt seyn, wie die mit Buchstaben geschriebene, durch Menschen geschehene. Denn daß auch das Buch der Natur zunächst bloß für den Menschen geschrieben sey, leidet keinen Zweifel, da er das einzige Wesen der uns sichtbaren Welt ist, welches von Natur den Schlüssel zu jener Hieroglyphensprache besitzt.«[118]

IN DEN AUGEN DES FREUNDES

DIE LEERE LEINWAND

Der Künstler Georg Friedrich Kersting hat Caspar David Friedrich um 1811 zweimal in seinem Atelier gemalt, wie er vor der Staffelei in seine Arbeit vertieft ist. Anders als in Friedrichs Selbstporträt *Blick aus dem Atelierfenster* von 1806 hat das Fenster nun einen Laden, der geschlossen ist, um Oberlicht zu erzeugen und Ablenkungen der Außenwelt fernzuhalten. Auf der Fassung, die Friedrich stehend zeigt (Alte Nationalgalerie Berlin), sehen wir die Staffelei von hinten. Da Friedrich mit unglaublicher Konzentration die Leinwand fixiert, wird unsere Neugier gesteigert, zu erfahren, was er betrachtet, doch es wird uns verborgen bleiben, es sei denn, wir verstehen die zweite Version des Bildes, in der Friedrich sitzt, als Perspektivwechsel derselben Szene (Hamburger Kunsthalle). Dann sehen wir eine Landschaft mit Wasserfall, an der der Künstler arbeitet. In einer dritten Version von 1819 (Kunsthalle Mannheim), die weitgehend mit der zweiten identisch ist, gibt es allerdings eine entscheidende Änderung: Die Leinwand ist leer und wir werden Zeugen, wie Friedrich im nächsten Moment den ersten Pinselstrich exakt auf die senkrechte Mittellinie setzen wird, als gelte es, als Erstes konstruktiv die Symmetrieachse festzulegen. Die Vorstellung, dass der Künstler in jener Version, in der uns verborgen bleibt, was er sieht, die Leinwand nicht fixiert, um das fortgeschrittene oder fertige Gemälde zu begutachten – die Farben auf seiner Palette sind noch weitgehend unberührt –, sondern, um das Bild seines inneren Auges auf die weiße Fläche zu projizieren, ist ausgesprochen charmant und würde den Geist und Anspruch Friedrichs exzellent charakterisieren.

Dass Friedrich bei der Arbeit nicht nur ein spartanisches Umfeld wünschte, sondern auch das Alleinsein brauchte, unterstreicht der große Schlüssel, der in der zweiten und dritten Fassung in der geschlossenen Ateliertür hinter dem Maler steckt.

Ein anderes Interieur Kerstings zeigt den Malerkollegen Gerhard von Kügelgen, dessen Sohn die charakterlichen Unterschiede der beiden Freunde schon im Inventar ihrer Ateliers überzeugend festgehalten sieht. Der Kontrast könnte nicht größer sein.

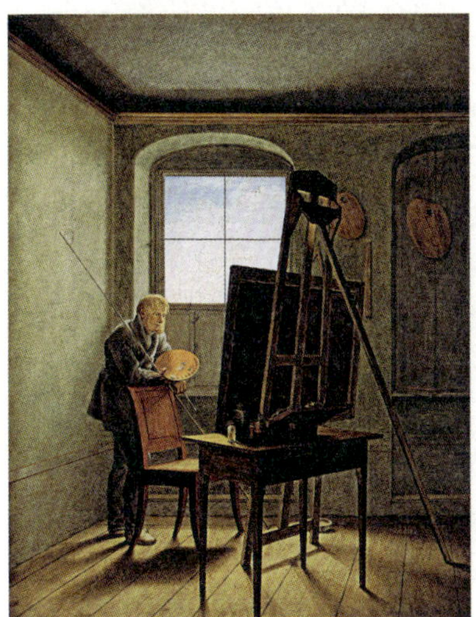

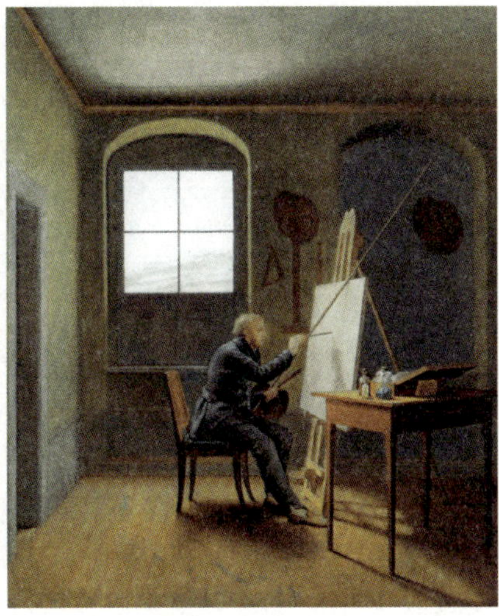

Abb. 46 und 47: Georg Friedrich Kersting, *Friedrich in seinem Atelier*, um 1811 (Berliner Bild); *Friedrich in seinem Atelier*, 1819 (Mannheimer Bild)

»Das eigentliche Arbeitszimmer meines Vaters«, so Wilhelm von Kügelgen, »enthielt eine Welt der verschiedenartigsten Gegenstände. Die Wände waren hageldicht bedeckt mit Gipsen, mit Studien und allerlei künstlerischen Kuriositäten.«[119] Diesem geselligen Menschenfreund stellt er den Asketen gegenüber:

Friedrichs Atelier dagegen war von so absoluter Leerheit, daß Jean Paul es dem ausgeweideten Leichnam eines toten Fürsten hätte vergleichen können. Es fand sich nichts darin als die Staffelei, ein Stuhl, ein Tisch, über welchem als einzigster Wandschmuck eine einsame Reißschiene hing, von der niemand begreifen konnte, wie sie zu der Ehre kam. Sogar der wohlberechtigte Malkasten nebst Ölflaschen und Farbelappen war ins Nebenzimmer verwiesen, denn Friedrich war der Meinung, daß alle äußeren Gegenstände die Bilderwelt im Innern stören.

Ebenso verschieden als die Arbeitszimmer war denn auch das Aussehen der beiden Arbeiter selbst. Mein Vater, brünett mit glattrasiertem Kinn, war stets sehr ordentlich gekleidet, während der hochblonde und kosakenbärtige Friedrich sich bei der Arbeit mit einem langen, grauen Reisemantel zu begnügen pflegte, der es zweifelhaft ließ, ob er sonst noch etwas darunter habe; und wer ihn kannte, wußte, daß dies nicht der Fall war.[120]

Demnach erscheint Kerstings Gemälde »geschönt«, denn die adrette Erscheinung Friedrichs in beiden Porträts entspricht so gar nicht dem ewigen Reisemantel, der ihm den Erinnerungen Wilhelm von Kügelgens zufolge eher das Aussehen eines Clochards verliehen haben muss. Die Reißschiene wiederum, die bei Kersting noch durch Palette, Winkel und Dreieck ergänzt wird, ist keineswegs so unbegreiflich, wie Kügelgen zu glauben scheint. Dass sie als »einzigster Wandschmuck« bezeichnet wird, ist allerdings bemerkenswert, denn wo sich bei Vater Kügelgen hageldicht Kuriositäten türmen, wird bei Friedrich diese Reißschiene selbst zum Bild, als habe der Meister als alleinige Inspirationsquelle ein Werk von Malewitsch oder Doesburg aufgehängt.

Das Werkzeug für die Bildkonstruktion jedenfalls erhält in Kerstings Porträt den gleichen Stellenwert wie die Palette als Arbeitsgerät der Farbgebung und macht deutlich, dass er verstanden hat, wie die Bilder des Kollegen entstanden. Womit sonst hätte Friedrich seine Architekturrisse gezeichnet, womit die Quadraturen übertragen, die sich in seinen Zeichnungen finden, womit die ausgeklügelten geometrischen Grundformen angelegt, die sich in so vielen seiner Werke entdecken lassen?

Friedrichs Bilder waren konstruiert, auch wenn es ihm ein Anliegen war, diese Konstruktion nachträglich zu verschleiern. Der strenge Aufbau diente ihm gleichsam als disziplinarische Maßnahme, um seine spirituellen Phantome zu bändigen. Dazu war es hilfreich, nicht allzu offensichtliche Maßverhältnisse zu wählen. So steht das Kruzifix im *Tetschener Altar* nicht in der Bildmitte, sondern bei zwei Fünfteln der Bildbreite, während sich seine Balken bei zwei Dritteln der Bildhöhe kreuzen. Ähnliche Maßverhältnisse finden sich immer wieder, auch in seinen berühmtesten Werken, etwa in den *Kreidefelsen auf Rügen* oder im *Wanderer über dem Nebelmeer*.

Bereits Ludwig Justi bemerkte angesichts des Bildes *Winter* im Katalog der Berliner Nationalgalerie: »Die Anordnung wirkt ganz einfach«, aber »bei genauerem Zusehen zeigt sich die Symmetrie überall leicht durchbrochen. […] Die Einfachheit des Aufbaus im Ganzen gleichseitig wirkend, entspricht der ernsten Feierlichkeit des Inhalts: die Lockerung im Kleinen sorgt dafür, daß die Form nicht gestellt erscheint.«[121]

Friedrich dürfte auch von einer mathematischen Romantik im Sinne von Novalis und Schleiermacher nicht unberührt geblieben sein, die geneigt war, in immateriellen Realitäten, etwa Zahlen, eine Art Gottesbeweis zu erkennen.[122] Nicht nur der Goldene Schnitt, sondern auch subtilere geometrische Linien, wie Hyperbeln oder Parabeln scheinen wiederholt in seinen Architekturformen, Wolkenformationen oder Erdkrümmungen aufzutauchen.

Erreicht ein Kegelschnitt den Neigungswinkel des Kegels oder geht gar darüber hinaus, öffnet sich die zuvor geschlossene Form der Ellipse plötzlich. Einer der beiden Brennpunkte der Ellipse fliegt sozusagen im Augenblick, in dem sie zur Parabel und bei stärkerer Neigung zu Hyperbel wird, in unerreichbare Ferne. Mit einem Brennpunkt im Endlichen, einem zweiten im Unendlichen, lassen sich diese Kurven somit fabelhaft als Zeichen für eine Beziehung zwischen Diesseits und Jenseits verstehen. Hatte die Renaissance noch den perfekten Kreis im Sinne einer unendlichen, jedoch in sich geschlossenen perfekten Harmonie als Gottessymbol betrachtet und der Barock die dynamischere Ellipse mit zwei Brennpunkten als geschlossenes Bezugssystem von Schöpfer und Schöpfung sowie als Symbol des Unsichtbaren, so entsprechen Parabeln und Hyperbeln dem romantischen Empfinden. Um Sehnsucht und Vergeblichkeit zu versinnbildlichen, sind ihre geöffneten Arme, die das Universum umfassen wollen, weitaus besser geeignet.

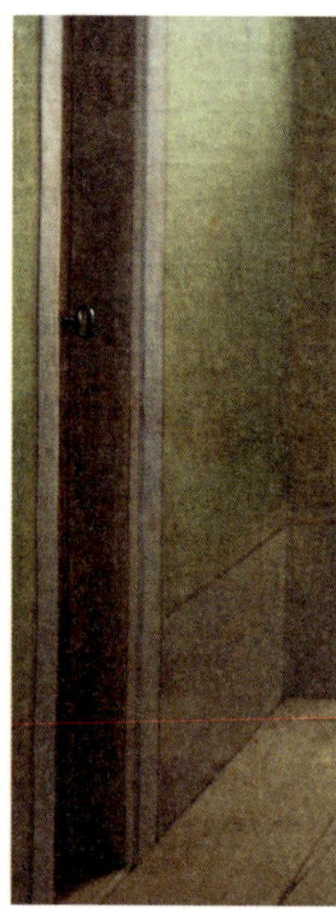

Abb. 48: Georg Friedrich Kersting, *Friedrich in seinem Atelier* (Detail), um 1811 (Hamburger Bild)

»TEUTSCHE MÄNNER, HEIL EUREN WAFFEN«

POLITISCHE BOTSCHAFTEN

»Auf dunklem Grunde erscheinen oft die schönsten Farben, und schlimme Zeiten können den kleinen Freuden, die sie übriglassen, wohl zur Folie dienen. So war auch mein liebes Dresden im Frühjahr 1813 eigentlich kein Ort für Spiel und Tanz und die Zeit so böse, daß ich heute nicht begreife, wie wir Kinder überhaupt nur ungefährdet zueinander über die Straße kommen konnten«, schrieb Wilhelm von Kügelgen über die kriegerischen Jahre, die auch seine Familie bewogen, Dresden vorübergehend zu verlassen. »Die mörderische Schlacht von Bautzen war geschlagen. Der Schnitter Tod hatte eine reiche Ernte im Schoße der Erde geborgen, und was er übrigließ, hatten die Ährenleser aufgesammelt. Zwanzigtausend mehr oder minder verstümmelte Muttersöhne wurden in die Dresdener Hospitäler eingespeichert, und viele hunderte von Wagen, angefüllt mit den Jammergestalten Verwundeter, passierten unsere Fenster täglich.«[123]

Die vernichtende Niederlage von Napoleons Armee in Russland 1812 hatte Preußen ermutigt, Frankreich den Krieg zu erklären, doch der Kaiser der Franzosen hatte bereits neue Bataillone rekrutiert und allein die Schlachten des Jahres 1813 bis hin zu Napoleons Niederlage in der Völkerschlacht bei Leipzig wären Anlass genug für Kügelgens Schilderung der Zeit. »Meine Kindheit fällt in eine der mörderischsten Geschichtsperioden«, so der eine Generation jüngere Malerkollege Friedrichs. Während er sich bei all den Wirrnissen und Tumulten einer dennoch behüteten Kindheit erfreute, »trank die weite Erde das Blut ihrer Kinder in Strömen«.[124]

Die politischen Ereignisse, nicht zuletzt im Hause Kügelgen lebhaft diskutiert, bewegten auch Caspar David Friedrich. Über Jahre hatte er seine patriotisch-frankophobe Gesinnung entwickelt, sah sich als Dissident und befand sich damit in prominenter Gesellschaft von Theodor Körner, Ernst Moritz Arndt oder Heinrich von Kleist, dessen *Hermannsschlacht* gerüchtehalber sogar mit einer Lesung in Friedrichs Atelier gefeiert worden sein soll.[125] Nun wurde es ihm zum Anliegen, auch in seiner Funktion als Maler etwas dazu beizutragen, den Widerstand gegen die Fremdherrschaft zu beenden.

Denkmale waren das, was ihm offenbar als Erstes in den Sinn kam. Das Heldenhafte des Widerstands, den so viele mit dem Tod bezahlten, musste für die Ewigkeit sichtbar gemacht werden, und wo das nicht in Marmor und Granit geschehen konnte, da war es das Mindeste, Monumente zu entwerfen und zu malen.

Grabmale alter Helden zeigt eine senkrecht aufragende Felswand, durch die eine Felsspalte verläuft, die sich an ihrem unteren Ende zu einem Höhleneingang weitet, vor dem zwei französische Soldaten mit blauen Mänteln und goldenen Helmen stehen, um ein ägyptisierendes Wandgrab zu betrachten – der linke blickt für einen Moment zurück, als habe er gerade den Maler entdeckt. Die beiden winzigen Gestalten dienen auch als Maßstab für die gewaltigen Dimensionen des Berges. Zwischen den bewachsenen Felsen des Vorder- und Mittelgrunds finden sich verstreut alte, teilweise bereits im Boden versunkene Grabmale, unter denen eine weiße Stele hervorleuchtet, die offenbar auf allen vier Seiten Thanatos-Figuren zeigt.

Die Grabsteine sind sehr diskret, für einen zweiten, dritten oder vierten Blick, mit Inschriften versehen. Ganz vorn, halb überwuchert, eine Grabeinfassung, auf der ein schroffer Felsen mit der roten Aufschrift *Arminius* (Hermann) herausragt, über den eine Schlange in den Farben der Trikolore kriecht, als wolle sie den Namen entziffern. Das

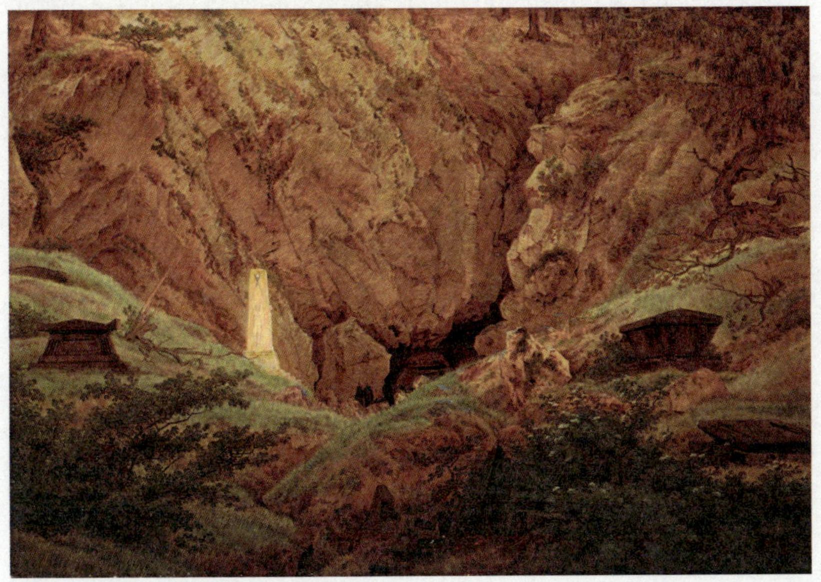

Abb. 49: *Grabmale alter Helden*, 1812

Grab rückt alle anderen Grabsteine in eine historische Kontinuität. Auf diesen aber finden sich keine konkreten Namensnennungen mehr, sondern lediglich Inschriften und Initialen. »Friede deiner Gruft – Retter in Noth« heißt es da kaum noch lesbar auf dem Sarkophag links, oder auch »Des edel Gefallenen fuir Freiheit und Recht. F. A. K.« (heute unlesbar).[126] Oben auf der hellen und dadurch als jüngste gekennzeichneten Stele über gekreuzten Schwertern und einer weißen Blüte prangt ein »GAF« und darunter ist ein »Edler Juingling – Vaterlands-Erretter« eingraviert.

Allerdings eröffnet sich nicht erst bei der Interpretation ein weites Feld an wenig Überzeugendem, da bereits das Entziffern zu unterschiedlichen Resultaten führte. Hieß es nun F. H. K., F. A. K. oder T. A. K.? Da die Inschriften im Singular verfasst sind und einzelne Helden bezeichnen (*Edler Juingling* bzw. *Friede deiner Gruft*), ist die Deutung, es handle sich bei den Kürzeln um Initialen mehrerer Personen, eher abwegig, und es scheint unwahrscheinlich, dass mit F. H. K. die Patrioten Friesen, Hartmann und Körner gemeint gewesen sein könnten, wie Werner Sumowski meinte.[127] Das Bild wird zudem auf 1812 datiert. Damit wäre die Beerdigung der drei ein Vorgriff auf Kommendes, ein Konstrukt, der Phantasie Caspar David Friedrichs entsprungen, denn Heinrich Hartmann und Theodor Körner kamen erst 1813 und Karl Friedrich Friesen erst im März 1814 in den sogenannten Befreiungskriegen ums Leben. Georg Friedrich Kersting setzte ihnen seinerseits 1815 mit dem Bild *Auf Vorposten* (Alte Nationalgalerie Berlin) ein Denkmal.

Zuzutrauen wäre Friedrich eine vorgezogene Beisetzung durchaus, hatte er nicht auch seine eigene Beerdigung wirkungsvoll in Szene gesetzt. Warum sollte die Kunst nicht Zukünftiges abbilden, zumal es keiner Prophetie bedurfte, den früher oder später eintretenden Tod eines Menschen vorauszusagen? Doch wäre es recht unheimlich, hätte Friedrich den drei Freunden im Jahr 1812 so unmittelbar vor ihrem tatsächlichen Tod ein gemeinsames Grabmal errichtet. Die Konstruktion liegt folglich wohl weniger beim Künstler als vielmehr bei Kunsthistorikern, die aus einer Zukunft rückblickend in der Gegenwart der Bildentstehung unvorhersehbare Evidenzen schaffen. Doch wurden die Initialen wie erwähnt auch als F.A.K. gelesen und als Mahnung und Vorbild »Für Alle Kommenden« gedeutet.[128]

Um sich am Spiel der Spekulationen zu beteiligen, ließe sich noch Friedrichs Freund Friedrich August Koethe anführen, mit dem er im Jahr vor der Entstehung des Gemäldes Goethe in Jena besucht hatte. Nach Jahren in Dresden übernahm Koethe dort eine Professur für Philosophie, wurde 1812 als Garnisonsprediger für die moralische Ertüchtigung der Truppe verantwortlich und machte sich für eine Erneuerung des Glaubens und gegen den herrschenden Rationalismus stark. Zwar war der sanfte Gelehrte nur sehr indirekt Kriegsheld, zudem war ihm vergönnt, Napoleon um fast drei Jahrzehnte zu überleben, aber das konnte Caspar David Friedrich im Jahre 1812 ebenso wenig ahnen wie den nahen Tod von Hartmann, Körner und Friesen.

Das Kürzel G.A.F. gibt nicht weniger Rätsel auf. Eher unwahrscheinlich ist, dass Friedrich ein Dutzend Jahre später hier die Initialen seines Sohnes Gustav Adolf eingetragen haben könnte, doch andere »edle Jünglinge« aus Friedrichs Umfeld, die infrage kämen, wurden bislang nicht ermittelt.

Inspiriert zu seinem imaginären Heldenfriedhof wurde Friedrich wohl auch durch Christian Cay Lorenz Hirschfelds populäre *Theorie der Gartenkunst* von 1780, in der der Professor für Philosophie daran erinnerte, dass man aus Feldsteinen »in längst verflossenen Jahrhunderten zum Andenken einer Nationalbegebenheit oder der gefallenen Helden« Monumente errichtete, aber auch, wie man seinesgleichen durchaus schon zu Lebzeiten würdigen könne: »Philosophen, Dichtern, Künstlern, nützlichen Bürgern und Freunden, lebenden sowohl als verstorbenen«, solle man Denkmäler in der Natur errichten. Für frohe Begebenheiten weithin sichtbar als Blickfang auf einem Hügel, für Erinnerungen an traurige Ereignisse dagegen eher versteckt: »Ein Denkmal des Schmerzes oder der Melancholie verberge sich bescheiden in der öden Vertiefung oder zwischen Umhüllungen dunkler Gebüsche, oder unter einer Felswand.«[129]

Der preußische König Friedrich Wilhelm III. hatte sich am 17. März 1813 ohne große Begeisterung – schließlich blieb Napoleon auch nach der Niederlage in Russland unberechenbar – aber mit umso mehr Pathos an sein Volk gewandt und es zum Kampf für die »heiligen Güter« aufgerufen, »für die wir streiten und siegen müssen, wenn wir nicht aufhören wollen, Preußen und Deutsche zu seyn. Es ist der letzte, entscheidende Kampf, den wir bestehen, für unsere Existenz, unsere Unabhängigkeit, unsern Wohlstand. Keinen andern Ausweg gibt es, als einen ehrenvollen Frieden, oder einen ruhmvollen Untergang.«

Gegen alle ökonomische Vernunft beteiligte sich Caspar David Friedrich an der Ausstattung seines Freundes Kersting für diesen entscheidenden Kampf. Friedrich selbst, noch keine vierzig, fühlte sich zu alt für die Strapazen und beruhigte sein Gewissen, indem er sich weiter verschuldete, um den elf Jahre jüngeren Kollegen in den Krieg schicken zu können.

Das Nationalgefühl, das Friedrich seit Jahren erfüllte, forderte seinen Tribut. Die Deutschen mussten zusammenhalten, auf persönlicher wie auf staatlicher Ebene. Dann würde auch irgendwann die Kleinstaaterei enden und eine deutsche Nation erblühen. An die Stelle eines muffigen Provinzialismus musste einfach die nationale Einheit treten. Doch der Preis für diese Einheit war nicht nur monetär zu entrichten, er bestand auch in einem Chauvinismus, für den Internationalität ein rotes Tuch war und der schnell rassistische Züge annehmen konnte.

Was fünf Jahre zuvor so hoffnungsvoll begonnen hatte, Friedrichs Karriere als vieldiskutierter Künstler, steckte in der Krise. »Das Glück scheint mich ganz verlassen zu haben«, schrieb er an seinen Bruder Heinrich, »oder soll ich meine bedrängte Lage bloß auf Rechnung der Zeit schieben?«[130] So oder so, er sah sich genötigt, die drückenden Schulden dem Bruder aufzubürden, um seine außerfamiliären Schuldner bezahlen zu können. Der gefeierte Künstler in Dresden musste den Seifensieder in Greifswald um Geld bitten. Er tat das mit Bedauern, aber ohne größere Skrupel.

Statt selbst aktiv am Kampfgeschehen teilzunehmen, verlieh Friedrich auch weiterhin seinem Patriotismus in der Malerei Ausdruck. Er würde seine Arbeit im Widerstand fortsetzen, auch wenn dieser einstweilen darin bestand, im Erzgebirge Tannen zu zeichnen.

Ein scheinbar völlig unspektakuläres Waldstück aus Laub- und Nadelbäumen, das er während seiner Kur in Krippen südöstlich von Dresden skizzierte, beschriftete er mit einer martialischen Parole: *Rüstet Euch heute zum neuen Kampf / Teutsche Männer Heil Euren Waffen.*[131] Die Diskrepanz zwischen friedlichem Forst und heroischer Bewaffnung löst sich auf, sobald man die Bäume als deutsch und die deutschen Bäume als Männer versteht.

Die Bleistiftzeichnung ist auf den 20. Juli 1813 datiert. Eine Woche zuvor hatten sich Zar Alexander, Kronprinz Johann von Schweden und Friedrich Wilhelm III. von Preußen mit Vertretern Österreichs und Englands auf Schloss Trachenberg getroffen, um einen Plan zu beschließen, mit dem sie Napoleon endgültig in die Knie zwingen wollten. Die Mobilmachung hatte begonnen, und Friedrichs Waldstück war so etwas wie ein Kommentar zur Ruhe vor dem Sturm, der unter Führung des schwedischen Adoptivprinzen Karl Johann und der Offiziere Schwarzenberg, Radetzky, Blücher, Tauentzien, Bülow, Gneisenau und Yorck in den Monaten August bis Oktober die französische Armee hinwegfegen würde. »In ganz Deutschland regte sich stärker und stärker das Gefühl, daß jetzt oder nie der günstige Moment herannahen werde, die eisernen Bande zu sprengen, welche französischer Despotismus lange und hart über unsere Gaue gelegt hatte«, schrieb Carl Gustav Carus in seinen Memoiren.

> *Schiller lebte schon nicht mehr, aber die Freiheitsgedanken, welche im Don Carlos und Tell vielfach ausgesät waren, sie hatten tief im Herzen Deutschlands Wurzel geschlagen, überall regte es sich in Schrift und Rede und Gesang, damit das Volk erwachen und seine Ketten abschütteln möge, Freiwillige erhoben sich überall, große freie Gaben wurden zugleich dem Vaterlande geboten, und eine mächtige Begeisterung machte sich fühlbar durch das ganze Land.*[132]

Die heute kryptisch erscheinenden Botschaften, die Friedrich in Bildern wie *Der Chasseur im Walde* (1813-14) transportierte, mögen manchem Zeitgenossen verständlich gewesen sein, andere sahen nichts als einen Blick in einen winterlichen Tannenwald, »in dessen Tiefe ein Ritter pilgert«.[133]

Doch auch hier werden die Bäume zur Armee. Der französische Soldat in mondheller Nacht, einsam auf einer Lichtung, ist stehen geblieben, als wolle er sich nochmals überlegen, ob es wirklich klug sei, weiter vorzudringen angesichts der Dunkelheit des Waldes, der vor ihm liegt. Der Wald ist dicht, die Koniferen hoch, der Boden gefroren. Vielleicht ahnt er die Gefahren, die auf ihn lauern. Ein Rabe beobachtet ihn. Es könnte dem Soldaten ein Schicksal drohen wie den Römern, die in Kleists *Hermannsschlacht* durch den Teutoburger Wald irren, in dem der Cherusker auf sie wartet. Und wie im römischen Feldherrn Varus bei Kleist leicht Napoleon auszumachen ist, so lässt sich der *Chasseur im Walde* als Friedrichs Interpretation jener *Her-*

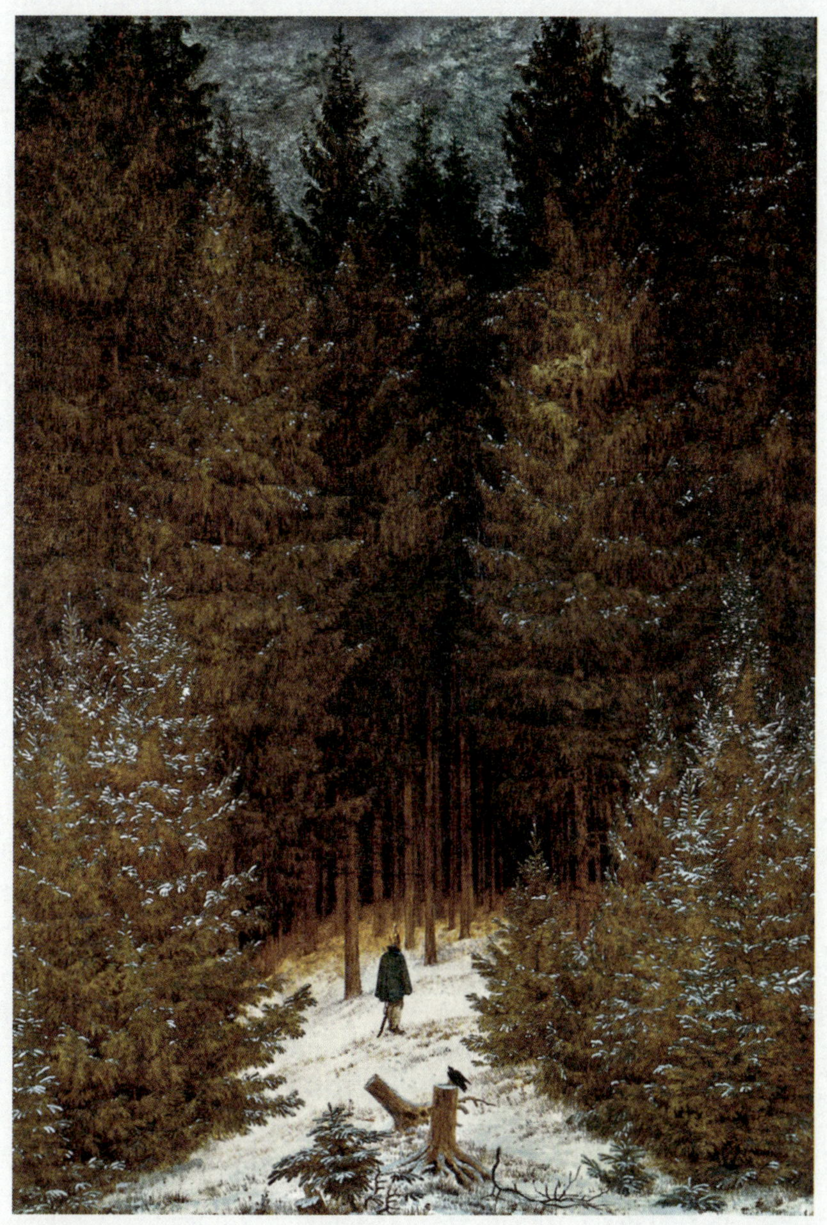

Abb. 50: *Der Chasseur im Walde*, 1813-14

mannsschlacht des befreundeten und jung verstorbenen Dichters verstehen.

Ratlos befragt Varus im letzten Akt die geisterhafte Alraune, eine germanische Sibylle, die ihm – für andere unsichtbar als Mondlicht zwischen Baumstämmen – begegnet. Sogleich entspinnt sich ein schicksalsdräuender Dialog:

> *VARUS Wo komm ich her?*
> *DIE ALRAUNE Aus Nichts! Quintilius Varus!*
> *– […] Wo geh ich hin?*
> *– Ins Nichts, Quintilius Varus!*
> *– Ins Nichts? – Du singst ja, wie ein Rabe! / Von wannen kommt dir diese Wissenschaft? / […] Du siehst, die Nacht hat mich Verirrten überfallen: / Wo geh ich her, wo geh ich hin? / Und wenn du das nicht weißt, wohlan: / Wo bin ich? sag mir an, das wirst du wissen; / In welcher Gegend hier befind ich mich?*
> *– Zwei Schritt vom Grab, Quintilius Varus, / Hart zwischen Nichts und Nichts! Gehab dich wohl!«*
> *[…]*
> *VARUS O Priester Zeus', hast du den Raben auch, / Der Sieg mir zu verkünd'gen schien, verstanden? / Hier war ein Rabe, der mir prophezeit, / Und seine heisre Stimme sprach: das Grab!*[134]

Dass Friedrich sowohl die *Grabmale alter Helden* als auch den *Chasseur im Walde* als politische Statements konzipiert hatte, wird auch dadurch untermauert, dass er sie nach Napoleons Niederlage in einer *Ausstellung patriotischer Kunst* zeigte, die der russische Generalgouverneur Nikolai Grigorjewitsch Repnin-Wolkonski am 24. März 1814, dem Jahrestag der Thronbesteigung Zar Alexanders I., in Dresden eröffnete.[135]

LEBENDIG BEGRABEN

DENKMÄLER UND WOLKEN

Kurzen Auftrieb brachte Caspar David Friedrich die bedingungslose Abdankung Napoleons. Zwei Tage nach diesem Ereignis, am 14. April 1814, schrieb er an den auf Rügen geborenen Ernst Moritz Arndt – der spätestens mit seinem Gedicht *Des Deutschen Vaterland* (1813) als Verfechter eines Nationalstaats, der alle deutschsprachigen Regionen umfassen sollte, bekannt geworden war – und bat ihn um eine kurze Inschrift für ein Scharnhorst-Denkmal, das auf einem Platz in einer erfundenen Stadt in einem Gemälde Friedrichs »errichtet« werden sollte.

Gerhard von Scharnhorst, der mit seiner Heeresreform eine Aufwertung und zugleich Ökonomisierung der Armee initiieren konnte und damit eine der wesentlichen Voraussetzungen für die militärischen Erfolge gegen Napoleon überhaupt erst geschaffen hatte, war in der Schlacht bei Großgörschen verwundet worden und wenige Wochen später, am 28. Juni 1813, an seiner vernachlässigten Verletzung gestorben. Die Erschütterung war groß, auch bei Caspar David Friedrich. Schinkel würde Scharnhorsts Grab gestalten und Christian Daniel Rauch eine Statue schaffen, die vor der Neuen Wache in Berlin ihren Platz fände – doch davon hatte Friedrich wohl noch nichts gehört, als er in seinem Brief an Arndt den Mangel an Denkmälern beklagte, für den er auch gleich die Schuldigen benennen konnte: »Ich wundere mich keineswegs«, schrieb er, »daß keine Denkmäler errichtet werden, weder die, so die große Sache des Volkes bezeichnen, noch die hochherzigen Taten einzelner deutscher Männer. Solange wir Fürstenknechte bleiben, wird auch nie etwas Großes der Art geschehen. Wo das Volk keine Stimme hat, wird dem Volk auch nicht erlaubt, sich zu fühlen und zu ehren.«[136]

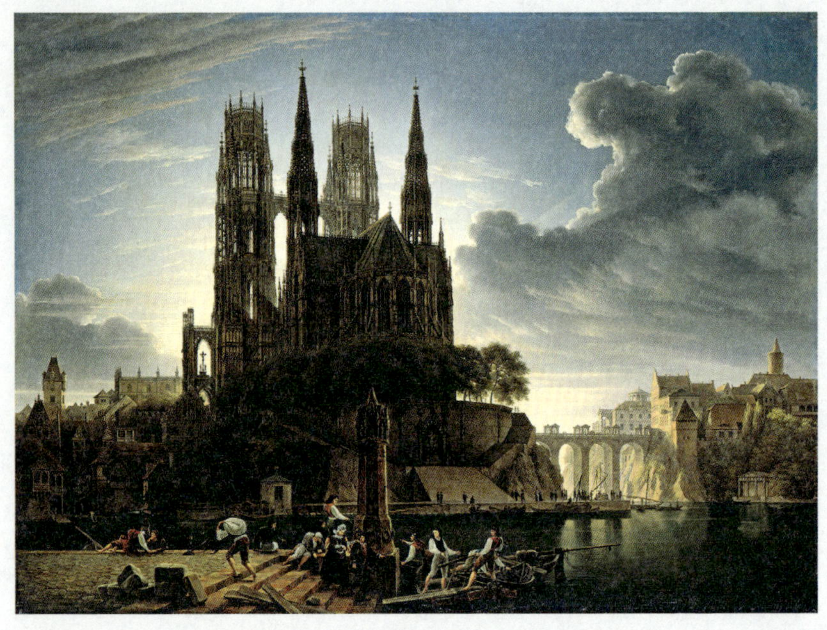

Abb. 51: Karl Friedrich Schinkel, *Gotischer Dom am Wasser*, 1813

Das Misstrauen gegen die Obrigkeit hatte Bestand. Wo Denkmäler aber in realen Städten fehlten, da musste er sie in seiner fiktiven Welt unterbringen und zu den Denkmälern auch gleich die Städte erfinden. Diese Fiktionen aber waren Friedrichs eigentliche Heimat. Undenkbar wäre es gewesen, dass er als Teil einer Bauhütte nach mittelalterlichem Vorbild an einem *Dom der Freiheit* mitgewirkt hätte, wie er Schinkel oder auch Cornelius als Nationaldenkmal vorschwebte.[137] Auch sie verblieben letztlich im Reich der Phantasie, denn es bestand vonseiten der Aristokratie tatsächlich wenig Interesse, dass etwaige Denkmäler womöglich als Monumente für eine republikanische Freiheit verstanden würden, und so wirkt auch das vergleichsweise bescheidene Berliner Nationaldenkmal für die Befreiungskriege auf dem Kreuzberg, das ab 1818 entstand, bestenfalls, als sei es die Turmspitze einer ansonsten verschütteten neogotischen Kathedrale.

Was sich im feudalen Ambiente der großen politischen Bühne in den Monaten nach Friedrichs Brief an Arndt abspielte, bestätigte Friedrich und alle freiheitlich-national Gesinnten in ihren schlimmsten Befürchtungen. Der Wiener Kongress entwickelte sich rasant zum politischen Feilschen um eine Neuordnung Europas und frustrierte vor allem diejenigen, die sich als Freiheitskämpfer gegen Napoleon verstanden hatten. An die Stelle des einen großen Diktators trat eine Schar vieler kleinerer Despoten. Um über Sachsen und Polen als Verhandlungsmasse verfügen zu können, wurde Friedrich August I., König von Sachsen und Herzog von Warschau, kurzerhand als Kollaborateur mit Napoleon verhaftet. Zugleich gelang es Frankreich unter dessen Chefunterhändler Talleyrand, sich keineswegs als Kriegsverlierer verantworten zu müssen, sondern im Gegenteil als Vorkämpfer einer Restauration vorrevolutionärer Zustände aufzutreten. Zar Alexander I. plante ein Königreich Polen unter russischer Kontrolle, Friedrich Wilhelm III. versprach sich durch eine Zustimmung zu diesen Plänen im Gegenzug das gesamte Territorium Sachsens. Die neue Interessengemeinschaft Preußen / Russland sah sich jedoch bald einer Allianz aus Großbritannien, Österreich und Frankreich gegenüber, der sich auch Bayern, Hannover und die Niederlande anschlossen. Viel fehlte nicht und es wäre erneut zum Krieg gekommen. Um das zu vermeiden, galt es nun, sich zu arrangieren. Preußen verzichtete auf Teile Sachsens und durfte sein Territorium dafür bis an den Rhein ausdehnen.

Im Windschatten der Napoleonischen Kriege hatten aber auch andere Staaten ihre Vorteile gesucht. England hatte 1801 und 1807 Dänemark attackiert, Russland 1808 das schwedische Finnland besetzt. Dänemark, als Zwangsverbündeter Frankreichs hatte daraufhin Schweden ebenfalls den Krieg erklärt, um Norwegen für sich zurückzugewinnen. Als Verlierer musste Dänemark nicht nur auf Norwegen verzichten, sondern auch Reparationszahlungen leisten. Im Ausgleich dafür sollte Schwedisch-Pommern an Dänemark fallen. Der dänische Staatsbankrott machte es allerdings nötig, das neu gewonnene Terrain unmittelbar an Preußen zu verkaufen, um über Gelder für die Reparationszahlungen verfügen zu können. So gelangte Friedrichs Heimat ebenfalls unter die Herrschaft Friedrich Wilhelms III., der, als Hoffnungsträger angetreten, langfristig die Reformen von Hardenberg, Stein und Scharnhorst mehr sabotierte als umsetzte.

Der auf dem Wiener Kongress drohende erneute Krieg war abgewendet. Gerade noch rechtzeitig hatten sich die europäischen Mächte ihres übergeordneten gemeinsamen Ziels erinnert: Bekämpfung aller revolutionären, liberalen und freiheitlich-nationalen Tendenzen.

Nicht nur in Sachsen wuchs der Unmut weiter, denn dafür hatte man nicht gekämpft. Auch Friedrich rückte keinen Zoll von seinen patriotischen und zugleich antifeudalen Vorstellungen ab. Wenn sich die Fürsten, die nun das Sagen hatten, noch schlimmer gebärdeten als Napoleon, musste man ihnen entsprechend entgegentreten. Das führte nebenbei dazu, dass das Königshaus, das sich während der Befreiungskriege auf Anraten Hardenbergs noch freiheitlich-national gegeben hatte und auch Friedrichs antinapoleonische Gesinnung zu schätzen wusste, von 1816 an keines seiner Werke mehr erwarb.

Gut nachvollziehbar, dass der große Napoleon-Verehrer August von Sachsen-Gotha-Altenburg, der alljährlich den Geburtstag seines Idols zelebrierte, bereits zuvor keine hohe Meinung von Friedrich hatte. Selbst hochgebildeter Kunstförderer, mokierte er sich über die Monotonie und die tiefschürfenden Ambitionen Friedrichs, bezeichnete den *Tetschener Altar* als »Altarplatitude« und eine von seinem Nachbarn Carl August von Sachsen-Weimar erworbene Regenbogenlandschaft als »Conditor-Arbeit«. »Des armen Friedrich mehr sinnreiche denn sinnliche Schandlaften« waren schon aus politischen Motiven nichts, womit man das Herz des ebenso geistreichen wie exaltierten Herzogs erwärmen konnte.[138]

Friedrich fühlte sich ausgebrannt. »Von innen heraus wollte nichts fließen der Brunnen war versiegt, ich war leer; von außen wollte mir nichts ansprechen ich war stumpf und so glaubte ich denn am besten zu thun, nichts zu thun.«[139] Die Kunde von diesem erneuten Stimmungstief drang auch bis in die Weimarer Kreise.

Hatte die Beziehung zu Goethe 1805 vielversprechend begonnen, so war man Friedrich und manchen romantischen Spielarten in den folgenden Jahren (vor allem bis zum frühen Tod Runges, an dessen Farbsystem Goethe reges Interesse zeigte) einigermaßen gewogen und tätigte Ankäufe. Nun aber ersuchte Goethe Friedrich um naturalistische Illustrationen zu seinen intensiven Wolkenstudien und Wettertheorien, offenbar auch, um den Künstler aus seinem depressiven Eskapismus zu befreien. Wolken als Phänomene hatten Goethe während seines Lebens immer wieder fasziniert, nun aber, im Jahr 1815, hatte er von

Luke Howards Systematik erfahren, ein Impuls, sich dem Thema nun auch nüchtern akademisch zu nähern.

Louise Seidler hatte die Anfrage an Friedrich vermittelt, bei der es sich jedoch um ein grundlegendes Missverständnis handelte. Nichts lag Friedrich ferner als eine Beobachtung von Himmelsphänomenen unter wissenschaftlichen Gesichtspunkten. Mehr noch, er befürchtete durch eine Kategorisierung und Klassifizierung von Wolken, wie sie Goethe voranzutreiben gedachte, eine Entzauberung der Landschaftsmalerei. Für Friedrich besaßen Wolken spirituellen Wert und keine lateinischen Namen. Sie waren Emotionen, nicht kondensierter Wasserdampf. Intuitiv hatte er erkannt, dass die wissenschaftliche Erfassung der Natur nicht nur zu ihrer Entmystifizierung führen würde, sondern auch zu einer Nutzung unter rein ökonomischen Prinzipien nach imperialistischem Muster. Ausbeutung und Gewinnmaximierung würden Lebensräume konsequent in Todeszonen verwandeln und damit jene Landschaft und Vielfalt zerstören, die von Friedrich als Spiegel des menschlichen Seelenlebens empfunden wurde. Voraussetzung für ihre Vermessung und Ökonomisierung war folglich die Notwendigkeit, zur Natur auf Distanz zu gehen, ein Prozess, den der Künstler um keinen Preis mitzutragen und zu befördern bereit war. Goethe dagegen war von Howards Forschungen begeistert und dichtete:

Er aber, Howard, gibt mit reinem Sinn
Uns neuer Lehre herrlichsten Gewinn;
Was sich nicht halten, nicht erreichen läßt,
Er faßt es an, er hält zuerst es fest;
Bestimmt das Unbestimmte, schränkt es ein,
Benennt es treffend! – Sei die Ehre dein!

Genau darin lag für Friedrich das Problem. Er hielt das Flüchtige auf seine Weise fest, doch ohne es einzuschränken, zu fesseln, zu analysieren. Eine Verwissenschaftlichung seiner Weltsicht war für ihn auch persönlich kein Weg aus der Schaffenskrise. Goethe allerdings hätten Illustrationen seiner Wetterstudien von der Hand Friedrichs gutgetan. Sicher hätten sie ihn nicht vor Irrtümern bewahrt, wie der Idee, Hoch- und Tiefdruckgebiete entstünden durch das Atmen des Erdkörpers, doch sie wären weniger dilettantisch und anschaulicher ausgefallen als die Skizzen, die Goethe selbst fertigte.

Friedrich aber betrachtete die Anfrage als Ärgernis. Er würde nicht mit dem Pinsel wackeln, um Cumulus, Cirrus, Stratus und Nimbus zu Papier zu bringen. Er war seinem inneren Auge verpflichtet. Er war Künstler, nicht Illustrator. Niemals würde er auf die Freiheit seiner subjektiven Wahrnehmung und Interpretation verzichten. Und besonders Himmel waren ihm heilig.

»Den Tag, wo er Luft malt, darf man nicht mit ihm reden«, ist eine Bemerkung seiner späteren Frau überliefert.[140]

Ganz so abwegig, wie Friedrichs Reaktion nahelegt, war Goethes Vorschlag allerdings nicht, denn Friedrich hatte sich sehr akribisch mit der Darstellung von Wolken befasst, wie ein Skizzenbuch von 1806 belegt, und dabei auch eingehend das opulente Lehrbuch des bedeutenden französischen Landschaftsmalers Pierre-Henri de Valenciennes aus dem Jahr 1799 studiert, das 1803 auf Deutsch erschienen war. Neben geometrischen Schemata der Bildanlage referierte es auch über Wolken und Nebelwirkungen und empfahl bei der Naturbeobachtung die Verwendung der – den Künstler vom Objekt distanzierenden – Camera obscura.[141]

Bei Goethes Anfrage mag Friedrich aber auch den kunsttherapeutischen Hintergedanken geahnt haben, mit dem Seidler und Goethe ihn für die reale Welt zu retten gedachten. Kurz: Wie man es auch betrachtete, das Angebot des Dichters und Forschers blieb eine Zumutung für Friedrich, dessen Ablehnung wiederum bedeutete für Goethe einen Affront und den Endpunkt seiner Wertschätzung. Vermutlich verstand Goethe gar nicht, warum Friedrich sich sträubte, schließlich bedachte er vollkommen selbstverständlich auch andere Künstler, wie etwa Jakob Wilhelm Roux mit Illustrations- oder Carl Wilhelm Lieber mit Restaurierungsaufträgen.

In einem Brief an Goethe rechtfertigte sich Seidler für ihre Idee und sprach von Friedrichs rapide zunehmendem Starrsinn: »Der Mensch ist würklich in den zwey Jahren, dass ich ihn nicht gesehen, eingedorrt, u. etwas steinern geworden.«[142]

Goethe seinerseits steigerte sich zusehends in eine Romantikerphobie hinein. Schon am 11. September 1815 berichtete der Kunstsammler und Goethe-Freund Sulpiz Boisserée über einen Besuch des Dichters:

> *Im jetzigen Zustand der Kunst sei bei vielem Verdienst und Vorzügen große Verkehrtheit; die Bilder von Maler Friedrich können ebensogut auf den Kopf gesehen werden. Goethes Wut gegen dergleichen; wie er sich ehemals ausgelassen, mit Zerschlagen der Bilder an der Tischecke; Zerschießen der Bücher u. s. w.; er habe sich da nicht erwehren können, mit einem Ingrimm zu rufen: das soll nicht aufkommen; und so habe er irgendeine Handlung daran üben müssen, um seinen Mut zu kühlen.*[143]

Goethe, derart empört, dass er 1817 seine Generalabrechnung mit der Romantik in dem unter Meyers Namen publizierten Text *Neu-deutsche religios-patriotische Kunst* folgen ließ, befremdete damit seine eigene Zeit ebenso wie nachfolgende Generationen. Solch heftige Regungen waren bei ihm die Ausnahme, aber Goethes Haltung blieb nun einmal die des Klassikers. »Der zürnend-ächtende, der kämpfend-vernichtungswillige

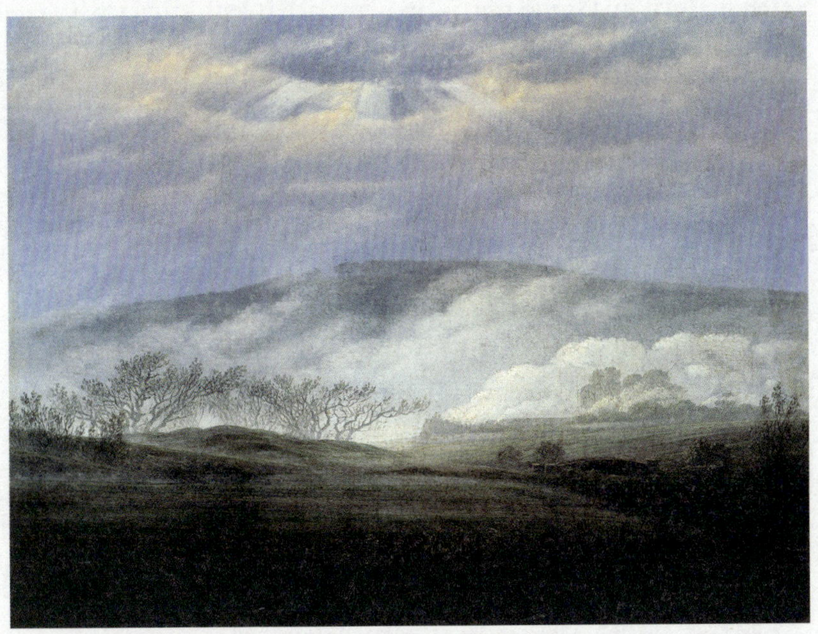

Abb. 52: *Nebel im Elbtal*, um 1824

Goethe ist ein seltsames Schauspiel. Wir gewahren es nur dort, wo bei ihm eine eigene innere Gefährdung unbewußt gebannt werden soll – er verteidigt sich im Grund nur, ja, er rettet sich. Denn seine scheinbare Harmonie ist eine schwer errungene und steht immer neu auf dem Spiel«, schrieb Richard Benz. »Das Klassische war seine Kultur, sein endlich gefundener Halt, sein selbstauferlegter Zwang zum Stil.«[144]

Bei seinem Blick auf die Romantik war Goethe aber durchaus in der Lage, zwischen den Nazarenern und Friedrich zu unterscheiden: Gemeinsam sei beiden der Versuch einer Renaissance des Mythisch-Religiösen. Friedrich allerdings studiere dafür nicht die Figuren alter Meister, sondern unmittelbar die Natur. Seine Versuche seien ehrenwert, doch »echte Kunst« bestehe nun einmal »in geschickter Vereinigung des geistig Bedeutenden und des sinnlich Rührenden« und nichts spreche dagegen, dabei dem Auge mit wohltuender Farbgebung zu schmeicheln. Friedrichs Bilder allerdings würden zu »düsteren Religionsallegorien«, er ignoriere die Regeln der Beleuchtung und besitze kein Farbgefühl beziehungsweise weigere sich »bei Anwendung der Farben deren Milderung und Übereinstimmung« zu beachten. Folglich seien seine Sepiazeichnungen besser als seine Ölgemälde. Daraus folge unweigerlich, dass sich Friedrich »wegen Vernachlässigung der Kunstregeln mit allen seinen Geschmacksgenossen, welchem Fach sie auch zugehören, im gleichen Nachteil« befinde.[145]

Vielleicht hatte man sogar in Rom von Friedrichs Krise gehört, jedenfalls erreichte ihn eine Einladung des Kopenhagener Studienfreundes Johann Ludwig Gebhard Lund. Lund lag im Trend, war gut vernetzt, hatte in der Dichterin Friederike Brun eine verlässliche Mäzenin und gab – zeitgleich mit dem Sturz Napoleons – seinen von Jacques-Louis David geprägten französischen Klassizismus auf, um sich fortan an den Nazarenern zu orientieren.

»Dank für die freundliche Einladung, nach Rom zu kommen, aber ich gestehe frei, daß mein Sinn nie dahin getrachtet«, schrieb Friedrich zurück. Seine Situation aber war so angespannt, dass er fast schon ein Leben im Süden als Fluchtmöglichkeit aus der Misere in Erwägung zog. Nachdem er einige Skizzenbücher von Johann Theodor Eusebius Faber durchgesehen hatte, träumte er sich für Momente tatsächlich nach Italien: »Ich kann es mir jetzt recht schön denken, nach Rom zu reisen und dort zu leben. Aber den Gedanken, von da wieder zurück nach Norden, könnte ich nicht ohne Schaudern denken; das hieße nach meiner Vorstellung soviel als sich selbst lebendig begraben.«[146]

Ende 1816 half Friedrich ein anderer, auch pekuniärer Aspekt, eine gewisse Bodenhaftung zurückzugewinnen. Er wurde Mitglied der Dresdener Akademie und das Gehalt von 150 Talern veranlasste ihn, über eine Familiengründung nachzudenken. Caroline, Tochter der befreundeten Familie Bommer, war inzwischen im heiratsfähigen Alter. Die Verlobung fand noch im selben Jahr statt.

Ein etwas verspäteter und anonymer Nachruf des Jahres 1843 entpuppt sich als blumige Anekdotensammlung und kann selbstverständlich auch zur Brautwerbung Friedrichs mit einem Geschichtchen aufwarten, dessen Wahrheitsgehalt zwar ausgesprochen zweifelhaft ist, das man im Hinblick auf Friedrichs Charakter aber nicht besser hätte erfinden können: Im Geschäft, in dem Friedrich einzukaufen pflegte, saß die sympathische, fleißige und wenig gesprächige Schwester des Inhabers des Öfteren im Fenster, um dort zu arbeiten. Friedrich beschloss, bei nächster Gelegenheit

> *der hübschen Jungfrau auf den Zahn zu fühlen, ob vielleicht ein bedeutenderes Gespräch mit ihr anzufangen sei. Und siehe da, alles gelang dem seiner häuslichen Einsiedelei herzlichsatten Künstler so gut, daß schon der folgende Abend einen glücklichen Bräutigam aus*

ihm gemacht hatte. Allenthalben mußte sein fröhliches Herz sich mit Verbreitung der Kunde Luft machen. Vielleicht war eine unerwartete Frage die erste Störung in seinem Glücksrausche. Ein Freund wollte nämlich den Namen seiner Braut wissen, und es fand sich, daß der Bräutigam selbst ihm keine Auskunft darüber zu geben vermochte. Aber Friedrichs anfängliches Erröthen vor Verlegenheit hierüber machte bald einem herzlichen Belachen des gewiß höchst selten im Leben vorkommenden Umstandes Platz.[147]

1817 lernte Friedrich das Multitalent Carl Gustav Carus kennen. Der junge Leipziger hatte neben seinem Studium der Botanik, Chemie und Medizin Zeichenunterricht genommen, promovierte mit 22 Jahren in Philosophie und Medizin, wurde Universitätsdozent und stand in regem Austausch mit den Größen seiner Zeit. 1814 war Carus nach Dresden gekommen, leitete dort die königliche Hebammenschule und lehrte als Professor für Geburtshilfe. Im Geiste Novalis' vertrat er einen magischen Idealismus, der den Menschen als Spiegel des Universums und folglich auch die menschliche Seele als kosmisches Modell verstand. Der durch die Sinne vermittelten bewussten Wahrnehmung der Außenwelt, naturgemäß subjektiv, stand seiner Vorstellung nach eine Introvision gegenüber, die noch weit subjektiver und fragmentarischer ausfallen musste. Carus war es, der 1846 den Begriff des Unbewussten in die Philosophie einbrachte und zu einem Wegbereiter der Tiefenpsychologie wurde.

Alles andere als ein unmittelbares gegenseitiges Verständnis und eine schnell aufblühende Freundschaft zwischen Friedrich und Carus wäre seltsam gewesen.

Friedrich August Koethe gegenüber hatte Friedrich bereits 1811 bekannt, er sei »keiner von den sprechenden Malern, davon es jetzt so viele giebt, so imstande sind, vierundzwanzig mal in einem Athem zu sagen, was Kunst ist, werent sie nicht imstande gewesen, in 24 Jahren ein einzig mal in ihren Bildwerken zu zeigen, was Kunst ist«.[148] Was Friedrich, bei eher naiven eigenen Erklärungsversuchen seiner Bildkonzepte und seiner vagen These von äußerem und innerem Auge, mit ungeheurer Wucht des Unbewussten visualisierte, dem konnte der Intellektuelle Carus ganz neue philosophische und psychologische Dimensionen abgewinnen und somit seinerseits die Selbstreflexion Friedrichs beflügeln. Der Einfluss von Friedrich auf Carus' künstlerische Entwicklung ist im Gegenzug unverkennbar. In den Jahren 1815 bis 1824 verfasste Carus seine *Neun Briefe über Landschaftsmalerei*, in die viel von Friedrichs Auffassungen zur Naturbeobachtung, zur Parallele zwischen Natur- und Gemütsstimmung, zum Himmel als Bild der Unendlichkeit und zur Idee von endlicher Vorstellung und unendlicher Empfindung einfloss.[149] Friedrich öffnete dem neuen Freund auch die Pforten zu seiner intimsten Inspirationsregion, zur Insel Rügen. Gemeinsam reisten sie 1819 an die Gestade der Ostsee und durchstreiften die Insel.

Die nordische Natur war für Carus ebenfalls ein besonderer Quell der Erbauung, auch wenn sein Horizont topografisch etwas weiter reichte als der Friedrichs. Carus bereiste Italien, Frankreich, England und Schottland. Er war eher Europäer als deutscher Nationalist, was ihn jedoch nicht davor bewahrte, bizarre Theorien zu formulieren, unter denen eine besonders herausragt, die er ausgerechnet Goethe zu dessen hundertstem Geburtstag widmen sollte: Je biologisch höherstehender eine Spezies, desto verschiedener seien ihre Individuen. Daraus folge in letzter Konsequenz, dass unter der Höchsten, dem Menschen, keiner dem anderen gleiche. Um jedoch dem wissenschaftlichen Bedürfnis nach Systemen und Ordnung gerecht zu werden, habe man von jeher versucht, die Menschheit »nach Racen und Stämmen, nach Klassen und Ständen, oder nach Charakteren und Temperamenten« einzuteilen. Doch die vielen Versuche seien bis dato allesamt unbefriedigend geblieben, so Carus, der nun die so einfache wie ultimative Lösung präsentieren konnte: Alle Lebewesen haben ein besonderes Verhältnis zum Planeten Erde, dessen Rhythmus von der Sonne bestimmt wird. Es gebe jedoch Nachttiere und Tagtiere, Tiere, die die Sonne brauchten, und welche, die sie nie zu sehen bekämen. Daraus folge wiederum »mit unwiderlegbarer Nothwendigkeit«, dass auch die Menschen in Tag-, Nacht-, Sonnenaufgangs- und Sonnenuntergangswesen eingeteilt werden müssten.

Selbstverständlich sind ausgerechnet die Bewohner Afrikas und Australiens schon wegen ihrer Hautfarbe und Schädelform – Schädelmessungen waren Carus' besondere Obsession[150] – die körperlich und geistig unterbelichteten Geschöpfe der Nacht, die vor allem wegen ihrer niedrigen Geistesfähigkeit auch das »grauenvolle Schicksal« der Sklaverei erleiden mussten. Die gelblichen Mongolen verkörperten die Morgendämmerung, die dem Untergang geweihten Ureinwohner Amerikas das Abendrot, während die Kaukasier (von den Europäern bis zu den Indern reichend) die Erleuchtung der Menschheit darstellen, wofür Goethe wiederum treffender Beleg sei.[151] Und selbstverständlich habe auch Friedrich einen »bedeutenden Kopfbau«.[152]

Dass Carus als Maler das Licht ins Spiel bringt, liegt nahe. Doch kann es sich nicht um ein äußeres Licht handeln, denn Frankfurt, Weimar oder Dresden können kaum mit den Sonnenstunden Afrikas konkurrieren und Carus und Friedrich würden mit ihrer Vorliebe für Dämmerungsszenerien auch eher zu den Nachttieren gehören. Es muss sich also beim Menschen, anders als im Tierreich, um ein inneres Licht handeln, das den Wissenschaftler Carus, offenbar von ihm unbemerkt, unmittelbar in esoterische Dimensionen katapultiert.

Der in Europa besonders häufig verbalisierte Rassismus trieb auch andere Gelehrte aus dem Umfeld Friedrichs um. Als müsse die zu erringende Freiheit des Menschen von feudalen Strukturen durch eine

Abb. 53: Carl Gustav Carus, *Denkmal für Goethe*, 1832

Hierarchie der Völker ersetzt werden, machte sich etwa der über siebzigjährige Ernst Moritz Arndt daran, einen *Versuch in vergleichender Völkergeschichte* zu verfassen. Dabei ist er wie Carus weniger nationalistisch als eurozentrisch eingestellt, möchte aber über die schlichte Rangordnung der Völker hinausgehen, denn »wer mit den thierischen und unterthierischen – ach! es giebt solche – Völkerschaften beginnt, mit den Pescheräs Hottentotten Kannibalen, den Menschenfressern auf Sumatra und Borneo, der kann auch in den edleren Völkern (Hebräern Arabern Persern Griechen Germanen) zuletzt nichts weiter sehen als die Stufen der großen Naturleiter (Stufen des animal)«.[153] Doch mögen auch alle tierischen Wesen aus dem Meer gekrochen sein, so ist ausgerechnet der Mensch bereits als vollendetes Geschöpf von Gott in die Welt gesetzt worden. Vor allem klimatische Bedingungen haben manche dieser göttlichen Kreaturen jedoch zu Tieren herabsinken lassen, folglich muss man »für die Erschauung und Erkennung des sittlichen Weltbaues« die Naturgeschichte »von einem erhabenen Standpunkte« betrachten.[154]

Auch für Arndt ist die wohltemperierte Region Europas der ideale Ort für einen solchen Standpunkt und bester Nährboden für geistige Höchstleistungen, denn zu viel Kälte oder Hitze führe zu Starrheit oder Faulheit, folglich solle eigentlich niemand in Grönland oder Afrika leben, denn dort würden klare Gedanken in Blut und Leidenschaft ersäuft: »Der Mensch ist hier Sklav der Natur, Sklav seiner Triebe und fast unvermeidlich auch Sklav eines Tyrannen«,[155], selbst »die Thiere sind hier nur Brüller und Heuler, die Papageien und andere Buntjacken nur Krächzer und Lärmer, keine Nachtigallen- und Lerchen-Töne gemahnen durch ihre Stimmen an das Saitenspiel der Menschenbrust. Wie könnten in solchem Lande Shakespeare und Haendel geboren werden?«[156] Die Bewohner Amerikas und der Südsee wiederum stürben aus, weil sie die sanften Sonnenstrahlen der Bildung und der Lehre Jesu nicht vertrügen, die ihnen die Europäer so aufopferungsvoll darbrachten.[157]

Es mutet wie ein dumpfer Nachklang der scheinbar so unschuldigen Zeilen Kosegartens an, wenn Arndt als Wissenschaftler feststellt:

> *Nur aus der Mannigfaltigkeit der Gestalten aus dem durcheinanderspielenden sanften Wechsel der Jahreszeiten wächst Schönheit, Gedanke und geistiges Leben. Aber die Berg- und Hügellande, die Küsten und Meere, worein die großen Pulsadern der Bewegung und Erregung, die Weltströme sich ergießen, sind die rechten Zeuger, Nährer und Beleber: der schöpferische Geist schwebt noch immer vor allen über den Wassern. Fest steht und bleibt der Spruch: Je weiter vom Meer, je weiter von Bildung.*[158]

Nicht nur Caspar David Friedrichs *Wanderer über dem Nebelmeer*, der den sittlichen Weltbau von erhabenem Standpunkt aus betrachtet, auch seine nuancenreichen Gebirgszüge und Meereslandschaften ließen sich als Denkmäler dieser »absonderlichen Ansichten« (Arndt) verstehen.

EIN HOCHBEINIGER REIHER IN DER FLUT

FRIEDRICHS ERSCHEINUNG

So vielschichtig Caspar David Friedrichs Kunst ist, so unterschiedlich war die Wahrnehmung seiner Erscheinung durch Zeitgenossen. Mit seinem »ausdrucksvollen Gesicht« glich der Maler »einem alten Germanen«, schrieb Louise Seidler, und Rühle von Lilienstern konnte nur zustimmen: »ganz nordisch-ossianische Natur«. »Er war groß, stark gebaut, blond, von ernstem Ausdruck: eine echt nordische Erscheinung«, bestätigte auch Wilhelmine Bardua. Wassili Schukowski dagegen fand ihn eher unauffällig, denn »das Gesicht Friedrichs wird niemanden überraschen, der ihn in der Menge trifft. Er ist ein hagerer, mittelgroßer Mensch, blond, mit hellen Brauen, die über die Augen hängen«. Gotthilf Heinrich von Schubert wiederum zeigte sich vollkommen fasziniert. »Ich konnte vorerst nicht satt werden, mir den merkwürdigen Mann zu betrachten. Denn ein solches Angesicht wie das seinige hatte ich damals und habe wohl auch seitdem selten oder nie an einem anderen Menschen gesehen«: bleich, mager, die Schwermut in die stets unveränderlichen Züge eingegraben, und doch: »Über dem Munde schwebte ein leichter Zug des Scherzes.« Gerhard von Kügelgen stand er angeblich Modell für den alttestamentarischen König Saul, der von bösen Geistern heimgesucht wird,[159] der junge Wilhelm Wegener wiederum entdeckte beim Besuch des alten Friedrich, dass ein »wohlwollender, väterlicher Zug unauslöschlich über dieses Antlitz gebreitet« war.[160]

Neben seinem imposanten Backenbart – Kollege Ferdinand Hartmann soll geäußert haben, man solle sich beeilen, wenn man Friedrich noch einmal sehen wolle, er wachse demnächst ganz zu[161] – war es aber eine kindliche Seele, die immer wieder Erwähnung findet, eine Naivität, sympathisch, aufrichtig und etwas weltfremd. »Der hervorstechende Zug in seinem Gesicht ist Treuherzigkeit«, bemerkt Wassili Schukowski und auch Gotthilf Heinrich Schubert erinnert sich noch Jahre später an den »kindlich-treuherzigen Blick der blauen Augen«. Louise Seidler lobt »sein schönes, reines, frommes, kindliches Gemüt, die fast weibliche Zartheit seiner unaffektiert-sentimentalen Seele«, und David d'Angers schildert den Moment, als er Friedrich bittet, eine Zeichnung zu signieren und dem Künstler ein Tropfen Tinte auf das Blatt fällt: »Ich sah, daß seine erste Regung war, das Blatt zu zerreißen; doch tat er nichts dergleichen, da ich ihm versicherte, man könne den Fleck für einen Vogel halten. Er lächelte, mit dem kindlichen Ausdruck, den man nur bei den bedeutenden Männern Deutschlands findet.«[162]

Friedrich hätte diesen Beschreibungen zugestimmt und sie als Komplimente empfunden, denn das Kindliche war für ihn das Urtümliche, das Ureigene, die unverstellte Empfindung. »Die einzig wahre Quelle der Kunst«, schrieb er, »ist unser Herz, die Sprache eines reinen kindlichen Gemütes.«[163]

Friedrich selbst war ein Kindernarr, meinte in den Kleinen die Unschuld und Unverdorbenheit zu finden, die er bei den Erwachsenen so schmerzlich vermisste. Nur Kinder durften ihn in seinem Atelier bei der Arbeit stören und ihnen schenkte er auch bereitwillig Zeichnungen, wenn sie darum baten. Ein Nachbarsmädchen, so berichtet Gotthilf Heinrich von Schubert, soll den Maler regelmäßig um Zeichnungen ersucht haben, bis Friedrich sie eines Tages fragte, was sie denn mit all den Zeichnungen mache. »Ich wickle meine Sachen hinein«, soll sie geantwortet haben.[164]

»Unter den künstlerischen Freunden unseres Hauses«, schrieb Wilhelm von Kügelgen in seinen Erinnerungen, »stand uns Kleinen jedenfalls der Landschaftsmaler Professor Friedrich obenan, vielleicht weil er sich am meisten mit uns einließ und, was mich anbelangt, seine Eigentümlichkeit mir schon damals nichts weniger als unverständlich war und mich ganz besonders anzog.«[165] Friedrich wird als Entertainer einer reichen Kinderschar eingeführt. In Lotzdorf vor den Toren Dresdens animierte er die Jugend, mitten im Bachlauf einen Turm zu errichten. »In einer Art von Fischeraufzug wie ein hochbeiniger Reiher in der Flut stehend« arrangierte er, zur Erheiterung der am Ufer lagernden Gesellschaft, die herbeigeschleppten Steine zu einem babylonischen Turm: »Das Rufen Friedrichs, das Geschrei der Knaben, der Jubel im Wasser ward immer berauschender [...]. Damit war indes die Freude nicht zu Ende, kam vielmehr erst recht zum Ausbruch. Man wollte nämlich weder der Zeit noch bösen Buben die Ehre gönnen, Friedrichs Kunstwerk wieder zu zerstören, dies vielmehr selbst besorgen«, schreibt Kügelgen. »Es begann nun eine treffliche Kanonade und ein unsägliches Vergnügen, denn im Zerstören ist große schöpferische Lust für jedermann.«[166]

In der so harmlos vorgetragenen letzten Bemerkung über das Zerstören, die sicher nicht zufällig die erste Begegnung mit dem »Genie« der Romantik Caspar David Friedrich abschließt,[167] veranschaulicht Kügelgen auf erfrischend naive Weise einen Gedanken Friedrich Schlegels von weitaus dramatischeren Dimensionen. Bei Schlegel wird die Zerstörung zur kreativen Notwendigkeit, denn erst »in der Begeisterung des Vernichtens« offenbare sich unmittelbar »der Sinn göttlicher Schöpfung«.[168] Es müsse das Vergängliche vergehen, bevor die sehnsüchtig erwartete Ewigkeit erreicht werden könne. Im Unterschied zum Menschen selbst sei dessen Vernunft ewig. Indem Schlegel aus der Freiheit der Vernunft aber eine unerlässliche Selbstopferung ableitet, quasi als Beschleunigung der notwendigen Vergänglichkeit, bewegt er sich in Sphären, in denen eine Verherrlichung von Todessehnsucht, Menschenopfer und Krieg anklingt: »Der geheime Sinn des Opfers ist die Vernichtung des Endlichen, weil es endlich ist. Um zu zeigen, daß es nur darum geschieht, muß das Edelste und Schönste gewählt werden; vor allem der Mensch, die Blüte der Erde. Menschenopfer sind die natürlichsten Opfer.«[169]

Gedanken wie diese waren willkommene geistige Munition, um das Hingeben des eigenen Lebens auch für »ewige« Werte wie Vaterland und Freiheit zu fordern und zu erbringen. Das galt allgemein und grundsätzlich – und ganz konkret für die Feldzüge gegen Napoleon.

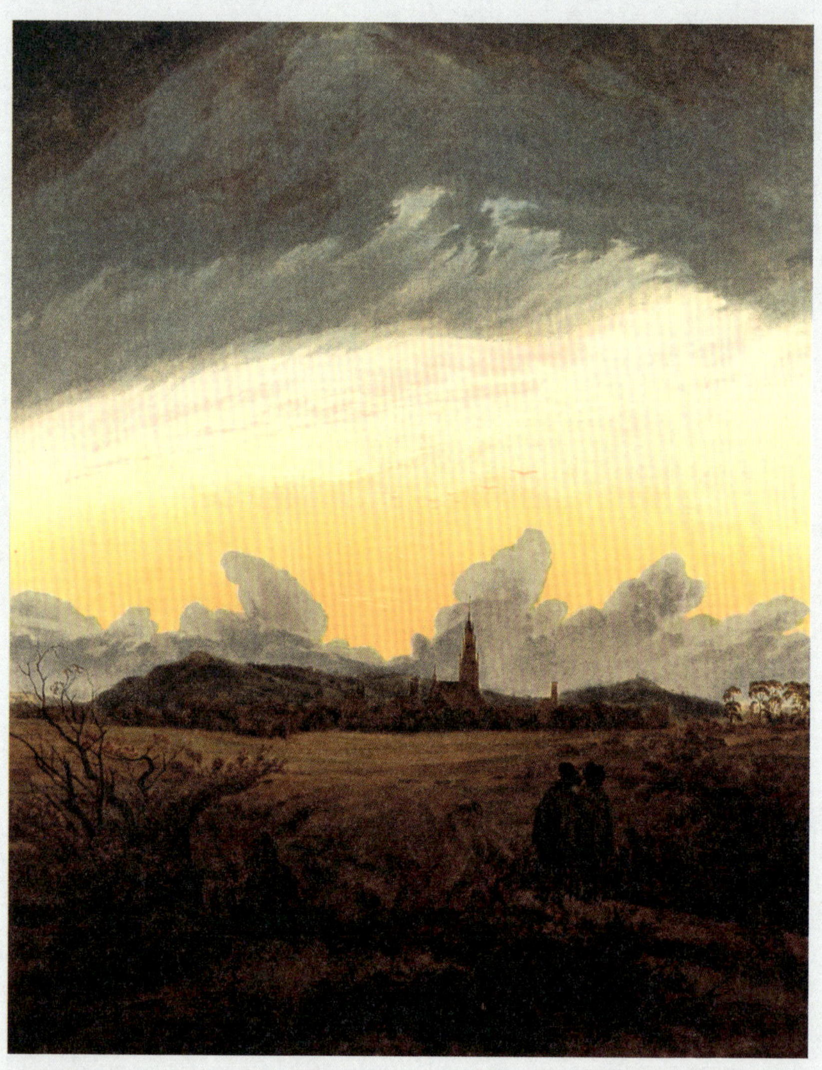

Abb. 54: *Neubrandenburg*, 1816

SICH SELBST IM WEGE STEHEN

DIE RÜCKENFIGUR

Die Gestalt, die dem Betrachter den Rücken zudreht, ist konstitutiv für das Werk Caspar David Friedrichs. Es ist eine Gestalt, die sich von uns abgewendet oder die uns (noch) nicht bemerkt hat. In seinen bekanntesten Gemälden spielt sie eine zentrale Rolle und es steht außer Zweifel, dass sie es ist, die diese Gemälde zu Ikonen machte.

Rückenfiguren bevölkern die Kunst seit Jahrhunderten. In der Renaissance sind sie meist Akteure der Bildgeschichte, zugleich Exempel für die von Theoretikern geforderte Vielfalt (varietas) im Kanon möglicher Körperhaltungen, die eine Darstellung beleben soll, und sie veranschaulichen nebenbei die Brillanz des Künstlers auf dem Gebiet plastischer und anatomischer Darstellung. Gelegentlich sind sie Zuschauer und damit in einer ähnlichen Rolle wie der Betrachter vor dem Bild, meist jedoch erscheinen sie als aktiver Teil der Bildhandlung. Bei den Niederländern des 17. Jahrhunderts treten Rückenfiguren ebenfalls überwiegend aktiv auf – sie putzen, trinken, lesen Briefe. Nun aber wird der Betrachter zum verstohlenen Beobachter ihres Tuns, zum heimlichen Voyeur. Der Reiz dieser Bilder liegt in der Intimität, derer man – ohne dass die Personen im Bild es bemerken – als Komplize des Malers teilhaftig wird.

Bei Caspar David Friedrich zeigen sich die Rückenfiguren dagegen in der Regel passiv, sie sind Betrachter wie wir. Sie *sind* wir. Doch das Verhältnis ist ambivalent, denn zugleich bleiben sie anonym. Die Anonymisierung aber ist ein erster Schritt in die Abwesenheit.[170] Indem wir mit den Rückenfiguren gemeinsam die Landschaft betrachten und dieses Erlebnis uns verbindet, ja verschmilzt, bleiben sie uns zugleich fremd, denn sie werden uns bis in alle Ewigkeit ihr Gesicht nicht zuwenden.

Die Anonymität der Rückenansicht teilen sie mit den Wanderern, wie sie ebenfalls wiederholt im Werk Friedrichs auftauchen. Doch vollziehen die stets männlichen Wanderer den Schritt von der Kontemplation in die Aktion. Stehen und Gehen werden zu Synonymen für Nachdenken und Handeln. Das Stehen / die Kontemplation / die Theorie ist dabei die distanzierte Betrachtung, das Gehen / die Aktion / die Praxis ermöglicht das Eintauchen und Einswerden mit der Natur.

Die potentielle Bewegung von uns weg, wie die der beiden Gestalten im Gemälde *Neubrandenburg* von 1816, die uns den Rücken zukehren und ihres Weges ziehen, ist zugleich eine Visualisierung des Verschwindens. Dieses Motiv des Wanderers kann als das zentrale der Romantik quer durch alle Künste gelten. Es versinnbildlicht zugleich die Melancholie des Abschieds, die Vergänglichkeit und den Aufbruch in eine Unabhängigkeit, die zur Ruhelosigkeit werden kann. Oder auch, wie im Neubrandenburg-Bild, zur Heimkehr in eine vertraute Umgebung, konkret in die Stadt von Friedrichs Ahnen.

Im Leben Caspar David Friedrichs hatte das Wandern seinen festen Platz. Ob vor den Toren Dresdens, auf Rügen, im Harz oder im Riesengebirge, in Krisenmomenten seines Lebens war das Ausschreiten in der Natur für ihn die beste Therapie.

> *Ihr nennt mich Menschenfeind,*
> *Weil ich Gesellschaft meide.*
> *Ihr irret euch,*
> *Ich liebe sie.*
> *Doch um die Menschen nicht zu hassen,*
> *Muß ich den Umgang unterlassen.*[171]

Friedrich tat selbst einiges dafür, als Misanthrop zu gelten, auch wenn es genug Zeugnisse gibt, die ihn als heiteren Gesellschafter ausweisen, und er gern in Begleitung von Freunden – Boll, Kühn, Kersting, Carus – auf Wanderschaft ging. Vielleicht wollte er eine gewisse Übereinstimmung zwischen seiner Persönlichkeit und seinen Bildsujets herstellen, um diese noch glaubhafter zu machen, schließlich ist er als der große Maler der Einsamkeit in die Geschichte eingegangen. Doch Eremit war er nie und ob das hervorstechendste Charakteristikum seiner Bilder Verlassenheit und Todessehnsucht ist, mag dahingestellt sein.

Offensichtlicher scheint er doch der Maler von Leere und Stille, von religiöser Einkehr und Andacht. Erst durch die Säkularisierung (und damit Banalisierung) seiner Werke erfolgte die übermäßige Betonung depressiver Aspekte. Was für andere wiederkehrende Bildelemente gilt, das gilt auch für die statische Rückenfigur: Der Vielfalt kunsthistorischer Interpretationen scheint eine von Bild zu Bild etwas anders gelagerte Bedeutung dieser Bildelemente zu entsprechen.[172] Was sie verbindet, ist lediglich das Innehalten, eine kontemplative Wahrnehmung der Naturgewalt. Folglich bleiben Interaktionen der Personen in seinen Gemälden die Ausnahme. Als Stellvertreter des Betrachters, von dem idealerweise ein ähnliches Innehalten erwartet wird, animieren sie zur Meditation angesichts der Schönheit der Natur. Der Betrachter wiederum sieht sich selbst im Bild als anonyme Gestalt verewigt. Doch wo der Betrachter und sein Doppelgänger im Bild passiv bleiben, da wird die Landschaft zum Akteur, sie ist der aktive Gegenpart, sie offenbart das Schauspiel sowohl der göttlichen Schöpfung als auch einer nationalen Identitätsfindung.[173]

Im Sinne Wackenroders sieht auch Friedrich drei Wege der Kommunikation: den verbalen zur Artikulation weltlicher Bedürfnisse und Beobachtungen, dann die Sprache der Natur, die einzig Gott spricht, sowie die dritte, die »nur wenige Auserwählte unter den Menschen, die er zu seinen Lieblingen gesalbt hat«, beherrschen, die Sprache der Kunst. Die heiligen Schriften zu studieren, ist das eine, doch will man etwas von Gott begreifen, so ist »die Natur immer das gründlichste und deutlichste Erklärungsbuch über sein Wesen und seine Eigenschaften«.[174] Mag sie auch die spirituelle Sphäre noch am klarsten veranschaulichen, »sie gleichet abgebrochenen Orakelsprüchen aus dem Munde einer Gottheit«.[175] So wie der Mensch Kunstwerke betrachte, so betrachte Gott die Natur, vermutet Wackenroder. Indem der Mensch seinen Blick also auf die Natur richtet, partizipiert er am Blick Gottes.

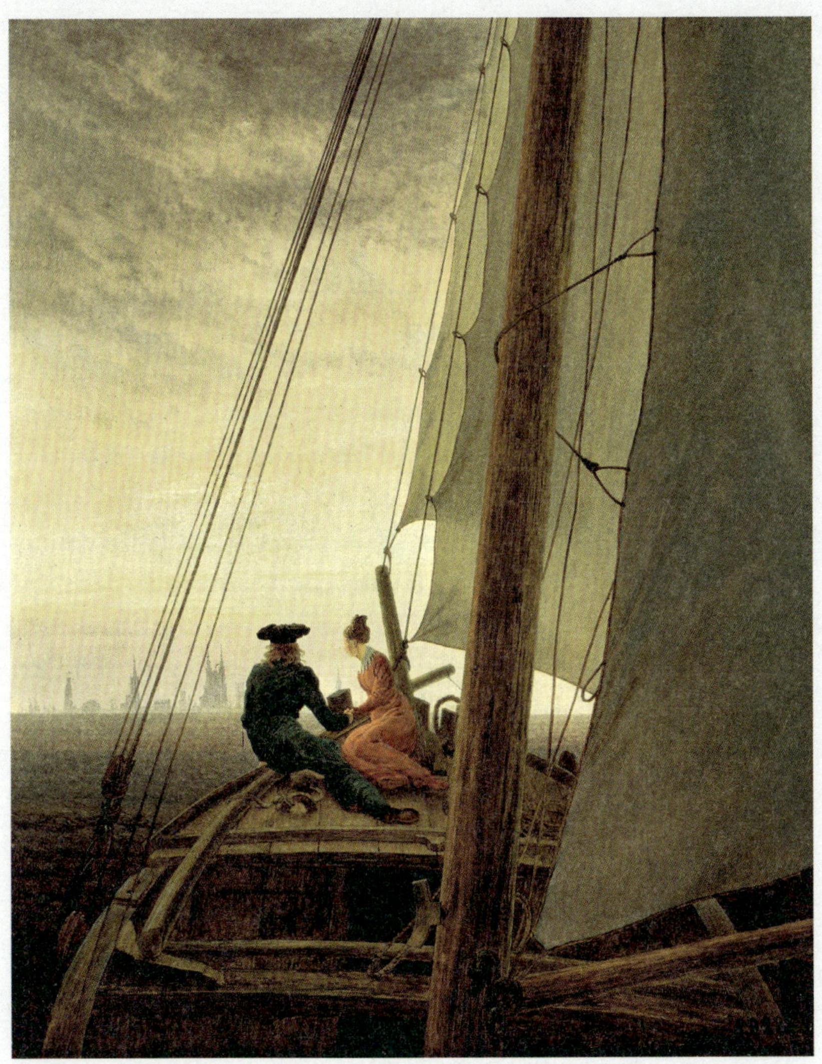

Abb. 55: *Auf dem Segler*, 1818

VERKEHRTE WELTEN:
CARL GUSTAV CARUS ÜBER FRIEDRICH

»In Dresden hatte er sich stets sehr abgesondert gehalten, an keinen der damaligen Professoren sich angeschlossen und so allmählich einen eigenen tiefpoetischen, doch oft auch etwas finstern und schroffen Stil der Landschaft sich ausgebildet. Wie in der Kunst, so war er auch im Leben; von strenger Rechtlichkeit, Geradheit und Abgeschlossenheit – deutsch durch und durch –, nie hatte er auch nur versucht, eine der fremden modernen Sprachen zu erlernen, aller Ostentation ebenso fremd wie jeder luxuriösen Geselligkeit. Man sah ihn fast nie unter Menschen, und ich erinnere mich eines einzigen Abends, da es uns gelungen war, ihn in einem kleinen Familienzirkel bei uns festzuhalten. Die Dämmerung war sein Element, früh im ersten Morgenlicht ein einsamer Spaziergang und ebenso ein zweiter abends bei oder nach Sonnenuntergang, wobei er indes die Begleitung eines Freundes gern sah: das waren seine einzigen Zerstreuungen; übrigens brütete er in seinem stark beschatteten Zimmer fast fortwährend über seinen Kunstschöpfungen. […]

Mein Freund war dann im Jahre 1818 einmal wieder in seiner Vaterstadt Greifswald gewesen und hatte auch die Insel Rügen wieder durchwandert und mannigfache Studien mitgebracht, welche mich nicht wenig ergriffen und sehr den Wunsch rege machten, diese Gegenden und namentlich das Meer selbst kennenzulernen. Das nächste Jahr daher gelang mir wirklich die Erfüllung dieses Wunsches, und so danke ich Friedrich auch dort Eindrücke, die, selbst nachdem ich späterhin so viel Größeres und Reicheres gesehen, immerfort eine eigentümliche Tiefe und Schönheit bewahrt haben, mich aber zugleich auch immer deutlicher verstehen ließen, was eigentlich bei seinen Bildern der Magnet war, der mehr oder weniger ihrer aller Richtung bestimmte. [...]

Sehr überrascht waren Friedrichs Freunde, als er um diese Zeit sich verheiratete, denn dem menschenscheuen melancholischen Künstler hatte niemand diesen Entschluß zugetraut. Er wohnte da an der Elbe, man nennt es den Elbberg, und eine Bürgerstochter aus seiner Nähe – er hatte sie wohl beim Stellen lebender Bilder kennen lernen, welches die jüngern Künstler zuweilen veranstalteten – war seine Wahl; eine einfache stille Frau, die ihm nach und nach einige Kinder gebar, übrigens aber sein Leben und sein Wesen in nichts änderte.

Seine Bilder waren damals sehr gesucht, und er erhielt viele Besuche hoher und geringer Kunstfreunde, wobei es denn zuweilen auch an wunderlichen Begegnungen nicht fehlte, indem manche seiner Werke geradezu von kältern Naturen gar nicht verstanden werden konnten. So führte der weltbekannte gelehrte Hofrat Böttiger, mit dem auch ich damals öfters in Berührung kam und von dessen überall behäbiger Gefälligkeit und (nach Goethes Ausdruck) Ubique-Natur viele Geschichtchen kursierten, einst einige aristokratische Damen bei ihm ein, als eben ein neues Bild, eine weite nebelige Gebirgsferne mit einem einzigen darüber schwebenden Adler, auf der Staffelei stand. Der blinzelnde Archäolog stellte sich alsbald halb mit dem Rücken davor und entwickelte in fließender Rede den etwas erstaunten Beschauerinnen die Schönheit und tiefe Bedeutsamkeit dieses *Seestücks*, bis Friedrich verdrießlich auf die Gebirge zeigte und das Bild wegnahm. Ein anderer Kunstfreund stellte auch wohl einmal eins der von Friedrich allerdings oft etwas barock genommenen Seebilder, in denen aber doch stets irgendein der Ostseenatur charakteristischer Lichteffekt dem Künstler tief empfunden vorgeschwebt hatte, *verkehrt* auf die Staffelei und hielt den dunkeln Wolkenhimmel für die Wellen und den Himmel für das Meer und sonst dergleichen!«[176]

»DAS ICH IN WIR VERWANDELT«

IM ZENIT

Zu Beginn des Jahres 1818 standen zwei für Friedrich bedeutende Ereignisse. Nach angemessener Verlobungszeit ging der Maler am 21. Januar den Bund der Ehe ein, und am 12. Februar starb Franz Christian Boll mit nur 41 Jahren an Typhus.

Für den Freund entwarf Friedrich eine schlanke, acht Meter hoch aufragende Grabstele, die von Christian Gottlieb Kühn für den Friedhof von Neubrandenburg ausgeführt wurde: An den Schmalseiten je eine gesenkte Fackel und ein aufsteigender Schmetterling unter zwei Palmenzweigen, in gotischen Zwickeln umlaufend vier mal drei Sterne als Symbole der Perfektion und der Verbindung der Erde mit Gott – vier Elemente multipliziert mit der himmlischen Trinität – und bekrönt von einem Kreuz über einem Gottesauge im Dreieck, das in alle vier Himmelsrichtungen blickt. Die Symbolik ist der des Rahmens des *Tetschener Altars* nah verwandt. Das mag zum einen daran liegen, dass auch dort das Programm von Friedrich in Auftrag gegeben und von Kühn umgesetzt wurde, zum anderen war Boll besonders in religiösen Fragen Friedrichs Vertrauter gewesen. Möglicherweise gab es einen Briefwechsel zwischen dem Maler und dem Geistlichen, der etwas über den wahren Urheber des Programms hätte verraten können; doch darf man vermuten, dass der Künstler die Symbolik für das Grabmal in dem Wissen wählte, dass sie den Vorstellungen des Freundes entsprach – immerhin hatte Boll für den Rahmen des *Tetschener Altars* Pate gestanden.

Auf einem Friedhof wäre ein personifiziertes Denkmal, eine ganzfigurige Porträtskulptur des Verstorbenen ungewöhnlich gewesen. Sie kam für Friedrich ohnehin nicht infrage, denn auch seine anderen Denkmalsentwürfe zeigen, dass er die Würde des Gedenkens in der Schlichtheit und Klarheit der Formen suchte. »Wo man Büsten erwarten würde«, schrieb Gerhard Eimer, »erscheinen Helme mit geschlossenem Visier, an der Stelle von Statuen namenlose Stelen und Viktorien. Friedrich wollte vorwiegend die Sache ehren, nicht die Einzelperson heroisieren.«[177] Bolls Grabmal entspricht somit Friedrichs Vorstellungen für ein Denkmal. Es ließe sich umgekehrt aber auch sagen, dass Friedrichs Vorstellungen eines Denkmals denen eines Grabmals angemessen erscheinen.

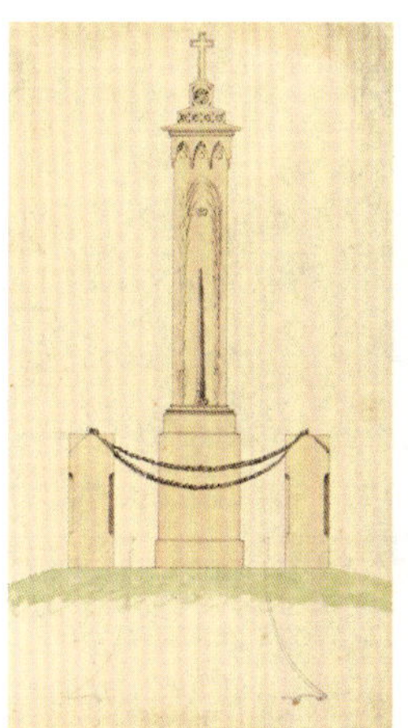

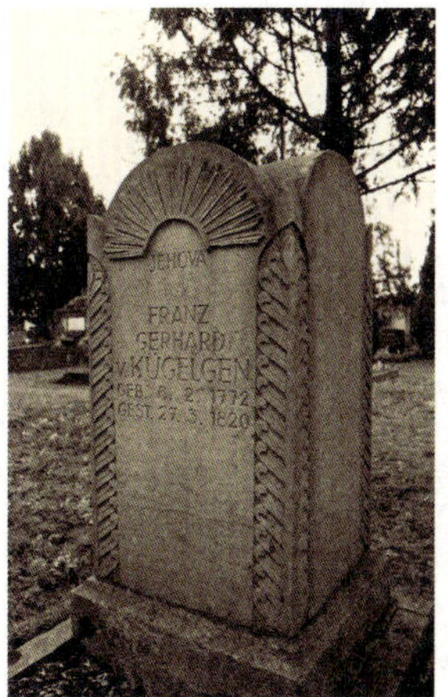

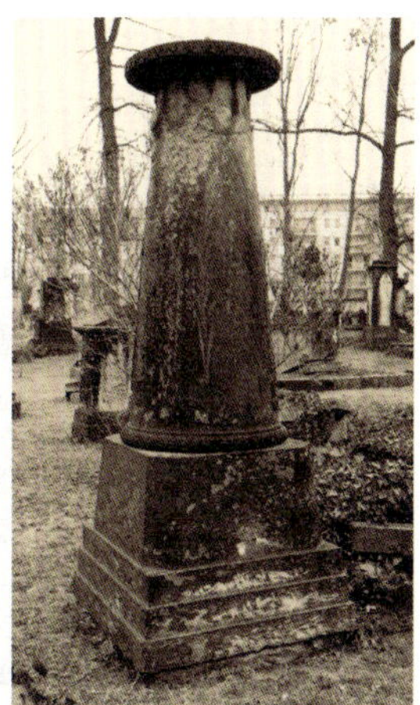

Abb. 56-58: *Entwurf zu einer Grabstele für Franz Christian Boll*, 1818; Grabmal Gerhard von Kügelgen, 1820; Grabmal Major Ernst Müller, 1824

Die Hochzeitsreise mit der 19 Jahre jüngeren Caroline Bommer führte Friedrich im Sommer in vertraute Gefilde. Neubrandenburg, Greifswald, Rügen hießen die altbewährten Stationen, und doch scheinen sie von neuer Energie erfüllt. Es entstanden Studien zu drei seiner berühmtesten Bilder: *Auf dem Segler*, *Kreidefelsen auf Rügen* und *Wanderer über dem Nebelmeer*.

Das Paar auf dem Segler hält sich an den Händen, sonst ist niemand zu sehen, doch der Betrachter ist mit an Bord, er sitzt vielleicht sogar am Steuer, die Segel blähen sich, das Boot liegt leicht geneigt im Wind. Die Schräge des vordersten Segels markiert eine Linie, die das Bild leicht diagonal in zwei gleichgroße Teile teilt: Die eine Bildhälfte wird von den geblähten Segeln, die andere von den flüchtigen Wolken dominiert. Das Paar blickt auf eine noch ferne, von Sakralbauten dominierte Stadt, die mit einem sicheren Hafen rasch näher kommen wird, denn der Wind steht günstig.

Der Umstand, nun eine Gefährtin an seiner Seite zu haben, erscheint Friedrich eigenwillig-erheiternd oder, in seinen Worten, als *schnurrig*:

> *Es ist doch ein schnurrig Ding wenn man eine Frau hat, schnurrig ist es wenn man eine Wirtschaft hat, sei sie auch noch so klein; schnurrig ist wenn meine Frau mir Mittags zu Tische zu kommen einladet. Und endlich ist es schnurrig wenn ich jetzt des Abends fein zu Hause bleibe, und nicht wie sonst im Freien umherlaufe. […] Kurz seit sich das Ich in Wir verwandelt ist gar manches anders geworden. Es wird mehr gegessen, mehr getrunken, mehr geschlafen, mehr gelacht, mehr geschäkert, mehr gelepscht. Auch mehr Geld ausgegeben und vielleicht werden wir künftig an Sorgen auch keinen Mangel haben; doch wie es Gott gefällt, der Wille des Herrn geschehe.*[178]

Ganz anders als die ungewohnt dynamische Szene des Seglers erscheinen die *Kreidefelsen auf Rügen*. Als eine Art Hochzeitsbild werden sie üblicherweise gedeutet. Dort, im »Wohnzimmer« Caspar David Friedrichs, hat sich links seine Frau Caroline in ähnlich rotem Kleid wie auf dem Segler niedergelassen, hält sich mit der linken Hand an einer Wurzel fest und weist mit der Rechten auf etwas am Klippenrand oder

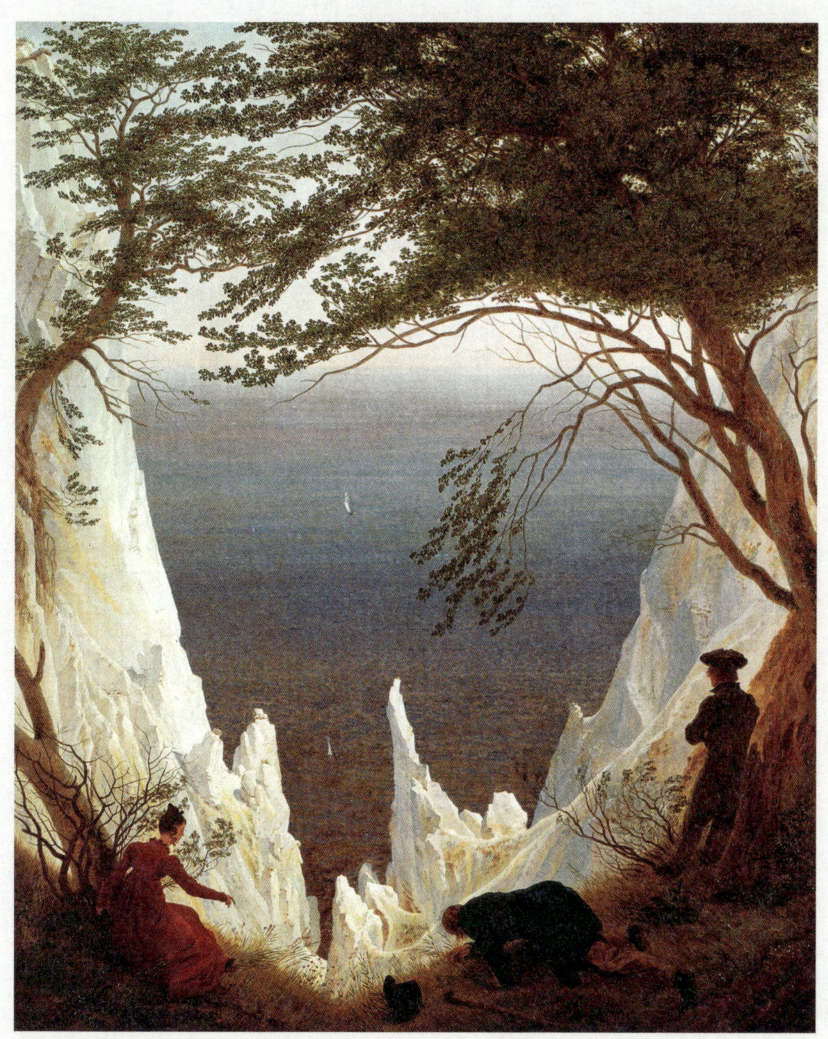

Abb. 59: *Kreidefelsen auf Rügen*, 1818

dahinter, das der Mann in der Mitte, der Zylinder und Wanderstock abgelegt hat, auf Knien begutachtet oder vielleicht sogar zu erreichen sucht. Ein zweiter Mann mit Barett lehnt gelassen rechts an einem Felsen und schaut, die Arme verschränkt, unbeteiligt aufs Meer.

Ein Hochzeitsbild zu dritt? Nicht ausgeschlossen. Von Runge etwa existierte ein Bildnis mit seiner Frau und dem an einem Baum lehnenden Bruder. Doch bei Friedrich haben wir es mit einer eigenwilligen Konstellation zu tun. Hat sich der Künstler kriechend in Begleitung seines souveränen und standfesten Bruders Christian gemalt, dessen Sehnsucht sich auf die Fremde richtet, oder taucht er selbst zweimal auf – einmal nur mit Augen für die Ferne, einmal mit dem Blick in den Abgrund, wie Werner Hofmann mutmaßt?[179] Hier der adrette Bürger, dort der Freiheitskämpfer? Oder ist Friedrich vielleicht der Mann rechts und der Kriechende nur Vermittler zwischen den Eheleuten, etwa Carolines älterer Bruder? Sind die drei Gestalten gar die christlichen Tugenden Glaube (blau), Liebe (rot) und Hoffnung (grün)?[180] Folgt man Börsch-Supan, so ist das Bild voller Todessymbole: der verdorrte Strauch, an dem sich die Frau festhält, der Abgrund, der Baumstumpf rechts sowie die Segler als Sinnbilder des Aufbruchs ins Jenseits. Nimmt man dies als gegeben, bleibt nur eine Schlussfolgerung: »Es ist bezeichnend für Friedrichs Wesen, daß er nach der Hochzeit, unmittelbar nach dem Beginn eines neuen Lebensabschnitts, seine Beziehung zum Tod aufs Neue in einem Bild dokumentiert und die Bedrohung des Lebens durch den Tod so deutlich darstellt wie kaum zuvor, zugleich jedoch auch in einer selten heiteren Stimmung.«[181]

Die seltsame Haltung des Herrn mit Zylinder könnte jedoch auch auf ein dramatisches Abenteuer Bezug nehmen, das Friedrich drei Jahre zuvor mit Friedrich Gotthelf Kummer erlebte, der vom Meer herauf die Felsen erklimmend in eine Lage geriet, die ihm weder ein Vor noch ein Zurück erlaubte. Dämmerung und einsetzendes Unwetter ließen ihn verzweifeln, zumal sich die Rettungsaktion, die Friedrich organisierte, als äußerst langwierig und schwierig erwies. »In diesem schrecklichen Moment sammelte ich meine letzten Kräfte, rief F. zum Rande und gab ihm mehrere Aufträge an meine Familie, die ich als den Abschied von derselben betrachtete.«[182] Halb ohnmächtig wurde Kummer schließlich gerettet. Das Bild Friedrichs könnte sich unter anderem auf dieses Erlebnis beziehen. Friedrich, als der Mann in der Bildmitte, demonstriert, wie er die Rufe Kummers am Klippenrand vernahm, die Frau weist derweil auf die Stelle, an der der Freund festsaß.

Das Bild ist in drei Schichten angelegt: das in der Ferne bläulich funkelnde Meer, die schroffen weißen Klippen und der rahmende dunkle Vordergrund. Über der Szene berühren sich die Äste zweier Buchen, einer kleineren und einer größeren. Auf dem Meer sind zwei Segler unterwegs, die in der Realität ebenfalls sehr unterschiedlich groß sein müssen, obwohl sie im Bild gleich groß erscheinen, da sich der eine weit draußen, der andere in Küstennähe befindet. Ein kleines Spiel von Schein und Sein, das sich auf andere Weise in der markanten Felsformation fortsetzt, die so in der Realität nicht existiert, aber in der dramatischen Verdichtung zum Inbegriff der Rügener Küste geworden ist und maßgeblich zu einer Steigerung des Tourismus auf der Insel beigetragen hat. Zwar waren auch schon zur Entstehungszeit des Gemäldes die Kreidefelsen ein beliebtes Ausflugsziel, das von verschiedenen Künstlern (Schinkel, Blechen, Kummer) festgehalten wurde, aber erst durch Caspar David Friedrich wurden sie zum ikonischen Zeichen für die Insel.

Man könnte auch vermuten, Friedrich habe sich wieder einmal einer geometrischen Grundkonstruktion bedient. Diesmal einer Parabel, die ihren Scheitelpunkt über dem abgelegten Zylinder hat und sich entlang der Kontur der Felsen nach oben öffnet. Der Begriff Parabel hat neben der mathematischen bekanntlich auch eine literarische Bedeutung – als moralische Botschaft, die in einer meist knappen Handlung anschaulich wird. Ganz wörtlich bedeutet der dem Griechischen entlehnte Begriff so etwas wie Gleichnis oder Gleichheit. Was wäre passender für ein Hochzeitsbild?

So beliebt Parabeln und Hyperbeln auch bei der Analyse der Werke Caspar David Friedrichs sein mögen,[183] hier sind es wohl eher die Geraden, die einmal mehr das Bild prägen: Der Horizont verläuft bei zwei Dritteln der Bildhöhe, der linke Goldene Schnitt in der Vertikalen markiert die tiefste Einkerbung in den Felsen, die unterschiedlich steilen Klippen orientieren sich an Linien, die von den oberen Bildecken auf Basispunkte des Goldenen Schnitts zulaufen und sich weit unterhalb des Bildes schneiden. Auch geometrisch ist damit der Abgrund evident, dessen wahre Tiefe wir – im Unterschied zu den drei Gestalten, die ihn auf sich wirken lassen – mehr ahnen als erkennen. Es ist nicht auszuschließen, dass sich die drei Charaktere des Bildes auf so unterschiedliche Weise – interessiert, ängstlich, stoisch – auch mit dem Abgrund in uns selbst befassen, denn »über diesen Abgrund beugten sich die Romantiker, lauschten hinunter, förderten Schätze aus ihm zutage, erkannten in ihm den Urquell des Lebens und der Kunst«.[184] In diesem Sinne mögen die drei jeder auf seine Weise über Goethes berühmtes Zitat aus *Torquato Tasso* meditieren:

Dich führet alles was du sinnst und treibst
Tief in dich selbst. Es liegt um uns herum
Gar mancher Abgrund, den das Schicksal grub;
Doch hier in unserm Herzen ist der tiefste,
Und reitzend ist es sich hinab zu stürzen.[185]

Es existiert eine weitere Version der Kreidefelsen. Ob es sich um eine vorausgehende Studie oder eine spätere Fassung des Motivs handelt,

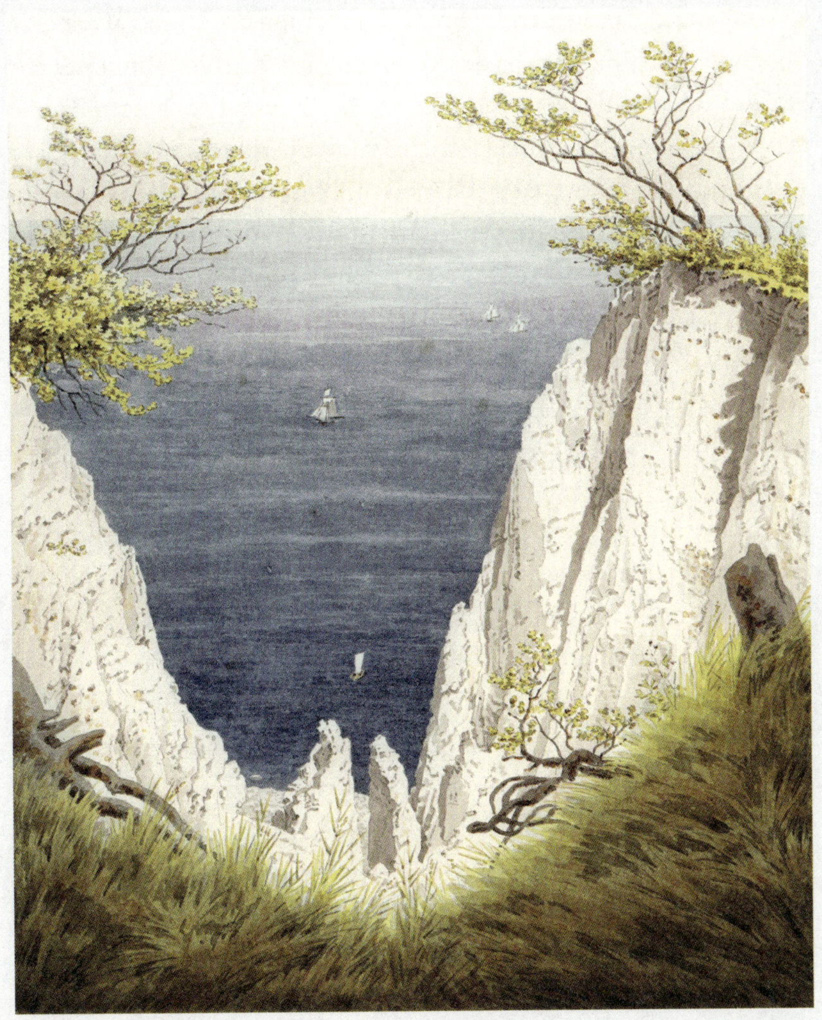

Abb. 60: *Kreidefelsen auf Rügen*, 1815 oder 1826

davon hängt entscheidend seine Interpretation ab. Ist das Werk eine Vorstudie, 1815 im Jahr vor der Verlobung mit Caroline Bommer entstanden, dann ließe sie sich als zaghafte Annäherung der jungen Bäume verstehen, die noch Zeit brauchen, bis sie sich berühren. Auch die Felsen erscheinen sanfter, weniger dramatisch. Noch ist das Meer von mehr als zwei Seglern bevölkert, denn noch ist das Brautpaar nicht angekommen, hat sich noch nicht die Treue geschworen. Datiert man das Bild hingegen auf das Jahr 1826 mag man es, wie Jens Christian Jensen, erschütternd finden: Die Bäume sind »zu Sträuchern verkümmert«, die Herzform der sich oben schließenden Äste ist »auseinandergebrochen«, »das Ganze macht einen wüsten, zerfahrenen Eindruck«.[186]

Über die Hochzeit hatte allgemein Erstaunen geherrscht, denn dem Eigenbrötler Friedrich traute keiner den Schritt in die Ehe zu, und sehr viel ist über diese Verbindung von Caroline und Caspar David Friedrich auch nicht überliefert. Das Wenige aber zeichnet das Bild einer liebevollen, eher unbedarften Gattin, die die eigenwillige berufliche und geistige Existenz ihres Mannes respektierte, während er – entgegen dem, was er in seinem schnurrigen Brief an die Familie schrieb – im Wesentlichen den Rhythmus beibehielt, den er sich als Junggeselle angewöhnt hatte.[187] Im Sommer 1822 etwa war er allein in Dresden, genoss die Stille und widmete sich intensiv seiner Arbeit, vermisste aber auch das Leben im Haus, wie er Caroline schrieb, die in Meißen ihren Geburtstag ohne ihn verbringen musste. Sein Geburtstagsgeschenk: »Damit Du nicht ganz leer ausgehst und eine Freude habest zu Deinem Geburtstage, so gib einem vorübergehenden Bedürftigen, oder wenn Du sonst jemanden kennst, 1 Taler und freu Dich seiner Freude.«[188]

Von Friedrich existieren diverse Selbstporträts, ein vermutlich letztes etwa zum Zeitpunkt seiner Eheschließung, als wolle er sich noch einmal seiner Befindlichkeit an diesem so bedeutenden Punkt seines

Lebens vergewissern. Caroline jedoch hat er nicht porträtiert. Sie taucht als Gestalt, sicher auch in mancher Rückenfigur, in seinem Werk auf, doch ihre genauen Gesichtszüge sind nicht überliefert. Sie war tatsächlich als eine Art Staffagefigur in sein Leben getreten, denn »er hatte sie wohl beim Stellen lebender Bilder kennengelernt, welches die jüngeren Künstler zuweilen veranstalteten«, wie Carus notierte.[189] Besser sollte man sagen: Er hatte sie bei dieser Gelegenheit erstmals als Frau wahrgenommen, denn als jugendliche Tochter der Familie Bommer wird er sie schon seit Jahren gekannt haben.

Sie auch in Friedrichs Leben ausschließlich als Staffage zu betrachten, wird ihr allerdings nicht gerecht. Sie regelte nicht nur den Haushalt und gebar drei Kinder, sondern hellte zeitweise auch Friedrichs Stimmung und damit seine Bilder auf. Allerdings war sie ebenso Anlass für absurde Eifersuchtsszenen und es mag in späteren Jahren sogar zu häuslicher Gewalt gekommen sein, wie Carus mutmaßt.[190] Welchen Anteil »Line« an den Erfolgen ihres Mannes hatte, wird Friedrich auch selbst kaum zu sagen gewusst haben. 1818 aber war ein gutes Jahr für den Künstler.

EINBILDUNGSKRAFT UND ERWARTUNG

ÜBER DEM NEBELMEER

Friedrich Schleiermacher, der sein Empfinden in den Werken Friedrichs widergespiegelt sah, war der Überzeugung, allein die Religion vermöge ein Bewusstsein von den Zusammenhängen und Gründen des Daseins zu vermitteln, folglich könne Philosoph nur werden, wer gläubig sei. Es mag daher überraschen, dass sein Antipode Arthur Schopenhauer – schon als Student notierte er nach der Lektüre Schleiermachers: »Keiner, der religiös ist, gelangt zur Philosophie«[191] – eine sehr anschauliche Beschreibung des mühseligen Weges zum »selbstdenkenden Individuum«[192] liefert. 1811 in einem Brief festgehalten, scheint sie das bekannteste Werk Caspar David Friedrichs vorwegzunehmen:

> *Die Philosophie ist eine Alpenstraße, zu der nur ein steiler Pfad über Steine und Dornen führt. Immer einsamer, immer öder wird er, je höher man kommt, und wer ihn geht, darf kein Grausen kennen, sondern muß alles hinter sich lassen und sich zuletzt den Weg im Schnee selbst bahnen. Oft steht er plötzlich am Abhang und sieht unter sich das grüne Tal: dahin zieht ihn der Schwindel gewaltsam hinab; aber er muß sich halten. Dafür sieht er bald die Welt tief unter sich, ihre Wüsten und Moräste verschwinden, ihre Unebenheiten gleichen sich aus, ihre Mißtöne dringen nicht hinauf, ihre Ründung offenbart sich, er steht in reiner kühler Luft und sieht schon die Sonne, wenn unten noch schwarze Nacht liegt.*[193]

Es mag paradox klingen, dass der Berührungspunkt zwischen Friedrich und Schopenhauer ausgerechnet im Bedürfnis nach Einsamkeit, im Misstrauen gegenüber den Mitmenschen, in der Gewissheit lag, dass man nicht die Werke Anderer studieren sollte, solange die eigenen Gedanken und Beobachtungen lebendig sind – und dass kreative Höchstleistung folglich nur in Abgeschiedenheit erfolgen kann. »Wie das Land am glücklichsten ist«, schreibt Schopenhauer, »welches weniger, oder keiner, Einfuhr bedarf; so auch der Mensch, der an seinem innern Reichthum genug hat und zu seiner Unterhaltung wenig oder nichts, von außen nöthig hat; da dergleichen Zufuhr viel kostet, abhängig macht, Gefahr bringt, Verdruß verursacht und am Ende doch nur ein schlechter Ersatz ist für die Erzeugnisse des eigenen Bodens. Denn von Andern, von außen überhaupt, darf man in keiner Hinsicht viel erwarten.«[194] Daraus folgt unweigerlich: »Dem intellektuell hochstehenden Menschen gewährt nämlich die Einsamkeit einen zweifachen Vortheil: erstlich den, mit sich selber zu seyn, und zweitens den, nicht mit Andern zu seyn.«[195]

Der Beschränkung auf sich selbst sollte zudem auch eine räumliche Beschränkung entsprechen, denn »alle Beschränkung beglückt. Je enger unser Gesichts-, Wirkungs- und Berührungskreis, desto glücklicher sind wir: je weiter, desto öfter fühlen wir uns gequält, oder geängstigt. Denn mit ihm vermehren und vergrößern sich die die Sorgen, Wünsche und Schrecknisse.«[196]

Unschwer lässt sich ausmalen, wie sich Schopenhauers und Friedrichs Wege an den Ufern der Elbe kreuzten, beide ihren Gedanken über das universale Verhältnis von Innen- zu Außenwelt nachhingen und jeder für sich in seine Stube eilte, um sie auf die Leinwand beziehungsweise zu Papier zu bringen. Im Jahr 1818 schufen beide jene Werke, die langfristig ihren Ruhm und ihre Popularität begründeten: Schopenhauer vollendete im Alter von 30 Jahren *Die Welt als Wille und Vorstel-*

lung, der 44-jährige Friedrich malte den *Wanderer über dem Nebelmeer*. Das Bild wäre durchaus geeignet, den Titel von Schopenhauers Opus Magnum zu schmücken.

Was bereits über den Nebel (wie auch über den Schnee) hinsichtlich Orientierungsverlust und Dämpfung von Laut und Farbe gesagt wurde, zieht sich als Idee durch Friedrichs Gesamtwerk. Ließ sich der Schnee gleichermaßen als Ausdruck der Reinheit und des Todes deuten, so erscheint auch der Nebel ambivalent. Nebel soll die Phantasie des Betrachters stimulieren, was selbstverständlich voraussetzt, dass er über Phantasie verfügt. »Wenn eine Gegend sich in Nebel hüllt, erscheint sie größer, erhabener und erhöht die Einbildungskraft und spannt die Erwartung gleich einem verschleierten Mädchen«, schrieb Friedrich.[197]

Der Wanderer über dem Nebelmeer zeigt zentral einen Mann von hinten in dunkler Kleidung mit Spazierstock, der, wie ein Denkmal seiner selbst, auf einer Felsspitze stehend in die Weite einer zerklüfteten Berglandschaft blickt, die andeutungsweise aus Wolkenfetzen und Nebelschwaden auftaucht. Gekleidet ist er, als ob er gerade an der Promenade einer Kurstadt flanieren würde, um sich nach dem Lunch ein wenig die Beine zu vertreten. Doch das Meer, auf das er blickt, ist nicht die Ostsee. Der Nebel zu Füßen des Wanderers aber macht die Felsspitze tatsächlich zu einer Klippe über dem Brausen, Wirbeln und Wallen eines Ozeans, dessen Abgründe im Verborgenen und somit in der Vorstellung des Betrachters liegen. Das Nebelmeer erstreckt sich bis zu den fernsten Bergketten und taucht die Landschaft in eine blaugraue Unermesslichkeit.

Die Identität des Mannes, dessen rotblondes Haar der Wind zaust, bleibt ungeklärt, und das dürfte in Friedrichs Sinne sein, denn es geht nicht um das distanzierte Gegenüber eines Porträtierten, sondern um das Einswerden des Betrachters mit der anonymen Gestalt. Mit ihr werden wir zu einem modernen Petrarca und erklimmen den Gipfel, nicht

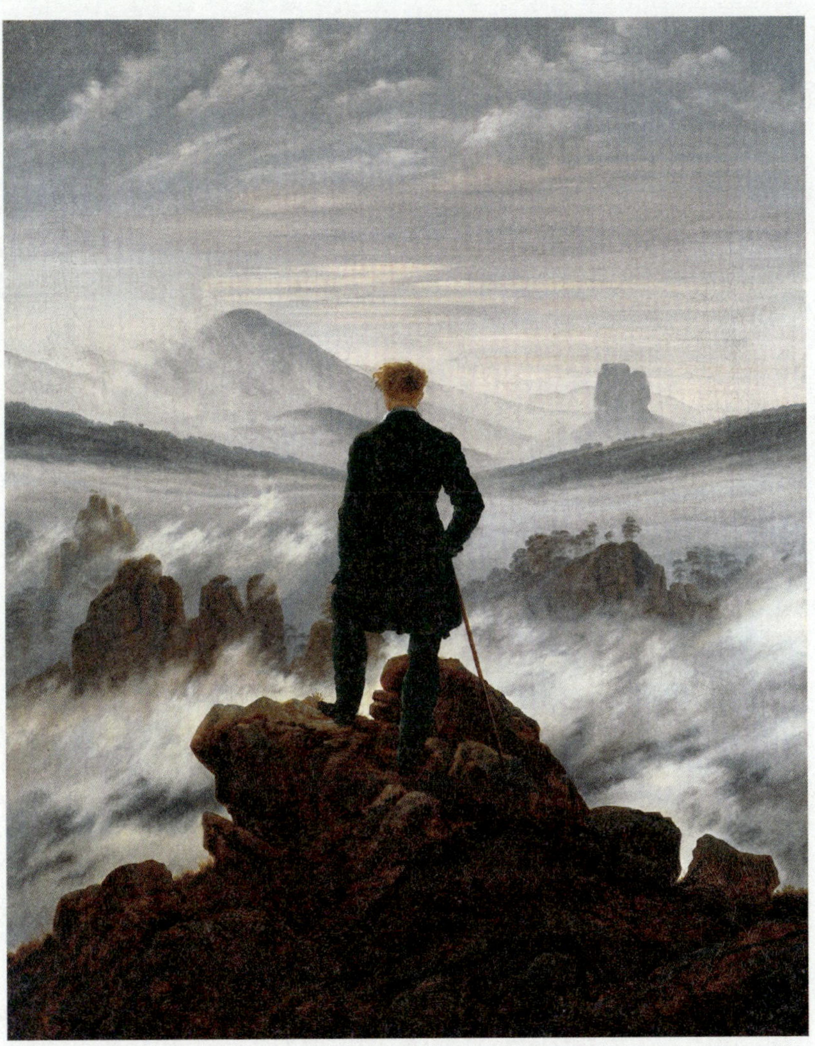

Abb. 61: *Der Wanderer über dem Nebelmeer*, um 1818

um eigene Besitztümer zu überblicken, sondern um uns besser als Teil der Natur und der Welt begreifen zu können. Von einer Anstrengung beim Aufstieg ist allerdings nichts zu spüren, das Erklimmen der Bergspitze ist nicht wirklich ein physisches, sondern vielmehr ein mentales. Lohn für den geistigen Aufstieg ist der Überblick. Wenn wir allerdings selbst die Rückenfigur sind, stehen wir uns auch selbst im Weg. Als Betrachter im Bild sehen wir somit etwas, was wir als Betrachter vor dem Bild nicht sehen: Den zentralen Landschaftsausschnitt, der vom Körper der Rückenfigur verdeckt wird. Grave spricht diesbezüglich vom »blinden Fleck unserer Wahrnehmung«.[198] Erst wenn wir wirklich selbst aufsteigen, wird uns der Ausblick unverstellt bleiben.

Die von Goethe überlieferte und wohl abschätzig gemeinte Bemerkung, man könne Friedrichs Bilder ebenso gut auf den Kopf gedreht betrachten, begegnet man auch noch in anderem Kontext – mal humoristisch, wenn ein kurzsichtiger Hofrat bei einem Atelierbesuch seinen erstaunten Begleiterinnen vollmundig einen auf der Staffelei kopfstehenden Wolkenhimmel als Meeresoberfläche erläutert,[199] mal bewundernd, wenn Adam Müller in Kleists Zeitschrift *Phöbus* unter dem Titel *Etwas über Landschaftsmalerei* zu Papier bringt:

> *[J]eder Lichtstrahl, der über die Gegend fällt, scheint ein Orakel mit sich zu führen, und jedes Wolkengewebe ist eine geheimnißvolle Schrift. […] Luft und Erde scheinen zusammen zu fliessen; sie tauschen auch mit lieblicher Vertrautheit ihre Plätze: in den Wolken scheint die Erde auf die Seite des Himmels herüberzutreten, in den Seen und Flüssen der Himmel auf die Seite der Erde – und in der weitesten Weite verlieren sich die Grenzen, bleichen die Farben ineinander, was dem Himmel, was der Erde angehöre läßt sich nicht mehr sagen.*[200]

Konturen weich zu zeichnen, Formen zu verzaubern, Atmosphäre spürbar zu machen, dazu ist Nebel bestens geeignet. In diesem Sinne ist er das ästhetische Stilmittel der Romantik. Bei Friedrich wird er jedoch auch politisch gedeutet, als Ausdruck einer repressiven Grundstimmung, in der statt klarsichtiger Individuen Untertanen erwartet werden, die in eine nebulöse Vergangenheit zurückkehren.

Für das, was nach dem Wiener Kongress geschah, die Verfolgung derer, die eben noch im Widerstand gegen Napoleon als patriotische Freiheitskämpfer galten, suchte Friedrich subtile Visualisierungen. Und tatsächlich wurde er teilweise in diesem Sinne verstanden, etwa vom Rezensenten des *Literarischen Konversationsblattes*, der 1823 über den Nebel in einem seiner Gemälde (*Der Morgen im Gebirge*) schrieb, er liege »wie auf dem Boden der Vergangenheit«, während der Blick in die Ferne »wie die Zukunft sich entschleiert vor dem Seher«.[201]

Das Bildraster des *Wanderers* ist gegenüber den *Kreidefelsen* nur geringfügig variiert. Die horizontale Drittelung führt folglich auch zu einer ähnlichen Bildaufteilung. Das untere Drittel umfasst die Klippe des Vordergrunds und dort, wo in den *Kreidefelsen* der Horizont liegt, liegt nun der Scheitelpunkt des Betrachters. Die besonders auffällige Linie seines Stockes fluchtet vom Scheitelpunkt zur unteren Bildkante, die sich nun nicht mehr am Goldenen Schnitt orientiert, sondern wie bei einer Quadrierung in zehn gleiche Teile eingeteilt scheint. An den weiteren Linien des pyramidalen Rasters orientieren sich wiederum Körperkontur und die markante Felsformation, die aus identifizierbaren Landschaftsfragmenten unterschiedlicher Gegenden komponiert ist, die der Maler bereist hatte.

Caspar David Friedrich wandte die Kompositmethode auch in anderen Werken an, doch sind seine Landschaften meist bestimmten Regionen oder Orten zugeordnet – Riesengebirge, Uttewalder Grund,

Rügen etc. –, auch wenn sie bei den Betrachtern andere Assoziationen zu wecken vermochten. Im *Wanderer über dem Nebelmeer* ist diese topografische Zuordnung aufgehoben, die Landschaft wird allgemeingültig, wird zur Weltlandschaft.

»Der Schöpfer, welcher unsere Erde und alles, was darauf ist, gemacht hat, hat das ganze Erdenrund mit seinem Blick umfasst, und den Strom seines Segens über den ganzen Erdkreis ausgegossen«,[202] beginnt Wilhelm Heinrich Wackenroder sein Kapitel über die *Allgemeinheit, Toleranz und Menschenliebe in der Kunst* – ein Appell, nicht Dinge oder Kreaturen abzuwerten oder zu verurteilen, die Gott nicht als besser oder schlechter, sondern nur als voneinander verschieden geschaffen hat. Das Übel der Menschen bestehe darin, heißt es weiter, dass »jeder mit festem Fuße auf seinem Standpunkt stehen bleibt und seine Augen nicht über das Ganze zu erheben weiß«.[203]

Der Wanderer über dem Nebelmeer könnte auch diese – verglichen mit Arndts »Erschauung und Erkennung des sittlichen Weltbaues von einem erhabenen Standpunkte«[204] weitaus sympathischere – Vorstellung eines Aufstiegs zum Zwecke einer Relativierung des eigenen Ichs zugunsten von Toleranz gegenüber allen Kreaturen zum Thema haben. Im Kontext einer bildlichen Umsetzung dieses Gedankens erscheinen auch Friedrichs Worte über die Wirkung des Nebels in neuem Licht: Der Nebel lässt uns schweben, den festen Standpunkt verlassen, er erhöht die Einbildungskraft, steigert die Erwartung und erweitert so den Horizont. »Blöden Menschen ist es nicht begreiflich«, so Wackenroder, »daß es auf unserer Erdkugel Antipoden gebe, und daß sie selber Antipoden sind. Sie denken sich den Ort, wo sie stehen, immer als den Schwerpunkt des Ganzen – und ihrem Geiste mangeln die Schwingen, das ganze Erdenrund zu umfliegen und das in sich selbst gegründete Ganze mit *einem* Blicke zu umspielen. Und ebenso betrachten sie ihr Gefühl als das Zentrum alles Schönen in der Kunst, und sprechen, wie

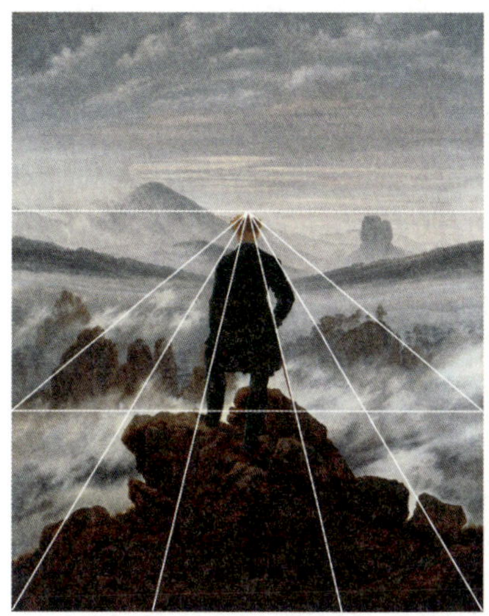

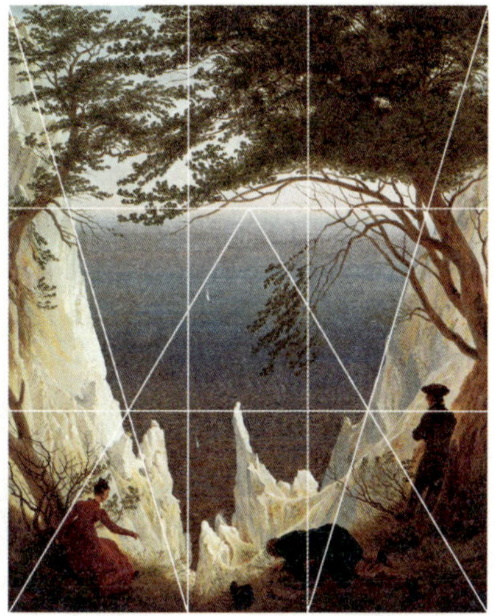

vom Richterstuhle, über alles das entscheidende Urteil ab, ohne zu bedenken, daß sie niemand zu Richtern gesetzt hat.«[205]

Der Wanderer über dem Nebelmeer nimmt die göttliche Position ein, er steigt aus den Niederungen des Egoismus und Egozentrismus hinauf und überblickt die Gesamtheit im Sinne Wackenroders, ohne sich über das Einzelne zu erheben. »Uns, Söhnen dieses Jahrhunderts, ist der Vorzug zuteil geworden, daß wir auf dem Gipfel eines hohen Berges stehen, und daß viele Länder und viele Zeiten unsern Augen offenbar um uns herum und zu unseren Füßen ausgebreitet liegen«, resümiert Wackenroder. »So lasst uns denn dieses Glück benutzen, und mit heitern Blicken über alle Zeiten und Völker umherschweifen und uns bestreben, an allen ihren mannigfaltigen Empfindungen und Werken der Empfindung immer das *Menschliche* herauszufühlen.«[206]

Die besondere Popularität des Gemäldes liegt darin, dass es ein weites interpretatorisches Spektrum anbietet. Vom Philosophen, der sich von den gesellschaftlichen Niederungen absentiert und die Einsamkeit sucht, über den gottesfürchtigen Gipfelstürmer bis zum allesliebendenden, aufgeklärt-toleranten Humanisten: *Der Wanderer über dem Nebelmeer* vermag für sie alle zu stehen.

Auch beruflich stand Caspar David Friedrich auf dem Gipfel. Er war mehr als ein geschätzter Maler, er war eine Berühmtheit und zugleich eine Attraktion. Wer nach Dresden kam, der bekam Friedrich gezeigt. Im September 1818 besuchte ihn sein Jugendfreund aus Greifswald und treuester Sammler, der Verleger Georg Andreas Reimer, in Begleitung Friedrich Schleiermachers, den man in Berlin als unbequem von der Kanzel verbannt hatte. Im selben Jahr lernte er Johan Christian Clausen Dahl kennen, der in die Stadt gekommen war, um zu bleiben. Er zog 1823 nicht nur ins selbe Haus wie Friedrich, sondern teilte auf den ersten Blick auch eine geistige Welt mit dem Nachbarn, selbst wenn seine Künstlerkarriere konventioneller und reibungsloser verlief. Der dänische Erbprinz Christian Friedrich hatte ihn nach Rom eingeladen, wo Dahl 1820/21 zehn Monate weilte, und die Dresdener Akademie berief ihn 1824 gemeinsam mit Friedrich zum externen Professor. Peter Cornelius und Karl Förster gegenüber, denen Friedrich Werke Dahls zeigte, berichtete er von der – ihm selbst so fremden – Leichtigkeit, »mit welcher er seine Bilder fast hinzaubert, von seinem prächtigen kauderwelschen Deutsch und von seinen seltsamen Träumen«.[207]

Auch Ludwig Tieck absolvierte, nachdem er 1819 nach Dresden gezogen war, gleich einen Antrittsbesuch bei Caspar David Friedrich. »Diese wahrhaft wunderbare Natur hat mich heftig ergriffen«, schrieb er, »wenn mir gleich vieles in seinem Wesen dunkel geblieben ist. Jene religiöse Stimmung und Aufreizung, die seit kurzem unsere deutsche Welt wieder auf eigentümliche Weise zu beleben scheint, eine feierliche Wehmut, sucht er feinsinnig in landschaftlichen Vorwürfen auszudrücken und anzudeuten.«[208]

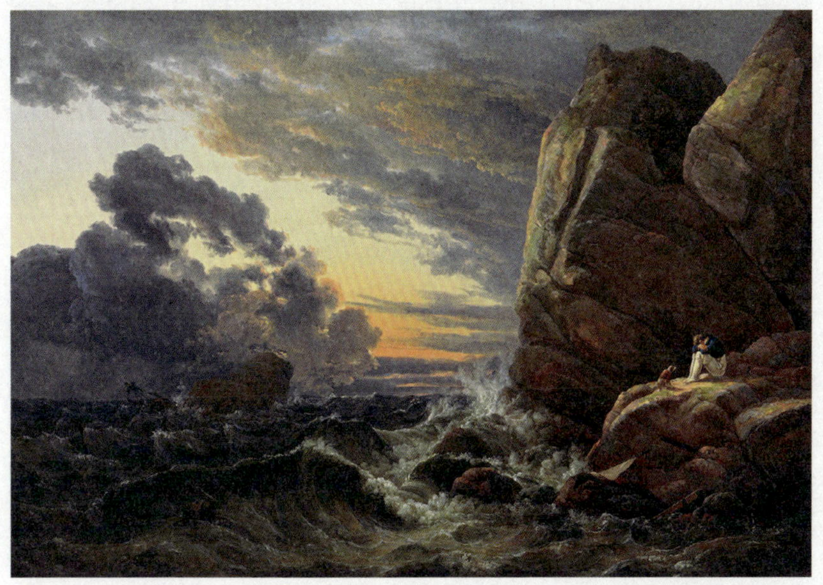

Abb. 62: Johan Christian Clausen Dahl, *Morgen nach stürmischer Nacht*, 1819

Die Zeit blieb ereignisreich. 1819 wurde Friedrichs Tochter Emma (1819-1845) geboren, für die der Kindernarr selbstverständlich besonders schwärmte. Über der relativen Idylle des kleinen privaten Kosmos aber hingen weiterhin dunkle Wolken der großen Politik. Hatte der Wiener Kongress vor allem der territorialen Neuordnung Europas gegolten, so ging es bei den von Metternich dominierten Karlsbader Beschlüssen um die Systemfrage auf nationaler Ebene. Den Befürchtungen einer drohenden Revolution trat man mit Repression, Zensur und der Verhaftung der Rädelsführer entgegen, die nun als Demagogen tituliert wurden.

Bei einer polizeilichen Durchsuchung im Hause Ernst Moritz Arndts fand sich unter anderem jener Brief Friedrichs, in dem er Arndt um eine Inschrift zu seinem Scharnhorst-Denkmalsentwurf bittet und der zu einem der Hauptbelastungsdokumente gegen den Schriftsteller und Vater der altdeutschen Tracht wurde. Arndt verlor seine Professur in Bonn und es gab Prozesse gegen seinen Schwager Friedrich Schleiermacher, dessen Schriften über Religion als Gefühl und Anschauung der Unendlichkeit jenseits von Denken und Handeln Friedrich stark beeindruckt hatten. Der als »Turnvater Jahn« bekannte Friedrich Ludwig Jahn verschwand für fünf Jahre, der Dichter Fritz Reuter für sieben Jahre in Festungshaft, *Vormärz*-Publizist Joseph Görres konnte sich seiner Verhaftung durch Flucht nach Straßburg entziehen. Die Hexenjagd wegen Verschwörung, Hochverrats, Majestätsbeleidigung, die vor allem durch Karl Albert von Kamptz, der sich als erster Polizist des Staates verstand, betrieben wurde, zerstörte ungezählte Leben und Karrieren.

Friedrich blieb unter Beobachtung der Central-Untersuchungs-Commission, wurde aber offenbar nicht für einen der geistigen Brandstifter gehalten, sondern eher als Mitläufer eingestuft. Er war kein Charismatiker, kein Mann des öffentlichen Auftritts und der rhetorischen Finesse, das dürfte ihm in diesen Jahren geholfen haben.

Da Bilder zudem weniger Sprengkraft besaßen als rasch vervielfältigte Schriften und Friedrichs patriotische Gemälde ohnehin weit mehr verschlüsselte Botschaften als plakative Manifeste darstellten, blieb er während der sogenannten Demagogenverfolgung letztlich verschont. Während seine Gesinnungsgenossen suspendiert wurden oder gar in Gefängnisse wanderten, bezog er 1820 eine größere Wohnung An der Elbe 33 (später 9). Trotz dieser für ihn günstigen Entwicklung manifestierte sich bei ihm eine nicht unberechtigte Angst vor Spionen und Denunzianten. Sein Atelier blieb ein Ort, an dem man Trost angesichts der verzweifelten Lage erwarten durfte. Schubert, seit der Invasion Napoleons steter Gast, erinnerte sich des unerschütterlichen Patriotismus demokratischer Prägung schon während der Napoleonischen Kriege. Man »hörte gern die Ergießungen seines deutschgesinnten Herzens über die damalige Lage der Dinge an und ging nie von ihm hinweg, ohne über vieles belehrt, beruhigt und getröstet zu sein«.[209]

Schubert – als Seelenkundler, Traumforscher und göttlich erleuchteter Kosmologe selbst eine geheimnisumflorte Gestalt – verfasste 1814 ein wegweisendes Werk über *Die Symbolik des Traumes*, in dem er den Traum als universale angeborene Sprache begriff, als Kommunikation in Bildern mit oft symbolischer Bedeutung. Manchmal, wenn sie den Symbolen entsprächen, die wir auch im Wachzustand verwendeten, seien Träume leicht zu verstehen:

> *Ein Weg, der durch Dornen oder steil über Berge geht, bedeutet im Traume, wie im gemein poetischen Ausdruck, Unannehmlichkeiten und Hindernisse in unserm Lebensschicksal; ein Weg über Glatteis, drückt in beyden Arten zu sprechen, eine peinliche, gefährliche Lage aus; Finsterniß bezeichnet in beyden Betrübniß und Melancholie […], einen reisen oder übers Wasser gehen sehen: scheiden von ihm fürs ganze Leben.*[210]

Das Wirken des »seltsamen versteckten Poeten« in unserer Seele verkehre jedoch die Dinge gelegentlich auch in ihr Gegenteil, Geburtstage würden zu Todesahnungen, »vor einer nahen äußern Glücks- und Standeserhebung, soll der Traum manchen Personen das Bild ihres eigenen Leichenbegängnisses zeigen«.[211] Wer im Wachzustand wenig spreche, der träume umso intensiver. Der »Kunsttrieb« des großen Künstlers wiederum werde ihn selbst angekettet im tiefsten Kerker nicht verlassen: »Der Traum, der Somnambulismus, die Begeisterung und alle erhöhten Zustände unserer bildenden Natur, führen uns in schöne, noch nie gesehene Gegenden, in eine neue und selbsterschaffene, reiche und erhabene Natur.«[212]

Wenn Friedrich von seinem inneren Auge spricht, meint er vermutlich nicht seine Träume; dennoch ist es wenig überraschend, dass sich Schubert für Friedrich und dessen Kunst interessierte. Der introvertierte Künstler musste Schuberts Theorie zufolge besonders intensive Träume haben, und seine Gemälde, aufgeladen mit ambivalenter Symbolik, waren ein erquickender Quell für jeden Psychologen.

Schon 1808 war Schuberts Buch über die *Ansichten von der Nachtseite der Naturwissenschaft* erschienen, gewidmet seinem Freund Gerhard von Kügelgen, in dem der Autor die Entfremdung des Menschen von der Natur thematisierte, und es folgte 1830 eine rund tausendseitige *Geschichte der Seele*, in der er erschöpfend alle Faktoren beschrieb, die die menschliche Psyche prägten, darunter selbstverständlich auch das Klima. Wie kaum anders zu erwarten, sind es die gemäßigten (europäischen) Zonen, in denen sich »mit den hochstämmigen Eichen zugleich die kräftigste Menschenform entwickelt« hat. Der physischen Stärke, so Schubert, entspreche eine besondere Ausdauer und Intensität des Gefühls. Die langen Winter erzeugten »jenen stillen, tiefen Ernst, jenen Zug der Melancholie, welcher die edleren Völker dieses Erdstrichs vor andren bezeichnet«.[213]

Caspar David Friedrich blieb von Schuberts Schriften nicht unberührt und Schubert dachte in seinen Lebenserinnerungen wiederum an Friedrich zurück, den er selbst als eine Art Naturphänomen zu begreifen schien.

> *Die stille Wildniß der Kreidegebirge und der Eichenwaldungen seiner vaterländischen Insel Rügen waren im Sommer, noch mehr aber in der stürmischen Zeit des Spätherbstes und im angehenden Frühling, wenn auf dem Meer an der Küste das Eis brach, sein beständiger, sein liebster Aufenthalt. In Stubbenkammer, wo damals noch kein modernes Gasthaus stand, verweilte er am öftesten, dort sahen ihn die Fischer manchmal mit Sorge um sein Leben, ja wie Einen, der freiwillig in der Fluth sein Grab suchen wollte, auf und zwischen den Zacken der Bergwand und ihren ins Meer hineinragenden Klippen herumklettern. Wenn der Sturm am kräftigsten war und die Wogen, mit Schaum bedeckt, am höchsten heranschlugen, da stand er, von dem heranspritzenden Schaume oder auch von einem plötzlichen Ergusse des Regens durchnäßt, hinschauend wie Einer, der sich an solcher gewaltigen Lust der Augen nicht sattsehen kann. Wenn ein Gewitter mit Blitz und Donner über das Meer daherzog, dann eilte er ihm wie Einer, der mit diesen Mächten den Freundschaftsbund geschlossen, entgegen, auf den Felsensaum der Küste oder ging ihnen nach in den Eichenwald, wo der Blitz den hohen Baum zerspaltete und murmelte da sein halblautes ›wie groß, wie mächtig, wie herrlich!‹.*[214]

So wie Friedrichs Bilder minimalistische Landschaften in Andachtsräume verwandeln, so sollen auch Andachtsräume dem Prinzip strengster Klarheit folgen. Gebäude, die dem Gottesdienst dienen, haben idealerweise einfach und übersichtlich zu sein, erläuterte Friedrich in sei-

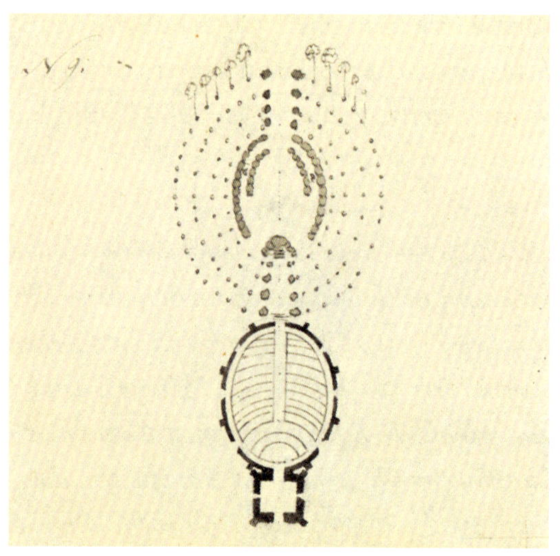

ner Bewerbung als Innenarchitekt bei der Gestaltung der Marienkirche 1818 dem Magistrat der Stadt Stralsund. »Der Eintretende muß mit einem Blicke das Ganze überschauen können, aber dieser eine Blick muß womöglich Herz und Gemüt erheben und stimmen.« Daher seien »widrige Anordnung«, »formloser Ausputz« und »Überladungen« unbedingt zu vermeiden. Dieses Prinzip, in dem sich Friedrichs Verständnis von protestantischer Prägung manifestierte, hatte aber in seinen Augen noch einen weiteren, einen egalisierenden Charakter, denn die Schlichtheit des Raumes helfe nicht nur bei der Konzentration auf die Andacht, sondern mache alle ebenbürtig, die sich in ihm versammeln. Wenn schon in der profanen Welt nicht jeder gleiche Rechte genieße, so solle er wenigstens vor Gott gleichberechtigt sein. Denn vor Gott muss »aller Unterschied der Stände aufhören, und der Reiche muß wenigstens an diesem Orte fühlen, daß er nicht mehr als der Arme ist, und der Arme müßte den sichtbaren Trost haben, daß wir vor Gott alle gleich sind«.[215]

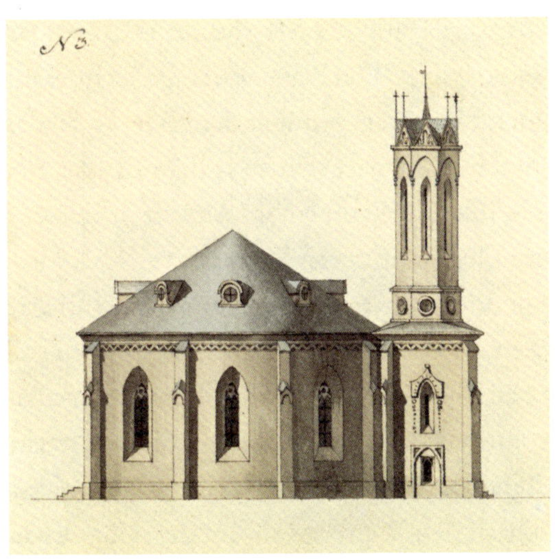

Abb. 63 und 64: Grund- und Aufriss eines ovalen Raumes mit Turm und vorgelagertem ovalen Platz, 1814-25

Hier klingt sehr deutlich der Einfluss seines Theologen-Freundes Boll an, der jeden Einzelnen dazu aufrief, an der religiösen Erneuerung mitzuwirken, und der es als Aufgabe des Staates und der in ihm wirkenden Kirche verstand, ein religiöses Gefühl in allen Bürgern gleichermaßen zu wecken und dafür die Gotteshäuser entsprechend herzurichten. »Frei und heiter müsse sich das Ganze mit einem Blicke überschauen lassen!«,[216] schrieb er, »so daß, wie groß auch der anderweitige Stuffenunterschied unter den Menschen sey, dennoch in dieser geistigen Beziehung die Einheit und Gleichheit unter ihnen, so viel als möglich, wieder hergestellt werde. [...] Denn nur da, wo bürgerliche Freiheit herrscht, wo der Mensch, dieser Freiheit wegen, sich als Mensch fühlt, kann auch ächte Religiosität gedeihen.«[217] Friedrich verstand es, ebenso euphorisch wie naiv, als seinen Beitrag, diesen angemessenen Raum für eine Gleichheit vor Gott zu schaffen.

Bis hin zur Gestaltung des Messbechers hatte er ein ästhetisches Gesamtkonzept vorgelegt. Die Pläne waren gezeichnet und eingereicht, Details der Verhandlungen gegenüber dem Rat der Stadt Stralsund mit Christian besprochen. Dabei schärfte er dem Bruder ein, die Verträge auf juristische Winkelzüge von einem Anwalt prüfen zu lassen, »denn ich traue keiner Obrigkeit übern Weg«.[218]

Doch seine Ideen waren zu radikal. Vielleicht hätte er sich auch die so deutlichen schriftlichen Ausführungen sparen sollen, die er im Vertrauen auf den Theologen-Freund Boll formuliert hatte. Sie waren einfach zu revolutionär, zu republikanisch. Sie erschreckten die Vertreter der offiziellen Staatskirche, so dass die Brüder Caspar David und Christian Friedrich den Wettbewerb um die neugotische Kirchenausstattung der Marienkirche in Stralsund verloren. Die großen Hoffnungen, gemeinsam zu Werke gehen zu können, waren zerstoben, aber sie befanden sich in dieser Ablehnung immerhin in der guten Gesellschaft Schinkels.

Dass Friedrich seine Utopie eines idealen Ortes für die religiöse Andacht nicht aus den Augen verlor, belegt unter anderem der Grundriss eines ovalen, beim Betreten komplett überschaubaren Gebäudes, dem ein ebenfalls ovaler Platz vorgelagert ist. Umstehende Baumreihen verwandeln ihn in eine Art künstlicher Lichtung. Dem Innenraum ist somit ein gleichwertiger Außenraum zugeordnet, dem Kultur- ein Naturraum. Beide taugen gleichermaßen, um den Gottesdienst zu zelebrieren.

DIE IDEE DES UNENDLICHEN

Kaum etwas ist besser geeignet, die Romantik zu beschreiben, als die Idee von der Unendlichkeit. Als etwas Unvorstellbares scheint sie göttlich und versinnbildlicht zugleich eine kosmische Verlorenheit. Die Gewissheiten der Klassik tauschten die Romantiker gegen Unwägbarkeiten. »Wer etwas Unendliches will, der weiß nicht, was er will; aber umkehren lässt sich dieser Satz nicht«, zitierte Ricarda Huch in ihrem Buch *Die Romantik* Friedrich Schlegel.[219]

Als Caspar David Friedrich am 20. April 1820 Besuch vom Düsseldorfer Akademiedirektor Peter Cornelius in Begleitung des Kunstschriftstellers Karl Förster bekam, machte er gar nicht erst den Versuch, ein ernsthaftes Gespräch über Kunst zu führen, sondern gab sich skurril und naiv. Dennoch schien Förster etwas von Friedrichs nonverbaler Botschaft verstanden zu haben, wie sein Bericht nahelegt:

> *Am andern Morgen gehen wir nach der Bildergalerie, die leider nicht offen. Nach vergeblichem Harren lenken wir unsere Schritte zu Friedrich, dem sich Cornelius nicht sogleich zu erkennen geben wollte, »wer er sei, werde sich schon finden«. Als er sich endlich genannt, erklärte jener, so hoch hinaus habe er nicht hoffen können. Der liebe treffliche Mann war in seiner einfachen kindlichen Weise gar liebenswürdig, ganz Freude und Demut. Er zeigte mehreres vor mit einer den tüchtigen Künstler ehrenden Zaghaftigkeit. Er setzte sich zu uns auf die Erde, war nicht zu bewegen, einen andern Platz einzunehmen, »muß doch ein bissel meine Ergebenheit zeigen«, sagte er in seiner treuherzigen Pommerschen Mundart. Er lachte sich selbst aus, daß er lauter Mondschein male, und meinte, wenn die Menschen nach ihrem Tode*

in eine andere Welt versetzt würden, so käme er sicherlich in den Mond. Wir sahen ein kleines Bild: Das Meer vom Mondschein beschienen. Die Idee des Unendlichen möchte sich in so kleinem Raum kaum vollkommener darstellen lassen; der Widerschein des Mondes auf den Wellen vortrefflich.[220]

GEGEN DIE OBRIGKEIT

ALTDEUTSCHE TRACHT UND DEMAGOGISCHE UMTRIEBE

»Ein phantastisches Samtbarett auf lang abwallendem Haar, eine kurze schwarze Schaube mit breit darübergelegtem Hemdkragen und an einer eisernen Kette, zwar kein Schwert, doch einen Dolch, dessen Ebenholzgriff auf silbernem Totenkopfe saß: das war mein Aufzug.« Wilhelm von Kügelgen erinnert sich an diese Kostümierung, die Ausdruck einer Schwärmerei für eine »Rückbildung des Vaterlandes zu seiner Vorzeit, namentlich deren traditionellen Tugenden der Ehrlichkeit und Treue, des Glaubens, der Tapferkeit und Keuschheit« sein wollte. »Es war allerdings ein wunderlicher Geist, der damals in den Köpfen der jungen Leute spukte«, schrieb er,[221] denn so sympathisch die Werte auch sein mochten, für die sie eintraten, so wenig war bekannt, dass sie von den altdeutschen Erzvätern wirklich gelebt worden wären.

Im Rückgriff auf die Epoche der Reformation, die idealisiert als Vorbild für eine ersehnte Revolution betrachtet und als besonders deutsch aufgefasst wurde, hatte auch Ernst Moritz Arndt bereits 1814 eine renaissancehaft angehauchte und protestantisch-farbreduzierte Mode empfohlen, die sich bei den Damen durch Puffärmel und große Halskrausen, bei den Männern durch einen langen, taillierten Rock, gern in Kombination mit jenem erwähnten Barett auszeichnete. Als Signal für die angestrebte Freiheit wurden auch die langen Haare verstanden, die vor allem unter Burschenschaftlern beliebt waren.

Die Sehnsucht nach einem Nationalstaat, der das untergegangene Heilige Römische Reich Deutscher Nation ersetzen sollte, wurde zugleich als Unabhängigkeit – vor allem Unabhängigkeit von Frankreich – verstanden und diese Unabhängigkeit wiederum als Freiheit. Chancengleichheit aller Gesellschaftsschichten und gleiche Bürgerrechte gehörten zum Programm und selbstverständlich Meinungsfreiheit. Zumindest solange es die eigene Meinung betraf.

Wilhelm von Kügelgen schilderte auch das jähe Ende der altdeutschen Kleiderparade an der Kunstakademie:

> *Eines schönen Morgens verbreitete sich im Gipssaal die Kunde von Kotzebues Ermordung […]. Ich meinerseits hatte weder viel noch wenig von ihm gelesen, doch war es mir nicht im geringsten zweifelhaft, daß er ein literarischer Giftmischer, ein russischer Spion, ein Vaterlandsverräter und Abgrund alles Verderbens gewesen.*

Seine Ermordung wurde folglich als Heldentat verstanden.

»Wer aber konnte fortan noch seines Lebens sicher sein, wo hirnverbrannte Knaben Femgerichte bildeten?« Erst die Empörung seiner Eltern brachte den jungen Kügelgen zurück auf den Boden der Vernunft. Die Behörden reagierten mit dem Verbot der altdeutschen Tracht, denn wenn es auch kein von den Burschenschaften geplanter Mord gewesen war: »aus dem Geiste hochmütiger Selbstüberschätzung, der unter jener Firma spukte, war er doch hervorgegangen, und solchen Geist zu dämpfen, schien geboten.«[222]

Der Burschenschaftler Karl Ludwig Sand war am 23. März 1819 mit dem Dolch im Gewande zur Mannheimer Wohnung August von Kotzebues geschlichen, hatte diesen niedergestochen und fand mit seiner Tat großen Zuspruch in den unterschiedlichsten gesellschaftlichen Schichten. Der Erfolgsautor und russische Gesandte bezahlte seine frei geäußerte, jedoch für selbsternannte Patrioten unbequeme Meinung über die »Studentenrevolte« mit dem Leben.

Auf der Schattenseite der nationalen Überzeugungen stand ein

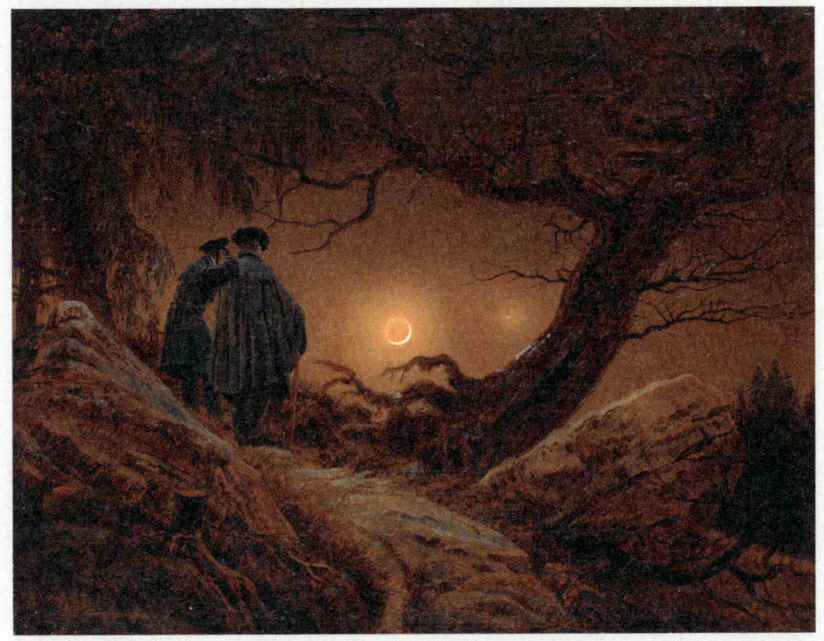

Abb. 65: *Zwei Männer in Betrachtung des Mondes*, um 1819

allgemeiner Fremdenhass, die Vorstellung einer völkischen Reinheit, die selbstverständlich eine Mischung mit anderen Völkern verurteilte, gepaart mit dem Glauben an eine naturgegebene Überlegenheit alles Deutschen. Wenig überraschend, dass zugleich ein neuer Antisemitismus wucherte, der sich gegen wachsende Bestrebungen einer Gleichberechtigung jüdischer Mitbürger wandte. In den Hep-Hep-Unruhen (ebenfalls 1819), bei denen in zahlreichen Städten jüdische Geschäfte und Synagogen geplündert wurden, erlebte er einen vorläufigen Höhepunkt. Juden waren erneut willkommene »Projektionsfläche« für eine allgemeine Verunsicherung in Krisenzeiten: Der Krieg und zudem die Elendsjahre 1815 und 1816, die durch den Vulkanausbruch Tambora in Indonesien weltweit zu Hungersnöten geführt hatten, schienen nach den »wahren Schuldigen« förmlich zu rufen. Verschwörungsphantasien machten die Runde. Die Säkularisation im Kontext der Aufklärung, die zugleich die Aristokratie stärkte und mit den Feldzügen Napoleons auch in Deutschland forciert worden war, bot zudem in den Augen der christlichen »Freiheitskämpfer« den Juden willkommene Gelegenheit, sich an den ehemals kirchlichen Besitztümern zu bereichern.

Es war wohl weniger die Sorge um die Juden als die Angst vor einer Revolution, die zu den Karlsbader Beschlüssen führte, ausgehandelt von Vertretern des Deutschen Bundes, mit denen man den nationalistischen Bestrebungen Einhalt zu gebieten beabsichtigte. Zensur, vor allem für Presse und Universitäten wurde eingeführt, die Burschenschaften verboten, die Sportplätze als paramilitärische Brutstätten des Aufruhrs im Geiste Friedrich Ludwig Jahns geschlossen.

Kügelgen stellte die altdeutsche Mode als romantische Verschrobenheit der Jugend dar, doch der Geist, der dahinterstand, reichte weit in alle Teile der Bevölkerung. Caspar David Friedrich war eigentlich zu alt für derartige Marotten, aber die Tracht brachte seine Ideale nonverbal und so dekorativ auf den Punkt, dass er sich ihrer in seinen Bildern einfach bedienen musste.[223]

Hatte der damals 16-jährige Kügelgen nach dem Mord an Kotzebue ein Einsehen, so war der ideologische Starrsinn beim 45-jährigen Friedrich längst so weit fortgeschritten, dass er auch weiterhin dem altdeutschen Putz die Tür zu seinen Bildern öffnete. Das äußere Auge mag den politischen Mord als Tat eines Verirrten verurteilt haben, sein inneres Auge aber sah die höheren Ideale und die Trachten als Symbole für Freiheit und Selbstbestimmung.

Figuren in seine transzendierten Landschaften zu integrieren, brachte immer das Problem mit sich, sie in Kleidung zu zeigen, die einer bestimmten Mode entsprach und damit das Göttlich-Zeitlose des Ambientes konterkarierte. In der altdeutschen Tracht mag Friedrich, neben aller politischen Bedeutung, einen Ausweg aus dem Modedilemma gesehen haben. Sie schien überzeitlich, dem Mittelalter entlehnt und dennoch aktuell. Auch wenn Friedrich durch Freunde wie Reimer, der bei seinem Dresden-Besuch 1821 demonstrativ altdeutsche Tracht trug, bestärkt wurde, erschien sie vielen Zeitgenossen zusehends als ganz und gar nicht zeitlos, sondern vielmehr als gestrig. Friedrichs Beharren auf der »lächerlichen Maskerade« (Kügelgen) mag daher einer von mehreren Gründen gewesen sein, warum seine Kunst nach 1820 langsam ins Abseits geriet.

An seinen Bruder Adolf, der über das Älterwerden geklagt hatte, schrieb er: »Das Du grau wirst laß Dir lieb seyn, diese Farbe schmutzt am wenigsten und ersparst dich zu waschen« – allein es könnte für ihn als Seifensieder berufsschädigend sein, kämen zu viele Greifswalder auf dieselbe Idee. Für den Fall aber, dass er sich so ergraut als Esel vorkomme, könne er sich mit dem Gedanken trösten, dass er dann ganz nach dem Geschmack der Fürsten sei, die »den Menschen gern wie diesen geduldigen Bestien alles aufbürden möchten und höchstens erlauben ia – ia! zu schreien«.[224]

Den Humor, den er im Alltag besaß, wollte oder konnte er nicht in sein Werk transportieren, Ironie hatte in seiner Kunst keinen Platz, bestenfalls in den Deutungen der eigenen Werke.

»Zwei in Mäntel gehüllte Jünglinge sehen begeistert, sich umschlungen haltend, hinaus in die Mondlandschaft«, so beschreibt Karl Förster nach seinem Atelierbesuch bei Friedrich aus der Erinnerung ein Gemälde, das Friedrich verschmitzt kommentierte: »Die machen demagogische Umtriebe.«[225] Auch wenn es eine ganze Reihe von Bildern mit zwei Männern in Betrachtung der Landschaft gibt, so ist anzunehmen, dass Förster bei Friedrich das kleine Dresdener Bild *Zwei Männer in Betrachtung des Mondes* gesehen hat. Umschlungen halten sie sich zwar nicht, wirken aber so vertraut, wie kein anderes von Friedrichs Männerpaaren. Sehr unterschiedlich in ihrer Kleidung, verbindet sie, politisch betrachtet, ihre jeweilige Kopfbedeckung: Der linke trägt die Kranzmütze der Burschenschaftler, das Sturmband unter dem Kinn festgezurrt, der rechte ein altdeutsches Barett. Der Burschenschaftler hat seinen Arm auf die Schulter des Altdeutschen gestützt, der wegen seiner kräftigeren Figur und seines Stocks üblicherweise auch als der Ältere gesehen wird. Gemeinsam betrachten sie den Mond, der durch seinen opaken Farbauftrag wirkt, als würden wir Zeuge einer Mondfinsternis, und den Abendstern, aber auch eine halb entwurzelte, absterbende Eiche, die nur noch aufgrund eines mächtigen Felsens, an den sie sich lehnt, davor bewahrt wird, umzustürzen. Als Kontrapunkt steht links des Männerpaars eine gesunde Fichte. Erneut findet sich also der Gegensatz von Eiche und Fichte, der beiden Symbolbäume Friedrichs, die sich nun über den Köpfen der Männer berühren und damit die Geste der Männer wiederholen.

Da sich das Bild als Geschenk Friedrichs im Besitz Dahls befand, wurde vermutet, dass es der befreundete Nachbar und Kollege sei, mit dem sich Friedrich hier zeigt.[226] Doch schon die Tatsache, dass Dahl es nach Friedrichs Tod sofort der Dresdener Gemäldegalerie verkaufte und nicht als Erinnerung an ihre Freundschaft verwahrte, zeigt, dass er hier andere Personen erkannte. Es handle sich, so Dahl, um den Bruder von Friedrichs Frau, Christian Wilhelm Bommer, in Begleitung von Friedrichs Lieblingsschüler August Heinrich, der nach Studien in Wien seit Mai 1818 wieder in Dresden weilte und den auch Dahl überaus schätzte.[227] Er galt als aufstrebendes Talent und wandelte nicht nur in seiner präzisen Naturbeobachtung (die er im Unterschied zu Friedrich nicht nachträglich transzendierte und stattdessen bei der Arbeit nach Möglichkeit »sein Original stets vor Augen« behielt),[228] sondern gelegentlich auch topografisch auf den Spuren Friedrichs, wie etwa sein bekanntestes Gemälde, *Uttewalder Grund,* zeigt, zu dem Friedrich ein Gutachten verfasste, in dem er Heinrich »reinen Sinn und Liebe für Natur und Wahrheit« bescheinigte und der Hoffnung Ausdruck verlieh, der junge Künstler werde sich noch in Friedrichs Sinne zu höheren Sphären, jenseits der »treuen Nachahmung« aufschwingen.[229] Doch statt sein Talent voll entfalten zu können, starb der hoffnungsvolle, jedoch zarte und lange schon kränkelnde August Heinrich bereits am 27. September 1822, gerade 28 Jahre alt, an Tuberkulose, ausgerechnet auf dem Weg nach Italien.

In Friedrichs Freundschaftsbild ist dem linken Mann die Fichte als Baum der Hoffnung zugeordnet, dem rechten aber die knorrige Eiche, die ihre besten Tage lange schon hinter sich hat und ihre Wurzeln wie Tentakeln nach ihm ausstreckt, als wolle sie ihn bei ihrem bevorstehenden Sturz mit in den Abgrund reißen. Die geometrische Konstruktion des Gemäldes ist recht einfach. Der Abendstern liegt vertikal im Goldenen Schnitt und horizontal in der Bildmitte. Der horizontale Goldene Schnitt verläuft auf Augenhöhe des älteren Mannes.

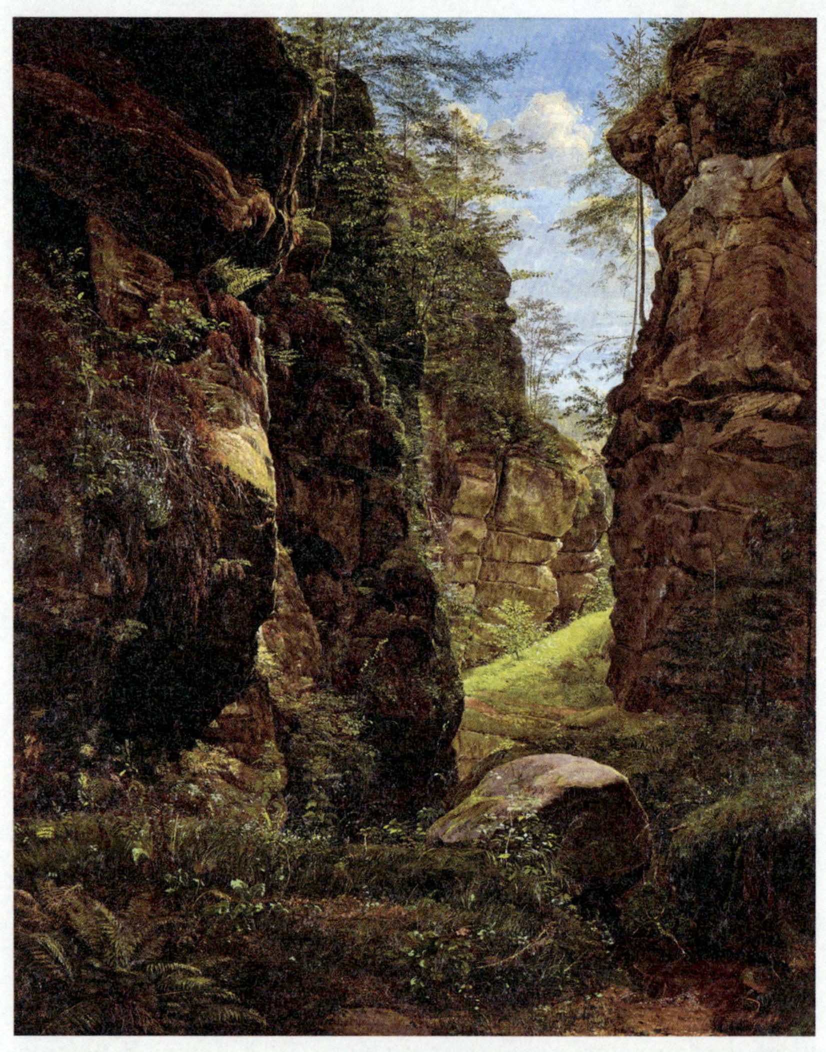

Abb.66: August Heinrich, *Uttewalder Grund*, 1820

Dass der Mond minimal von der Bildmitte aus nach unten links gesetzt ist, unterstreicht noch die erhöhte Position der Personen, die auf den Mond herabzuschauen scheinen, der wie ein universales Auge – wiederum auf Augenhöhe mit dem Betrachter des Bildes – zurückblickt.

Schon zu Lebzeiten Friedrichs wurde das Bild zur Ikone der Romantik und mehrfach kopiert, wie Dahl anmerkt – vom Künstler selbst, aber auch von anderen, da Friedrich das Duplizieren eigener Werke langweilte.[230] Aus der ironischen Bemerkung des Malers, von der hysterischen Zensur seiner Zeit könne selbst die Betrachtung des Mondes als demagogischer Umtrieb verstanden werden, eine tatsächliche politische Botschaft abzuleiten und Naturmetaphern als Sinnbilder historischer Entwicklungen zu interpretieren, ist verlockend, hieße im konkreten Fall aber doch, Friedrichs Humor zu verkennen.[231]

Vielleicht träumen seine beiden Protagonisten in studentischer beziehungsweise altdeutscher Tracht, Relikte aus den Tagen eines hoffnungsvollen Umbruchs, als die Befreiung von den Franzosen noch Synonym für eine Freiheit der Gedanken war, tatsächlich von einem Leben auf dem Mond, von einem Neuanfang auf bislang von Menschen unberührtem Terrain. Denn lange sind die Franzosen besiegt, die Unfreiheit aber wächst mit jedem neuen Tag, die Kunst hat sich damit weitgehend arrangiert und selbst die deutschen Bäume wanken.

Der deutsche Wald war längst kein Symbol der Hoffnung und des Widerstandes mehr, sondern wie in den Opern dieser Jahre, etwa von Carl Maria von Weber, ein Märchenort, bevölkert von Geisterspuk und gottesfürchtigen Volksmärchen. »Die Hauptperson des *Freischütz* ist […] der Wald, der deutsche Wald im Sonnenglanz, von Hornklängen und Jagdlust belebt«, schrieb einst Hans Pfitzner. Die Botschaften sind wohlgefällig, der Realismus ist außer Kraft gesetzt, man hat sich auf diese Weise erfolgreich gegen Zensur immunisiert. »Der *Freischütz* begründet ein neues Genre, die Nationaloper«, schreibt der Opernregisseur und Musikkritiker Stefan Zednik, er ist Ausdruck einer nationalistischen Grundstimmung. »In dem Maße, in dem das Volk sich für die Idee der nationalen Einigung erhitzt, verdrängt es jene andere, die der geistigen Freiheit.«[232]

Samuel Beckett, der das Gemälde Friedrichs als Inspiration für *Warten auf Godot* bezeichnete, hat aus den beiden Männern seine Protagonisten Wladimir und Estragon gemacht. Aus dem Sehnsuchtsbild wurde ein Drama über das Vergehen der Zeit, das Warten an sich, die Wiederholung in Ewigkeit: »Wir gebären rittlings über dem Grabe, der Tag erglänzt einen Augenblick und dann von Neuem die Nacht.«

»DAS ICH, DAS IHNEN GEFÄLLT, WIRD NICHT MIT IHNEN SEIN«

EIN NEUER FREUND

»Wir brachten die Nacht in namenloser Angst hin. Am anderen Morgen in aller Frühe meldete ich den Fall auf der Polizei an. Man gab mir Polizeidiener und Hunde mit, die Gegend abzusuchen«, schrieb Wilhelm von Kügelgen, nachdem sein Vater von einem Spaziergang auf seinen Weinberg am 27. März 1820 nicht nach Hause zurückgekehrt war. »Auf halbem Wege zum Waldschlößchen stand plötzlich der mir zunächst laufende Hund. Ich sprang herzu: da lag mein Vater mit dem Gesicht auf nackter Erde, erschlagen und entkleidet in einer Ackerfurche.«[233] Für den Sohn war dieses Erlebnis so traumatisch, dass er damit seine Lebenserinnerungen beendet, auf dass ein »Schleier auf sein weiteres Ergehen fallen« möge. Aber auch für Friedrich war der Mord an seinem Freund Gerhard von Kügelgen erschütternd.

Wie auf seinem Gemälde der *Grabmale alter Helden* leuchtet auch auf dem Bild von *Kügelgens Grab* – Abschiedsgeschenk für die Witwe des Malers, die Dresden 1822 verließ – ein Stein besonders hell hervor. Es ist auch hier das jüngste Monument in einem Kreis von dunklen und überwiegend windschiefen Kreuzen, Sarkophagen, aufgesockelten Urnen. Friedrich hatte es, wie eine Reihe anderer Grabsteine auf Dresdener Friedhöfen,[234] selbst entworfen und platzierte es in seinem Bild nun unmittelbar vor dem Tor des katholischen Friedhofs von Dresden, das sowohl den Weg in eine jenseitige, himmlische Landschaft symbolisieren könnte als auch die Verbindung zu den Lebenden, in deren Erinnerung der Freund und Maler fortleben wird. Efeu rankt, eine zarte Birke grünt, vorn liegen noch Spaten, die die Totengräber zurückgelas-

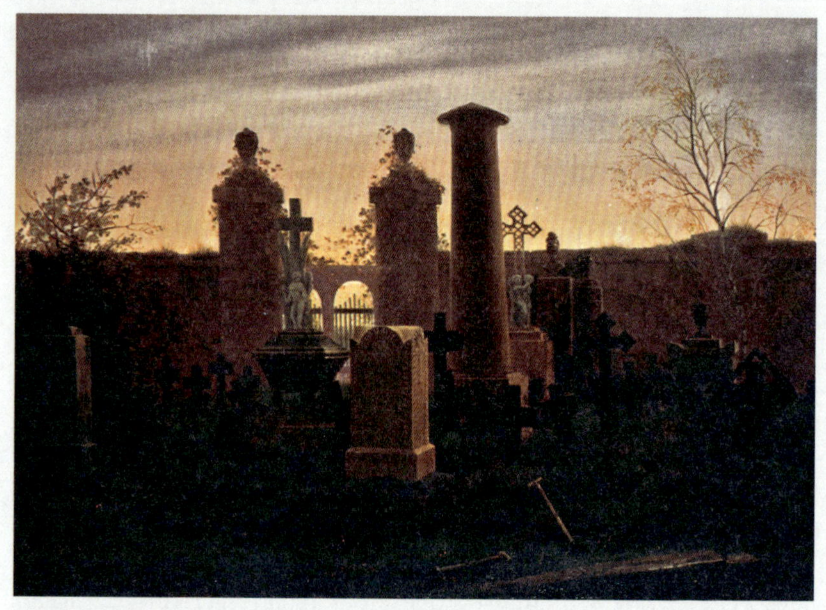

Abb. 67: *Kügelgens Grab*, 1822

sen haben. All das lässt sich deuten als Hinweise auf das ewige Leben, die Wiedergeburt der Natur und darauf, dass der Verlust noch ganz frisch ist – zumindest aus der Perspektive der Angehörigen.

In dieser Zeit machte Friedrich eine für ihn wichtige Bekanntschaft, die ganz pragmatisch betrachtet auch die Kundschaft ersetzte, die ihm Kügelgen zuvor zugeführt haben mochte. Wassili Andrejewitsch Schukowski trat 1821 in Friedrichs Atelier und damit in sein Leben. Ein Übersetzer, Dichter, Seelenverwandter. Schon seine Übertragung von Thomas Grays *Elegy written in a Country Churchyard* von 1802 war gefeiert worden und gilt als Initialzündung der Romantik in Russland. Fast könnte man annehmen, dass das Poem über einen Dorffriedhof im Dämmerlicht als Meilenstein der Empfindsamkeit auch Friedrich gegenwärtig war, als er mit *Kügelgens Grab* erstmals einen Friedhof zum Hauptmotiv machte: Das Abendläuten wird zur Totenglocke des schwindenden Tages, die letzten Kühe und ein Pflüger verlassen die Szene und überlassen den Friedhof der Dunkelheit und dem Dichter. Die schimmernde Landschaft entschwindet dem Blick, Stille erfüllt die Luft, unter einer Ulme und einer Esche, wo sich die Wiese zu modernen Haufen aufwirft, ruhen die Toten, die einst im nahen Ort lebten. Dann sieht sich der Dichter selbst schon als Vergangenheit, als vager Schemen in der Erinnerung eines Fremden:

Von mir spricht einst vielleicht ein greiser Mann:
»Oft, wenn das Morgenrot im Osten hing,
Sahn wir ihn, wie er schnell den Berg hinan
Der Morgensonn' im Tau entgegen ging.

Dort, wo die Buche, deren Wurzel weit
Und hoch sich windet, an dem Ufer nickt,
Lag er am Mittag mit Behaglichkeit
Lang über jenen Kieselbach gebückt.

Verächtlich lächelnd schlich er dort herum
Am Walde, Grillen murmelnd und betrübt,
Wehmüthig, wie verloren, bleich und stumm,
Wie einer, welcher ohne Hoffnung liebt.

Einst sah ich früh ihn an dem Hügel nicht,
Nicht auf der Heide, nicht am Lieblingsbaum,
Noch mißt ich ihn am zweyten Morgenlicht
An seinem Bach und an des Waldes Saum.

Den dritten Tag erschien ein Leichenzug,
Der langsam ihn den Kirchengang herab
Mit Totenmelodie zur Ruhe trug;
Komm, lies; dort deckt ein kleiner Stein sein Grab.«[235]

Der Friedhof ist nicht nur Endpunkt irdischen Lebens, sondern auch der Ort, an dem im Tode alle gleich werden. Er steht damit nicht nur für Abschied, sondern vermag auch Egalität zu symbolisieren. Der Kirchhof ist der Ort, an dem sich Trauer und Trost begegnen können. Auf die Ungleichheit hienieden folgt eine Gleichheit im Jenseits, was nur bedeuten kann, dass die menschliche Ungleichheit fehlerhaft und die göttliche Gleichheit vollkommen ist. Bis wir so weit sind, dass göttliche Zustände auch auf Erden herrschen, bleibt der scheinbar so leblose Gottesacker ein transitorisches Momentum, ein Versprechen auf bessere Welten, oder in den Worten Friedrichs:

Warum, die Frag' ist oft zu mir ergangen,
Wählst du zum Gegenstand der Malerei
So oft den Tod, Vergänglichkeit und Grab?
Um ewig einst zu leben,
Muß man sich oft dem Tod ergeben.[236]

Ebenso wichtig wie manch gemeinsame Weltanschauung waren die Begeisterung Schukowskis für Friedrichs Kunst und vor allem seine Kauffreude. Den Brückenschlag zwischen Deutschland und Russland hatte er – wenn auch mit mäßigem Erfolg – bereits in höchsten Kreisen als Russischlehrer von Charlotte von Preußen unterstützt, die, nach der Eheschließung mit Nikolaus Pawlowitsch als Alexandra Fjodorowna Großfürstin und 1825 Kaiserin von Russland werden sollte. Den Hang zur Romantik teilte sie seit frühen Jugendjahren mit ihrem Bruder Friedrich Wilhelm.

Die Bekanntschaft mit Schukowski war somit für Caspar David Friedrich in jeder Hinsicht hochwillkommen. Schukowski seinerseits erfreute sich am weitgehend intuitiven Zugang Friedrichs zur Kunst. An die Großfürstin berichtete er:

Friedrich kümmert sich wenig um Kunstregeln; er malt seine Bilder nicht für Kenner der Malerei, sondern für Freunde der Natur; die Kritiker können mit ihm unzufrieden sein, aber der beste Kritiker, das unvoreingenommene Gefühl, ist immer auf seiner Seite. Ebenso urteilt er auch über fremde Bilder; ich bin einige Male mit ihm in der Galerie gewesen. Beim betrachten vieler Bilder konnte er mir die Maler nicht nennen, und überhaupt ist alles das, was in Lehrbüchern enthalten ist, wenig bekannt. Dafür fand er in vielen Bildern Schönheiten oder Mängel, die nur der bemerkt, der in das Lehrbuch der Natur geschaut hat.[237]

Die Großeltern der Großeltern Bechly stammten aus Unterendingen im Aargau und vielleicht hörte Friedrich schon Geschichten aus der Bergwelt, als er sich als Kind bei Besuchen in Neubrandenburg in der Schmiede des Großvaters herumtrieb.[238] Später, 1808, hatte er dann daran gedacht, in die Schweiz zu reisen, so es denn seine Finanzen erlaubt hätten,[239] eine Einladung Schukowskis allerdings, ihn 1821 zu den Eidgenossen zu begleiten, schlug er aus. »Ich muß allein bleiben und wissen, daß ich allein bin, um die Natur vollständig zu schauen und zu fühlen«, äußerte er gegenüber dem neuen Freund, der ihn »so schnell und nah kennengelernt« hatte. »Ich muß mich dem hingeben, was mich umgibt, mich vereinigen mit meinen Wolken und Felsen, um das zu sein, was ich bin. Die Einsamkeit brauche ich für das Gespräch mit der Natur.«[240]

Diese Sätze Friedrichs, die immer wieder angeführt werden,[241] um seine Einsamkeit zu belegen, sind die Begründung, von der Friedrich vermuten durfte, dass sie Schukowski am besten verstand, bedient sie doch das Klischee des einzelgängerischen Romantikers, wie es auch von Hölderlin, Kleist oder Novalis verkörpert wurde. Diese Argumentation, die der Maler lieferte – und von der Schukowski entzückt der Großfürstin Alexandra Fjodorowna berichtete –, klingt allerdings vorgeschoben, denn Reisen in Gesellschaft von Freunden war für Friedrich etwas Vertrautes.

Schukowski jedoch war ein besonderer Freund, einer, den Friedrich bis zuletzt mit »hochwohlgeborener Herr Staatsrat« ansprach, einer, der ihm Respekt abnötigte, dem gegenüber er sich nicht gehen lassen wollte, in dessen Gesellschaft er folglich nicht er selbst sein konnte. Schlechte Voraussetzungen für eine gemeinsame Tour. Der andere, knappere Teil von Friedrichs Absage ist daher weitaus ehrlicher: »Sie wollen mich mit sich haben«, schrieb er Schukowski, »aber das Ich, das Ihnen gefällt, wird nicht mit Ihnen sein!«[242]

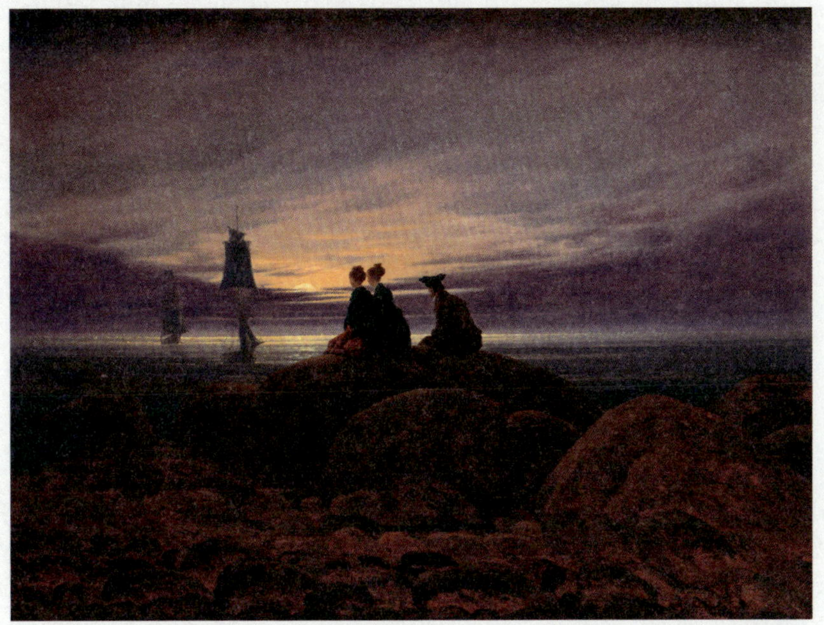

Abb. 68: *Mondaufgang am Meer*, 1822

Die bewährte Methode der Komposition durchbricht Friedrich in seinem *Tageszeitenzyklus*, was er in Ausstellungskatalogen auch explizit anmerken lässt. »Nach der Natur gemalt« heißt es nun. Ob das auch bedeutet, dass er die Bilder *en plein air* schuf, ist fraglich, aber es handelt sich offenbar um unmittelbare Einlassungen mit realen Landschaften. Die Nebel haben nichts Bedrohliches, die Wiesen sind frisch, die Felder ordentlich bepflanzt, die Bäume zierlich und gesund, und irgendwo finden sich Menschen im Einklang mit der Natur. Fast wirkt dieser zarte Miniatur-Zyklus, als wolle sich der Maler selbst beweisen, wie unrecht Ludwig Schorn hatte, als er im Jahr zuvor in Friedrichs Werken nur noch den Ausdruck diffuser Schwermut erkennen wollte. »Friedrich gerät von Jahr zu Jahr tiefer in den dichten Nebel der Mystik«, schrieb der Theologe, der gerade zum Redakteur des *Kunstblattes* avanciert war. »Nichts ist ihm neblicht und unendlich genug, er grübelt und sinnt danach, das Gemüt auf das höchste zu spannen. Seine Gebilde hören zum Teil schon auf, Kunstwerke zu sein.«[243] Was Friedrich malte, war in den Augen dieser Kunstkritik nicht mehr bildwürdig und insofern auch keine Kunst. Stimmungen zu malen, das war legitim, aber bitte möglichst in Form bukolischer Idyllen. Das Nichts, die Abgründe und die Unendlichkeit darstellen zu wollen, erschien als abstruse Spinnerei eines Phantasten. »Naturalismus statt Seelenpanorama«, »Mythologie statt Mystik« und »Sommerwiese statt Eisschollengewese« dürften diesbezüglich nicht nur Schorns Devisen gewesen sein, sondern auch die der meisten seiner Zeitgenossen. Doch mit dem Tageszeitenzyklus bewies Friedrich, dass auch sein äußeres Auge noch intakt war.

Nach dem Egalitätsprinzip, das er für die Kirche und den Kirchenraum forderte, sind auch Friedrichs Gemälde angelegt. Sie sind übersichtlich, schlicht, mit einem Blick zu erfassen. Sie möchten Herz und Gemüt berühren und auf einer ersten Betrachtungsebene für jeden Betrachter

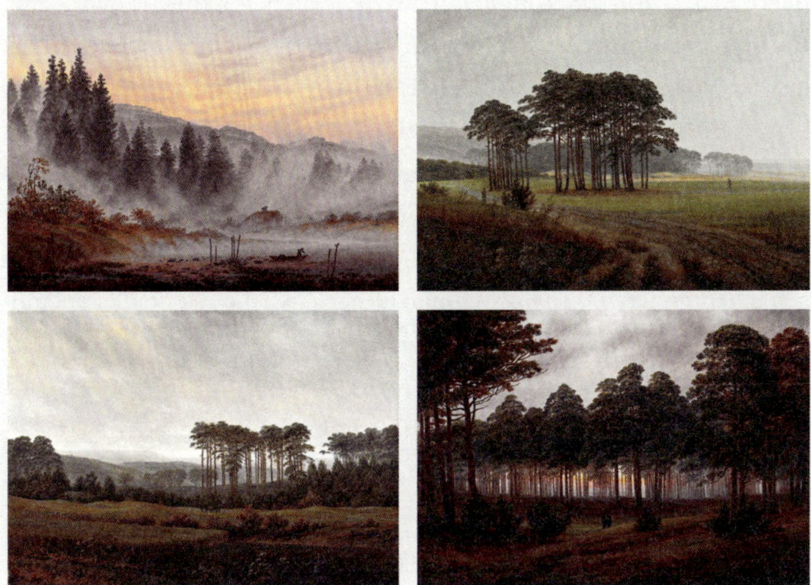

Abb. 69-72: *Die Tageszeiten*, 1821

gleichermaßen ansprechend sein, selbst wenn sie weitaus vielschichtiger sind und vom Künstler in dieser Vielschichtigkeit konzipiert wurden. Doch schon ihre Kargheit irritierte manchen Zeitgenossen – und für Betrachter ohne Verständnis für den geistigen Überbau blieben sie erst recht unzugänglich. Mit gewissem Unverständnis erwähnt auch Carus, dass Friedrich, »jeder luxuriösen Geselligkeit« abhold, »in seinem stark beschatteten Zimmer fast fortwährend über seinen Kunstschöpfungen« brüte,[244] doch das geschah nicht nur im Hinblick auf Themen und Kompositionen, denn »er liebte es, seinen Kunstschöpfungen einen höheren Gedanken unterzulegen«, wie Louise Seidler erkannte: »Erst das Verständnis dieser Tendenz machte seine Bilder dem Beschauer wert.«[245]

Es sind religiöse und zugleich demokratische Werke. Im Augenblick ihrer Betrachtung werden alle Menschen gleich, denn Kunst und Religion sollten, wie Friedrich nicht müde wird zu betonen, nicht dazu dienen, Standesunterschiede als gottgegeben festzuschreiben, sondern im Gegenteil diese Unterschiede aufzulösen. Diesen Gedanken verfolgt er innerhalb seiner Bilder bis ins kleinste Detail, denn auch die Gegenstände im Bild erscheinen, bei allen Unterschieden in ihrer Bedeutung, in ihrer Behandlung gleichwertig.

> *Nebensache hin, Nebensache her! Nichts ist Nebensache in einem Bilde, alles gehöret unumgänglich zum Ganzen, darf also nicht vernachlässigt werden. Wer dem Hauptteile seines Bildes nur dadurch einen Wert zu geben weiß, daß er andere, untergeordnete Teile in der Behandlung vernachlässigt, mit dessen Werk ist es schlecht bestellt.«*[246]

Friedrichs Landschaften sind selten Abbilder realer Topografien, sondern Kompositionen aus einem reichen Fundus an Studienblättern und Skizzen, die er wie Erinnerungsfetzen zu einem plausiblen Ganzen zusam-

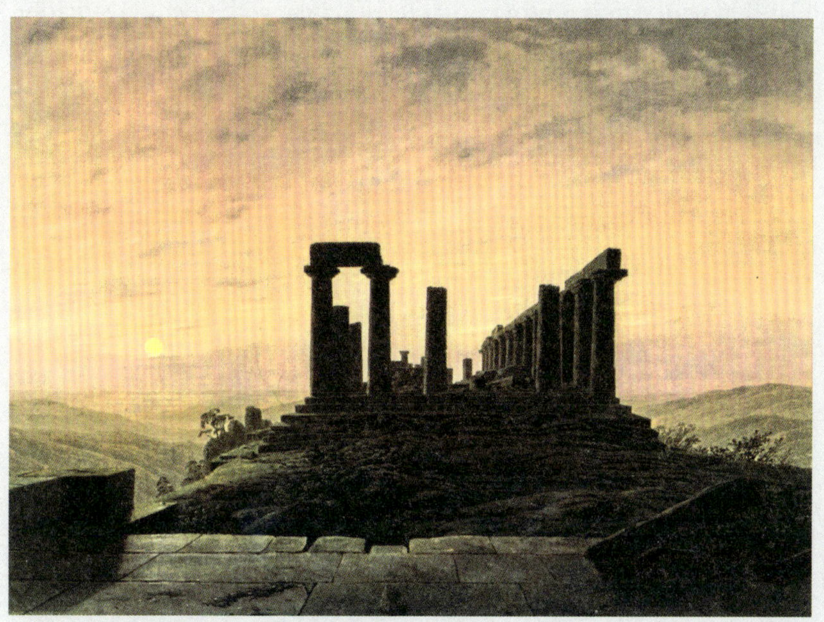

Abb. 73: *Der Juno-Tempel in Agrigent*, 1828-30

menfügte, ohne dass sie zeitlich oder räumlich konvergieren müssen. Was hier zusammenkommt, kann Meilen und Jahre auseinanderliegen. Das Bild wird damit Raum und Zeit enthoben, wird über die Situation hinaus absolut, wird zu einem inneren Bild des Künstlers und auf diesem Weg im Idealfall zu einem kollektiven Bild allgemeingültiger Seelenzustände.

Besonders anhand der Laubbäume wird der Kompositcharakter offensichtlich. Seine markanten Favoriten, die wie Persönlichkeiten porträtiert wurden, tauchen immer wieder in unterschiedlichen Konstellationen auf. Mal in Winterlandschaften, mal belaubt, mal als Solitäre, mal in einem Hain, mal am helllichten Tag, mal in der Dämmerung. Sie wurden für Friedrich zu Konstanten, blieben die alten Vertrauten inmitten einer Welt, die nicht zur Ruhe kam.

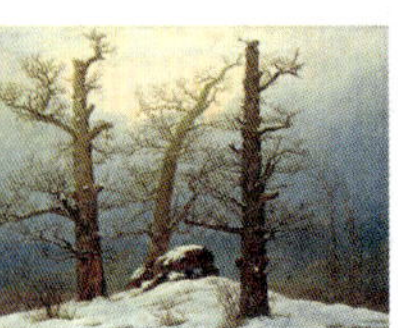
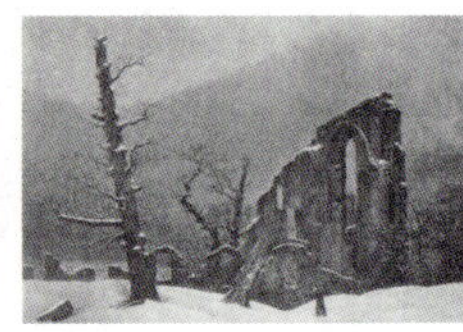
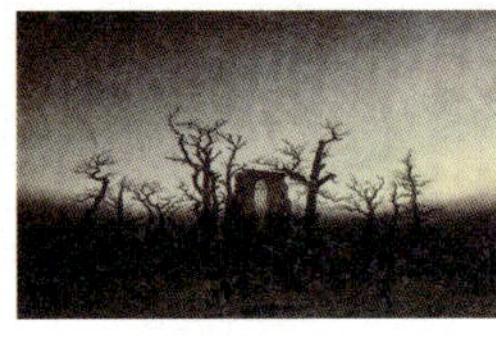
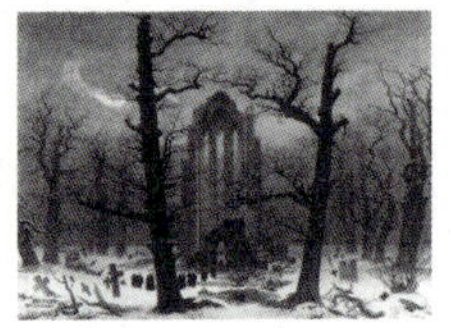
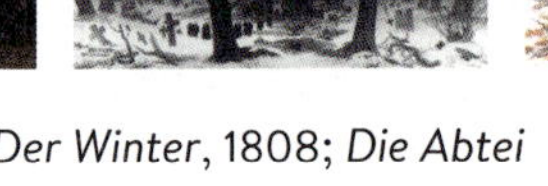

Abb. 74-78: Baumtypen: *Hünengrab im Schnee*, 1807; *Der Winter*, 1808; *Die Abtei im Eichwald*, 1810; *Klosterfriedhof im Schnee*, 1819; *Eichbaum im Schnee*, 1829

Er besaß aber auch genügend Selbstironie, um sich, wie beim Besuch von Peter Cornelius, über sein limitiertes Repertoire lustig zu machen. Zivilisation fand für ihn hauptsächlich anhand von Schiffen und Friedhöfen statt, dazu als Glaubenssymbole Kirchen(ruinen) und Kruzifixe, ansonsten nordische Natur und der Mond. Doch als ob er in seinem Atelier auf Reisen ginge, entstand plötzlich ein griechischer Tempel (nach einer Aquatintaradierung von Franz Hegi auf Basis eines Aquarells von Carl Ludwig Frommel) oder ein Bild des Watzmanns, das er in memoriam nach einem Aquarell August Heinrichs schuf.

EIN SEHR APARTER MENSCH:
WILHELM VON KÜGELGEN ÜBER FRIEDRICH

»Friedrich war ein sehr aparter Mensch. Mit seinem ungeheuren Kosakenbarte und großen, düsteren Augen hatte er ein treffliches Modell zu einem Bilde meines Vaters abgegeben, das den König Saul darstellte, über den der böse Geist vom Herrn kommt. Doch wohnte in ihm vielmehr ein Geist, der keine Fliege kränken, viel weniger geneigt sein konnte, den frommen Harfenisten David zu erlegen, ein sehr zarter, kindlicher Sinn, den Kinder und kindliche Naturen leicht erkannten, mit denen er daher auch gern und zutraulich verkehrte. Im allgemeinen war er menschenscheu, zog sich auf sich selbst zurück und hatte sich der Einsamkeit ergeben, die je länger, je mehr seine Vertraute ward und deren Reize er in seinen Bildern zu verherrlichen suchte.

Dergleichen Bilder waren früher nicht gewesen und werden schwerlich wiederkommen, denn Friedrich war ein Einundeinzigster in seiner Art wie alle wirklichen Genies. Es ist schade, daß man Kunstwerke nicht beschreiben kann; man kann eben nur ihren Stoff andeuten, und es war sonderbares Zeug, was Friedrich malte. Nicht paradiesische Gegenden voll Reichtum und lachender Pracht, wie Claude sie liebte und alle diejenigen gern sehen, die nur Stoff und Machwerk ansehen. Sehr einfach, ärmlich, ernst und schwermutsvoll, glichen Friedrichs Phantasien vielmehr den Liedern jenes alten Keltensängers, deren Stoff nichts ist als Nebel, Bergeshöhe und Heide. Ein Nebelmeer, aus dem eine einsame Felsenkoppe ins Sonnenlicht aufragt, ein öder Dünenstrand im Mondschein, die Trümmer eines Grönlandfahrers im Polareise – so und ähnlich waren die Gegenstände, die Friedrich malte und denen er ein eigentümliches Leben einzuhauchen wußte.

Mein besonderer Liebling unter diesen Bildern war ein junges Kiefernbäumchen im wirbelnden Schneewetter. Dichter Schnee lag oben darauf und fußhoch darum herum. Darunter aber, im Schutz des Nadeldaches, war es sehr heimlich, da war der Schnee nicht hingelangt, da schliefen die Kinder des vergangenen Sommers, Heidekraut und welke Halme und ein paar zusammengekrochene Schneckenhäuschen, im tiefsten Frieden. Das war das ganze Bild.

Mit so einfachen Mitteln große Wirkungen zu machen, vermag nicht jeder, und doch liegt es so nahe. Einfaches und Bekanntes darzustellen, wenn man verstanden sein will. Ein Kiefernbäumchen ist uns jedenfalls verständlicher als ein Palmbaum, den wir nie gesehen. Inzwischen hatte Friedrich doch immer nur ein kleines Publikum, weil er, wenn schon mittels bekannter Formen, dennoch etwas zur Anschauung brachte, was die meisten Menschen fliehen, nämlich die Einsamkeit. Hätte mein Vater die Fremden, die seine Werkstatt besuchten, nicht regelmäßig auf Friedrich verwiesen und überall Lärm für ihn geschlagen, so würde der bedeutendste Landschaftsmaler seiner Zeit gehungert haben.«[247]

AUF DEM WEG INS EWIGE EIS

LANGSAMER ABSTIEG

Die Restauration mit Zensur und Repressionen, die besonders an der Akademie spürbar wurde, frustrierte Friedrich. Napoleon war zwar Geschichte, aber was danach kam, erschien als hausgemachte Tristesse und daher in den Augen vieler als noch deprimierender.

»Die Regierungen schalten und walten jetzt wahrhaftig ungerechter, despotischer und scheußlicher als Napoleon je gewaltet hat«, schrieb der Maler Erwin Speckter 1824 an einen Freund in Dresden.

> *Der Kern Deutschlands, fast alle tüchtigen braven und rechtlichen Kerle, ja fast alle, die verdienen, Deutsche zu heißen, sitzen fest und sind in Untersuchung wegen Umtrieben, und eine Regierung wagt es, einer anderen ins Recht zu fallen und mir nichts dir nichts in ihrem Gebiehte zu verhaften, wen sie wollen. Preußen holt von allen Ecken Deutschlands seine Schlachtopfer zusammen, und die anderen Fürsten legen ihm nicht einmal das geringste Hindernis in den Weg.*[248]

Auch Friedrich zeigte sich betrübt. »Lieber Bruder!«, schrieb er an Adolf nach Greifswald, »Wenige Stunden des neuen Jahres sind bereits vorüber, ich will wünschen, daß Du und Ihr, meine Brüder, alle mit froherem Blick in das vor uns liegende Jahr hineinschauen möget als ich.« Offenbar mit Furcht vor der Zensur, beendete er seinen Brief mit der Bemerkung: »Ich hätte Euch manches zu schreiben, aber ich mag es keinem Briefe anvertrauen.«[249] Stattdessen bezog er mit einem Gemälde noch einmal Position zur politischen Lage, vielleicht auch im Hinblick auf das zehnjährige »Jubiläum« der Freiheitskriege, die mit dem

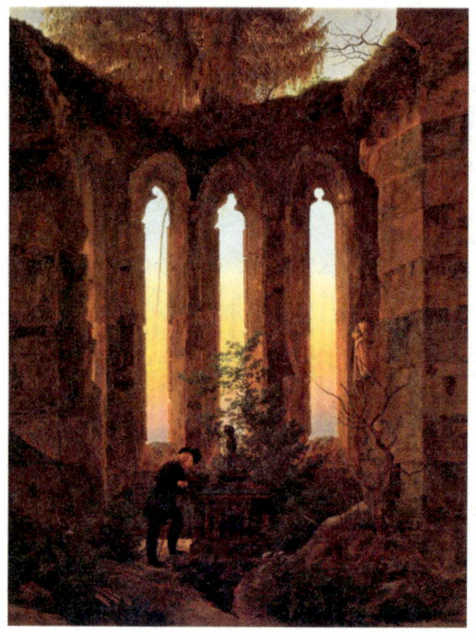

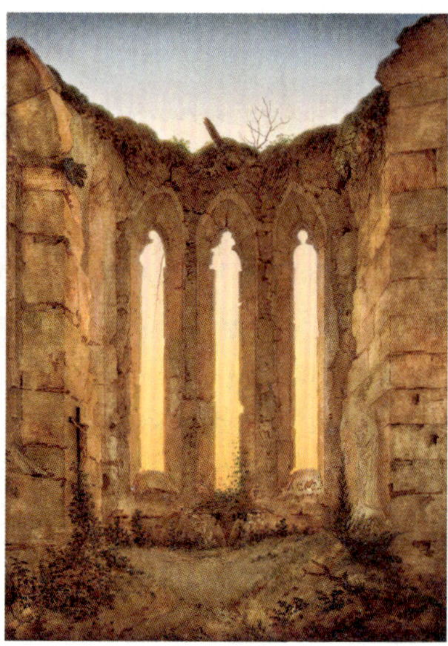

Abb. 79 und 80: *Huttens Grab*, 1823; *Kirchenruine Oybin*, um 1812

Sieg über Napoleon, zumindest in Friedrichs Augen, keineswegs beendet waren.

1823 entstand *Huttens Grab*, das Bild einer Ruine nach dem Vorbild von Oybin, in der sich die verwitterten Gräber patriotischer Helden befinden, wie Friedrich sie verstand. Die Negativformen der drei Fenster mit Resten von Maßwerk wirken wie überschlanke Lichtgestalten, in ihnen dämmert der neue Tag herauf. Selbstverständlich topografisch vollkommene Phantasie, ist Huttens Grab als ein von einem Helm bekrönter Sarkophag dargestellt, unter dem der Boden wegbricht. Oder, ebenso möglich: unter dem sich die Gruft öffnet, um den Geist des Ritters in Gegenwart eines Veteranen in der Kleidung des Lützowschen Freikorps freizusetzen.[250] Die Personifikation des Glaubens würde auf ihn herabsehen, hätte man sie nicht enthauptet. Diese ebenso lapidare wie drastische Darstellung tritt an die Stelle einer intimen, menschenleeren Kontemplation in der älteren Hamburger Version der Kirchenruine. Dort stehen sich die steinerne Maria und der hölzerne Gekreuzigte gegenüber. Das Kind auf dem Arm der Mutter wendet sich segnend dem Sterbenden zu, während zwei steinerne Engel, die einen überwucherten Altar tragen, demütig beten.

In *Huttens Grab* wandelt sich die christliche in eine patriotische Botschaft. »Begraben« sind hier die Freiheitskämpfer Jahn, Arndt, Stein, Scharnhorst, Görres. Das vaterländische Turnen war verboten, die Demagogen waren mundtot gemacht, in die Emigration getrieben oder weggesperrt. Die Furcht vor den Unruhestiftern war so groß, dass im Jahr zuvor sogar Georg Andreas Reimer verboten worden war, die Schriften Ulrich von Huttens neu zu verlegen, da der Renaissancehumanist, der Arminius als Freiheitskämpfer gehuldigt hatte, zum Idol der umstürzlerischen Patrioten geworden war.

Sein Weg als Maler war Friedrich wichtiger als ein wirtschaftliches Auskommen. Er nutzte die wenigen Verbindungen, die er hatte, aber künstlerische Kompromisse blieben die Ausnahme. Dabei bekam seine Familie nochmals Zuwachs, so dass der finanzielle Druck weiter zunahm. 1823 wurde Tochter Agnes Adelheit geboren (†1898) und im Jahr darauf Sohn Gustav Adolf (†1889), der ab seinem 15. Lebensjahr die Dresdener Akademie besuchte und Genremaler wurde. Im Unterschied zu seinem Vater garantierte ihm seine Kunst ein solides Auskommen.

Eine der seltenen erhaltenen Ölskizzen entstand wenige Wochen vor der Geburt seines Sohnes. Es ist ein Sonnenuntergang, ein Abend, wie Friedrich selbst notierte, pures Licht über einem schmalen Streifen Erde, das Versprechen einer ruhigen Nacht und eines wunderbaren kommenden Tages, die goldenen Wolkenfetzen wie himmlische Heerscharen. Dies ist kein Himmel, der eine Landschaft abrundet, sondern er selbst ist das flüchtige, lebendige Motiv, auf halbem Weg in die Abstraktion und zugleich angesiedelt an der Grenze zum Überirdischen. Unter solchem Himmel verschwinden die eigenen Dimensionen, man ist sehr klein und groß zugleich, ein Nichts und ein Teil des luziden Firmaments, dessen Abbild wiederum materialisiert auf einem kleinen Stück Karton Platz findet.

Schon 1821/22 hatte Friedrich im Auftrag Johann Gottlob von Quandts eine nordische Landschaft in Konkurrenz zu einer südlichen von Johann Martin Rohden, ebenfalls Gewinner des Weimarer Kunstpreises, gemalt.[251] 1824 entstand nun Friedrichs Bild des *Watzmanns* in unmittelbarer Konkurrenz zu Ludwig Richter – Student an der Dresdener Akademie und Patensohn Adrian Zinggs –, dessen Talent auch Friedrich aufgefallen war. Richter jedoch ging für mehrere Jahre nach Italien, um sich dort, wie Friedrich mutmaßte, im Dunstkreis Joseph Anton Kochs fortzubilden, dem eine Landschaft ohne menschliche Figuren bedeutungslos erschien,[252] was Friedrich nicht unkommentiert ließ:

> *Wäre X nicht nach Rom gereist, er wäre vielleicht jetzt weiter in der Kunst. Seit er von da zurück ist, hat er sich sehr gebessert. Er huldigte in Rom auch der Mode und ward Anhänger von Koch, nicht Schüler der Natur mehr. Seit er aber zur Erkenntnis gekommen ist, daß die Natur die beste, nie irrende Leiterin ist, haben seine Leistungen bedeutend gewonnen.*[253]

Richter wiederum diskutierte in Rom mit Künstlerfreunden über Friedrich. Er mag geahnt haben, wie Friedrich über ihn dachte, und schrieb, den Kollegen beziehungsweise dessen Kunst pathologisierend, wenige Monate nach dem Watzmann-Wettstreit in sein Tagebuch:

Abb. 81: *Abend*, 1824

Mir scheint die Auffassungsweise Friedrichs auf einen Abweg zu führen, der in unseren Zeiten sehr epidemisch werden kann; seine meisten Bilder athmen jene kranke Schwermuth, jenen Fieberreiz, welcher jeden gefühlvollen Beschauer mächtig ergreift, aber immer ein untröstliches Gefühl hervorbringt. – Das ist nicht der Ernst, nicht der Charakter, noch der Geist und die Bedeutung der Natur, das ist hineingezwungen. – Friedrich fesselt uns an einen abstracten Gedanken, gebraucht die Naturformen nur allegorisch. […] Es ist ein unglückseliger Irrthum unserer Zeit und zeigt ihre Ueberspannung, Schwäche und Kränklichkeit, daß sie gern trüben, fieberhaften Bildern nachgehen mag.[254]

Aus der Distanz von vierzig Jahren fiel sein Urteil etwas milder, aber umso herablassender aus. In seinen Erinnerungen notierte er, als im Grunde längst vergessene kuriose Episode, wie er vergeblich »jene dämmernde, mysticirende Richtung« ausprobierte: »Man muß sich erinnern, daß namentlich die Dresdener jüngeren Maler von den originellen Landschaften Friedrichs sich mächtig angezogen fühlten und in ähnlicher oder doch verwandter Weise ihm zu folgen suchten. […] Ich selbst suchte eine kurze Zeit lang mir einzureden, daß das höchste für die Landschaftsmalerei in solchen symbolisierenden Naturbildern erreicht sei, welche abstracte Gedanken durch Landschaften versinnbildlichen.«[255]

Im Jahr 1824 allerdings war es nicht nur ein künstlerischer Wettstreit, sondern auch ein Wettstreit um Ansehen und Anerkennung. Am 19. Dezember starb Johann Christian Klengel und man durfte damit rechnen, dass dessen Professur an der Dresdener Akademie neu besetzt werden würde. Richter musste sich mit seinen gerade 21 Jahren noch gedulden. Wie berechtigt Friedrichs Hoffnungen waren, darüber mögen die Meinungen auseinandergehen. An seinem Talent bestand wenig Zweifel, doch war er in jungen Jahren einfach nur Außenseiter gewesen, so war er jetzt zudem noch unmodern. Die Professur für Landschaftsmalerei blieb daher einstweilen vakant.

Dass die besten Künstler selten Professoren waren oder wenigstens während ihrer Professorenzeit kaum wirklich bedeutende Werke schufen, konnte Friedrich kein Trost sein, als er mit einer außerordentlichen Professur ohne Lehrbefugnis abgespeist wurde. Hatte er sich selbst lange rar gemacht, so versuchte man nun umgekehrt, ihn von der kommenden Generation fernzuhalten.

Während Friedrich seinen *Watzmann* in Dresden malte, entstand Richters Gemälde in Rom, und auch wenn Richter im Unterschied zu Friedrich auf seinen Reisen etwas von den Alpen gesehen hatte, wirkt seine domestizierte Idylle, als habe er die Wasserfälle von Tivoli ins Berchtesgadener Land transferiert und ihnen durch eine pittoreske Bergbauernhütte, aus der heimelig Rauch aufsteigt und die zum Verweilen einlädt, das nötige Lokalkolorit verpasst.[256] Nichts von dieser Beschaulichkeit findet sich bei Friedrich, der dem Jüngeren mit seinem Werk veranschaulicht, wie ein solcher Berg zu malen ist, wenn man ihn als Berg ernst nimmt: unnahbar, monumental, respekteinflößend. Die Farbe scheint noch zu fließen, ist lebendig, und wir werden Zeugen, wie er scheinbar stetig weiterwächst, um in Kürze das Bildformat zu sprengen.

> *Wie eine Barriere liegen die im Mittelgrund aufgeführten Berge vor der Erscheinung der weit entfernten, reinweißen Gipfel, die wie aus einer anderen Welt auftauchen. Alle irdischen ›Geschäfte der Nützlichkeit‹ sind getilgt. Die formalen Grundmotive von trennenden horizontalen Schichten und vertikaler Höhenrichtung teilen Sehnsucht und Ernüchterung mit,*

interpretiert die Kulturhistorikerin Barbara Alms Friedrichs Gemälde. »Kein Weg führt hin zu den sehnsüchtig geschauten Gipfeln.«[257]

Das abschließende Urteil Friedrichs über den aufstrebenden Kollegen Richter ist denn auch vernichtend. Wenn er ihn als Dichter bezeichnet, dann spricht er ihm keineswegs ein Lob aus, sondern meint offenbar eine weichgespülte Lyrik, die er in dessen Werken ausmacht: »Als malender Dichter wird er wohl nie etwas von Bedeutung leisten. Er sieht im gewöhnlichen Leben nur das Gewöhnliche, was tiefer liegt, bleibt ihm fremd. Die Poesie, zu der er sich zuweilen gehoben fühlt, ist eigentlich nichts als eine kränkelnde Hypochondrie.«

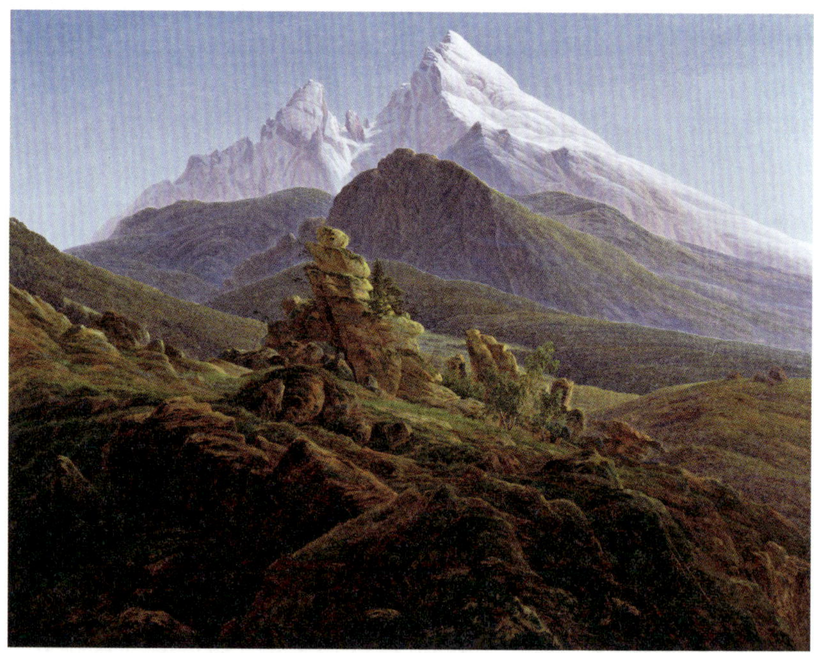

Abb. 82: *Der Watzmann*, 1824-25

Ohne Nachwirkung ist Friedrichs Kunst dennoch nicht geblieben, denn es gab neben Carl Gustav Carus, August Heinrich und Wilhelm Bommer, dem Bruder seiner Frau, eine ganze Reihe von Künstlern, die sich mit mehr oder weniger Berechtigung als seine Schüler bezeichnen

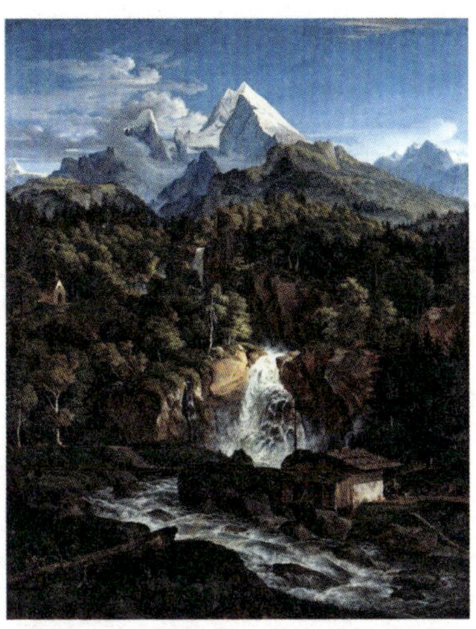

Abb. 83: Ludwig Richter, *Der Watzmann*, 1824

lassen. Darunter der »Nachtfalter«[258] Ernst Ferdinand Oehme, eigentlich Student Dahls an der Akademie, aber stark von Friedrich geprägt, dann der Dresdener Carl Wilhelm Götzloff, bis zu seiner Übersiedlung nach Neapel 1825 unter dem Einfluss Friedrichs, Albert Emil Kirchner, den Friedrich für die Landschaftsmalerei gewann, oder Gustav Grunewald, der nach dem Studium in Dresden in die USA auswanderte.

Doch der Ausdruck Nachwirkung ist nicht ganz zutreffend, denn all die Genannten wandten sich bereits zu Lebzeiten Friedrichs einem Stil zu, der als realistischer verstanden wurde und auf Symbolik weitgehend verzichtete. Einer der Wenigen, die in Friedrichs Geist fortwirkten, war sein Patensohn Carl Robert Kummer.

Caspar David Friedrich selbst entdeckte parallel zu seinem *Watzmann* das ewige Eis für seine Kunst auch auf dem Wasser. Nach 1823 entstanden Eislandschaften, für die er Studien beim Eisgang der Elbe

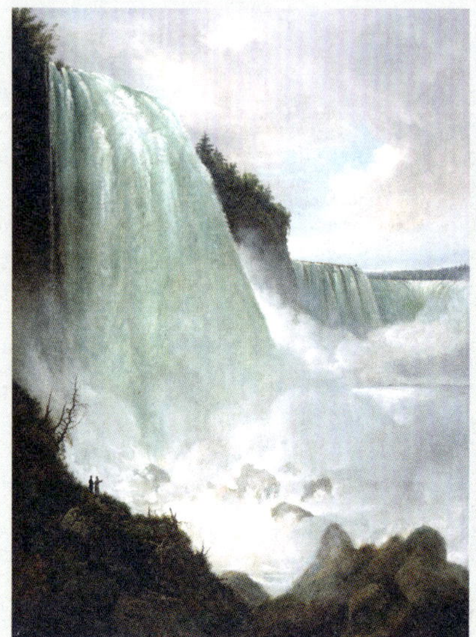

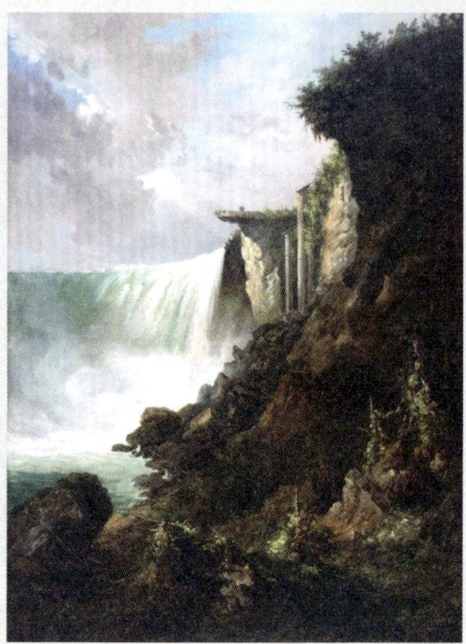

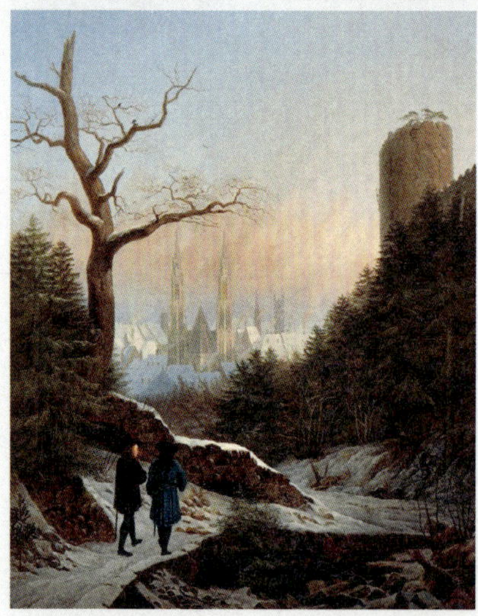

Abb. 84-86: Gustav Grunewald, *Niagarafälle*, 1832;
Carl Wilhelm Götzloff, *Winterlandschaft mit gotischer Kirche*, 1821

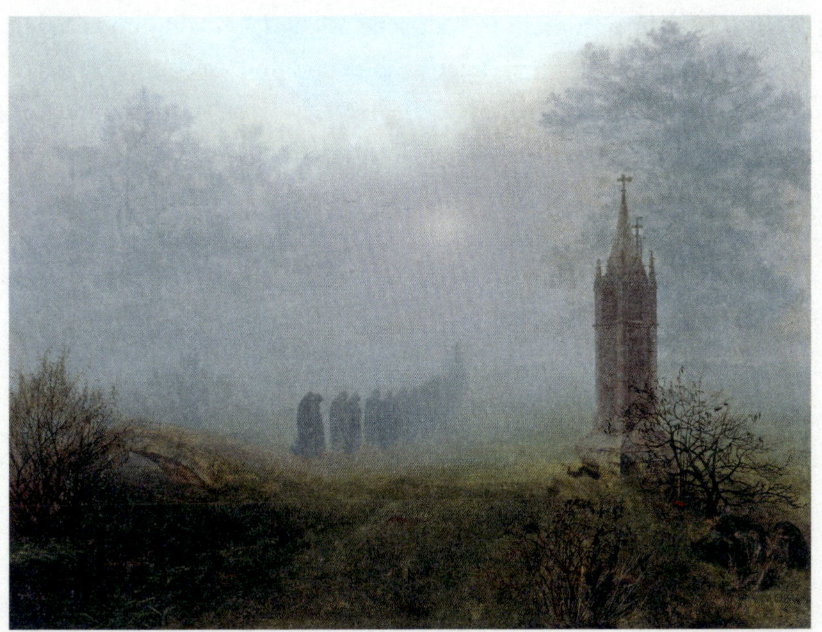

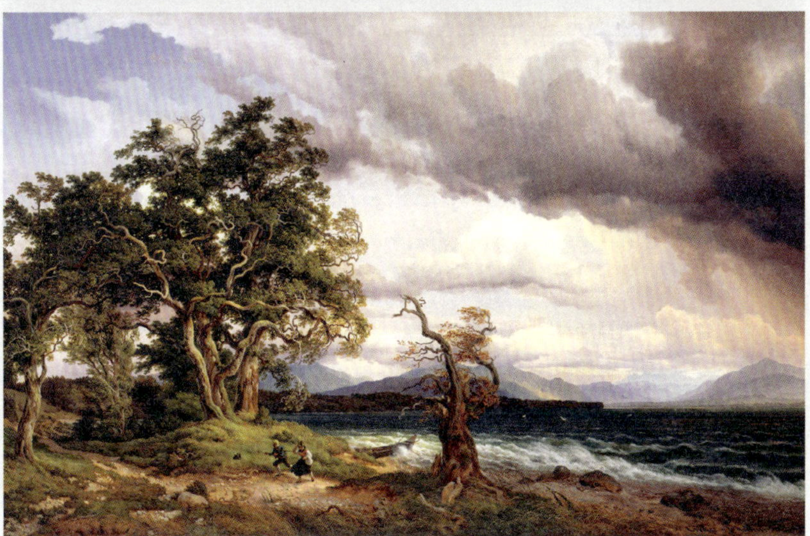

Abb. 87 und 88: Ernst Ferdinand Oehme, *Prozession im Nebel*, 1828; Georg Heinrich Crola, *Ein Sturm am Chiemsee*, 1833

machte,[259] aber es ist nicht unwahrscheinlich, dass Dahl ihm von den Naturschauspielen seiner Heimat erzählte und ihm Zeichnungen zeigte, die er in Kombination mit den eigenen Ölskizzen monumentalisierte.[260] Nicht unbekannt geblieben sind Friedrich auch die Abenteuer William Edward Parrys bei der Erkundung der kanadisch-arktischen Inselwelt: 1823 verlor dieser im Eis ein Schiff und publizierte im Jahr darauf einen Reisebericht über seine Suche nach einer Nordwestpassage.[261] Bereits 1822 wurde in Dresden mit großem Erfolg ein Panorama des *Winteraufenthalts der Nordpol-Expedition* (Johann Carl Enslen) ausgestellt, das Friedrich ebenfalls angeregt haben dürfte.

»Das Scheitern eines Schiffes im Eis ist zunächst nur ein erzählerisches Element mit Spannungskomponenten, kann aber dann als Zeichen für das Risiko der Waljagd und der geographischen Erweiterung des Horizonts den unbeugsamen Wagemut unterstreichen, Grenzen zu überschreiten«, bemerkte Dirk Tölke. »Erst Ende des 18. Jahrhunderts wird es im Zusammenhang mit den Ideen der Romantiker zu einem Symbol gescheiterter persönlicher oder politischer Ideen.«[262]

Das Eismeer ist ein Bild totaler Erstarrung, die, Friedrich wohl nicht bewusst, in mancher Hinsicht auch den mentalen Zustand des Künstlers zum Ausdruck bringt. Das ewige Eis hat ein Schiff zum Kentern gebracht, dessen Überreste nun von den Schollen, die sich hoch auftürmen, zerdrückt werden. Die Masten sind abgerissen, die Fenster im Rumpf bereits zersplittert. Die Eisschollen (deren höchste Spitze im vertikalen Goldenen Schnitt liegt) muten wie schroffe Steinplatten an, schon weil sie im Vordergrund ins Bräunliche spielen und es ihnen an jeglicher Luzidität fehlt, und kontrastieren mit dem aufgewirbelten Wasser, das seinerseits wie in der Bewegung eingefroren erscheint. Die Auftürmungen setzen sich bis zum Horizont fort (der im horizontalen Goldenen Schnitt liegt), als wäre jede einzelne von ihnen ein Schiffsgrab. Das Friedhofsmotiv ist in die Arktis verlegt.

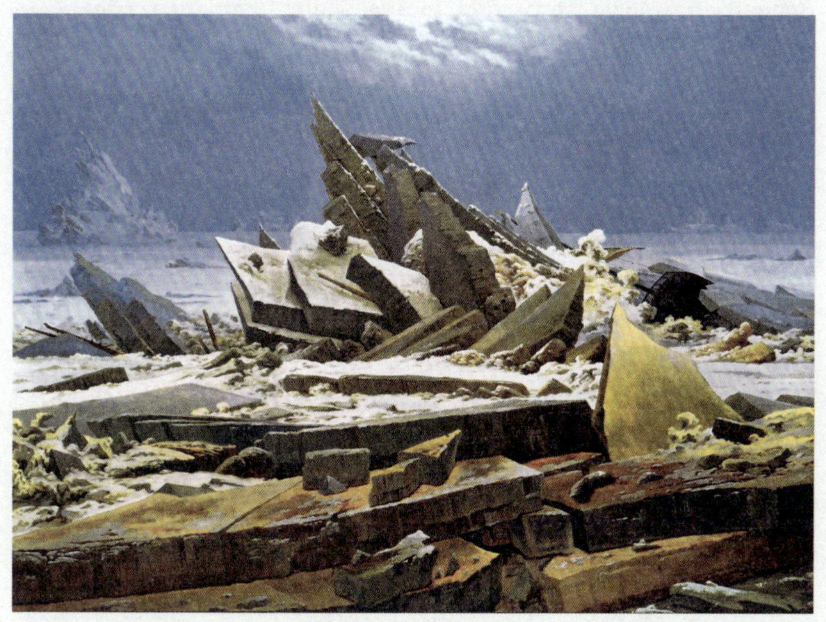

Abb. 89: *Das Eismeer (Gescheiterte Hoffnung)*, 1823 / 24

Das Eismeer ist ein Bild zeitlosen, universalen, vollendeten Scheiterns. Ganz anders das gleiche Sujet beim Seesturmexperten Andreas Achenbach zwanzig Jahre später. In ungeheurer Dramatik versinkt, von einem letzten Lichtstrahl getroffen, die *President*, ein gigantischer Raddampfer, eine Art *Titanic* der ersten Hälfte des 19. Jahrhunderts, in den wie zu Eis erstarrten Wogen. Das Technikwunder wurde nach nur drei Atlantiküberquerungen im März 1841 Opfer der Elemente. Auch hier schwand nach Monaten die Hoffnung, dass das Schiff doch noch England erreichen möge. Im Unterschied zu Friedrichs Werk allerdings schuf Achenbach ein Historiengemälde, das die letzten Momente eines realen Schiffes zeigt, von dessen Verschwinden der Betrachter erst kürzlich in den Zeitungen lesen konnte. So wird das Bild zunächst einmal zur fiktiven Momentaufnahme, wie sie die Fotografie (noch) nicht leisten konnte. Erst in zweiter Linie klingt auch etwas von der Übermacht der Elemente an, über die zu triumphieren für den Menschen trotz der Errungenschaften der industriellen Revolution ein ver-

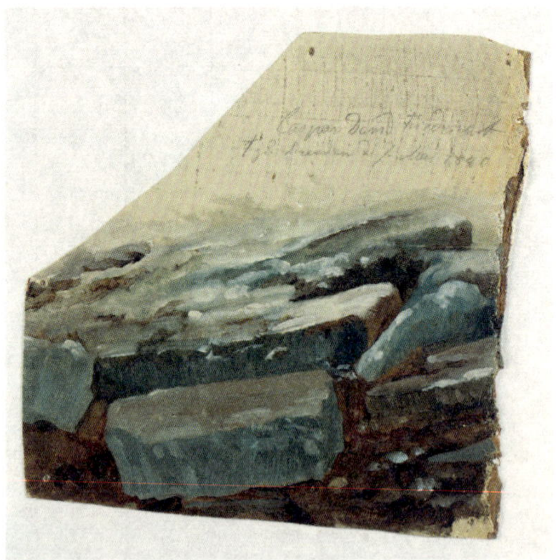

Abb. 90: *Studie des Eisgangs auf der Elbe*, 1820-21

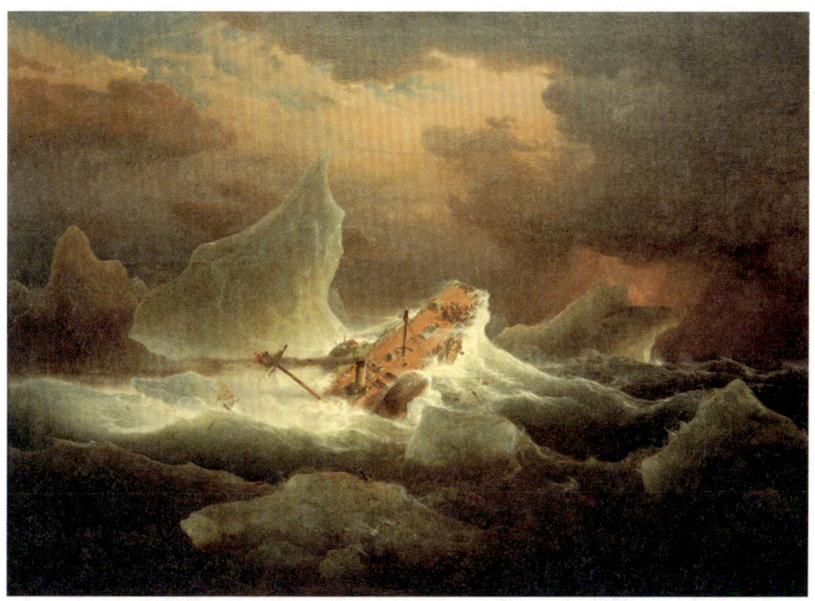

Abb. 91: Andreas Achenbach, *Der Untergang der President*, 1842

gebliches Unterfangen bleibt.[263] Achenbach knüpfte mit seinem Werk an eine lange Tradition von Sturm- und Schiffbruchsbildern an, die von Pieter Brueghel d. J. und Jan Brueghel d. Ä. über Claude Lorrain und Ludolf Backhuysen zu Johann Christian Klengel und William Turner reicht und an Dramatik nichts zu wünschen übrig lässt. Während Achenbach den Untergang in einem letzten verzweifelten und den Betrachter mitreißenden Aufbäumen verewigt, das das schauderhafte Schicksal der *President* nachdrücklich vor Augen führt, betrachtete man Friedrichs eisige Erstarrung mit Ratlosigkeit. Das Eis ist nicht länger bloß Kulisse, sondern wird erstmals zum zentralen, zum praktisch einzigen Bildgegenstand. Die Zeitgenossen, denen Friedrichs Botschaften zusehends obskur erschienen, arbeiteten sich an der Maltechnik ab oder konstatierten apodiktisch, »Eisschollen als Hauptgegenstand« eines Bildes seien »außer dem Gebiet der Malerei«, denn was solle »die Seele in einige Eisklumpen hineinzaubern«?[264]

Bei allen Verlautbarungen des Künstlers über das eigene untrügliche Gefühl als einzigem Maßstab der Kunstproduktion, war auch er nicht unabhängig von der Reaktion des Publikums. Auch er wollte verstanden werden, wollte, dass seine Werke bei anderen jene Gefühle weckten, die er intendiert und selbst empfunden hatte.

Ihr lobt mich oft mit lauten Zungen,
Wie wunderschön ist dies gelungen,
Wie tief und herrlich durchgedacht.
Oft schwieg ich still. Oft hab' ich auch gelacht.
Doch wenn ich das, was ich mit voller Seel' empfunden,
Was frei, voll Geist, dem Pinsel mir entschwunden,
Gezeigt, und ihr seid kalt geblieben,
Konnt's in der Seele mich betrüben.[265]

So bekannte Friedrich und befand sich folglich in einer zusehends schwierigen Lage. Um dem Unverständnis zu begegnen, verfiel er gelegentlich in den nur zu gut nachvollziehbaren Irrtum, deutlicher und damit überdeutlich zu werden. Auf dem Heck des von Eisschollen zerdrückten Schiffes brachte er in einer weiteren, verlorenen Fassung den Namen »Hoffnung« an, um auch noch dem Letzten verständlich zu machen, dass es sich hier um *Die gescheiterte Hoffnung* handle, die wiederum allgemeingültig für all jene gesellschaftlichen Erwartungen stehen konnte, die sich – lange gehegt, aber gestrandet in politischer Eiszeit – niemals verwirklichen würden.

Ähnlich plakativ gestaltete er auch manche Verbildlichung seiner religiösen Botschaft. Das Kreuz, einziges immer wiederkehrendes Zeichen seines Glaubensbekenntnisses, setzte er vielfach in Szene. Zwischentöne und für Assoziationen offene Motivik gehen dabei umso mehr verloren, desto dominanter das Kreuz wird. Die ergänzende Symbolik tut ein Übriges: Es muss noch ein Bach her, der unter einem zentralen Kruzifix und einer kreuzförmigen Wolkenkonstellation hervorsprudelt, um das Göttliche als Quelle aller Natur zu veranschaulichen,[266] oder es braucht Engelschöre mit Leidenswerkzeugen vor einer Kathedrale – dabei hat Friedrich ansonsten die Visualisierung jenseitiger Kreaturen aus gutem Grund weitestgehend vermieden. Der Spielraum möglicher Deutungen verengt sich, das Mehrdeutige weicht dem Banalen, das Vielsagende dem Vordergründigen.

Passend zur inhaltlichen Trivialisierung verzichtete Friedrich in diesen Werken auch auf seine raffinierten formalen Konstruktionen. Im Bemühen um Deutlichkeit banalisierte er bis an die Grenze des Kitsches, vielleicht auch im verzweifelten Bemühen um Popularität. Schließlich konnte er verfolgen, wie die Nazarener mit schlichten Heiligengeschichten via Druckgrafik massenweise in die bürgerlichen Haushalte Einzug hielten. Doch für das, was Friedrich zu sagen hatte, gab es kaum ein unpassenderes Medium. Jens Christian Jensen spricht angesichts der simplifizierten Botschaften – die im Gesamtwerk Ausnahmen blieben, als habe auch Friedrich gespürt, wie ihm das Subtile abhandenkommt – von einer »peinlichen Eindeutigkeit«, die den Zauber der Friedrich'schen Visionen im Zusammenspiel von Natur und Religion vernichtet: Das Magische verpufft, »das Unsagbare bleibt ungesagt«.[267]

Friedrichs Wanderungen nahmen ab 1826 mehr und mehr den Charakter von Spaziergängen zu Zwecken einer Rehabilitation seiner angeschlagenen Gesundheit an. Sich neue, unbekannte Gegenden zu erobern, war nicht mehr möglich. Nachdem Carus als Friedrichs Leibarzt lediglich eine »dicke trübe Wolke« diagnostizieren konnte, die über dem Künstler hänge, ließ sich Friedrich davon überzeugen, dass

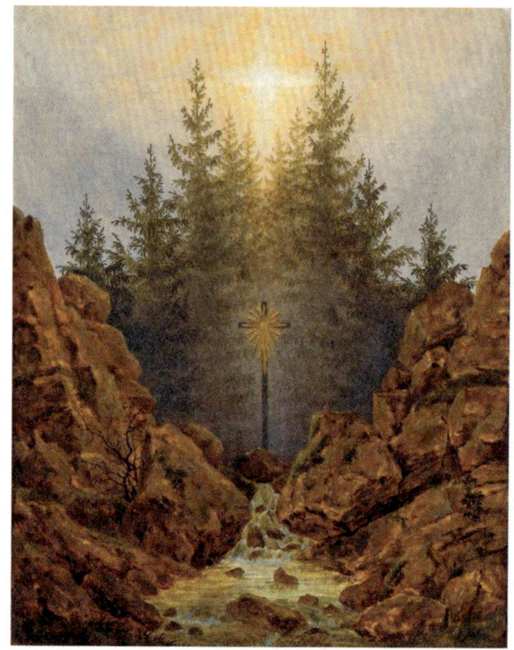
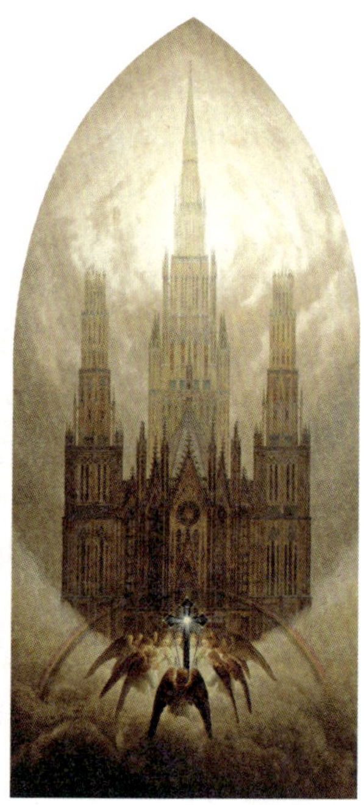

Abb. 92 und 93: *Kreuz im Wald*, um 1835; *Kathedrale*, um 1818

ihm eine Dosis Rügen guttäte. Er ließ sich an der Akademie für die Sommermonate beurlauben und fuhr Ende Mai 1826 über Neubrandenburg und Greifswald zum Baden an die Ostsee. Spartanisch untergebracht bei Fischern an der Ostküste Rügens, hatte er Gelegenheit, einmal mehr Sonnenaufgänge und den Tagesrhythmus seiner Gastgeber zu verfolgen. Resultat dieser Beobachtung könnte unter anderem eines von Friedrichs ungewöhnlichsten Werken sein: das dunkle und zugleich intensiv leuchtende Gemälde, das unter dem Titel *Schiffe im Hafen am Abend* firmiert. Trotz einer sich aufdrängenden symbolischen Interpretation heimkehrender Schiffe am Lebensabend in den Hafen des Todes,[268] sieht es weit mehr danach aus, als ob die schmale Mondsichel gerade noch über dem Meer steht, während die ersten Wolken bereits goldgelb im Sonnenlicht eines neuen Morgens glimmen und sich das Lichtspiel schillernd über die Wasserfläche ergießt. Die abgetakelten Boote im Hafen liegen wie in einem goldenen See zwischen all den Utensilien, die für den Fischfang bereitstehen. Der Sonnenaufgang steht kurz bevor, die Fischer fahren in einer Linie bis zum Horizont hinaus.[269] Fünf weitere Boote warten bereits außerhalb des Hafens mit gehissten Segeln darauf, sich einzureihen. Die Dynamik der Wolken unterstützt ihre Bewegungsrichtung. Das passt auch weit besser zum Käufer oder vielleicht sogar Auftraggeber, dem Unternehmer Maximilian Speck, dessen Namenszug am Bug eines der Boote im Vordergrund prangt. Speck – Philanthrop, Kunstsammler und seit 1822 Rittergutsbesitzer in Lützschena mit eigener Brauerei und Ziegelei – erreichte in der zweiten Hälfte der 1820er Jahre den Höhepunkt seiner Laufbahn. Als erfolgreicher Wollgroßhändler mit Niederlassungen in Aachen, Antwerpen, London und Wien war er zugleich innovativer Landwirt und Schafzüchter, wurde als Experte zur Einrichtung von Musterbetrieben nach Russland eingeladen und 1829 von Bayernkönig Ludwig I. zum Freiherrn gemacht. Seine Kunstsammlung öffnete er für die Öffentlichkeit, denn »die Geschichte lehrt, dass eine durch Anschauen und Belehrung verbreitete populäre Empfänglichkeit für die Kunst die erste Bedingung einer gedeihlichen Entwicklung ist«, wie Speck im Katalog seiner Sammlung schrieb.[270]

An der Dresdener Akademie dürfte man Friedrich während seiner Beurlaubung nicht vermisst haben. Er galt längst als Veteran einer gestrigen Auffassung, ein Hinterbliebener, der das sinkende Schiff der Frühromantik nicht verlassen hatte. Wer ihn noch würdigte, hatte eine Schwäche für morbide Themen, wie Maximilian Speck, oder seine Wurzeln ebenfalls in einer anderen Zeit, wie jene Veteranen der Freiheitskriege, die den Hamburger Kunstverein gründeten und anlässlich der Eröffnungsausstellung 1826 noch einmal an Friedrich dachten.

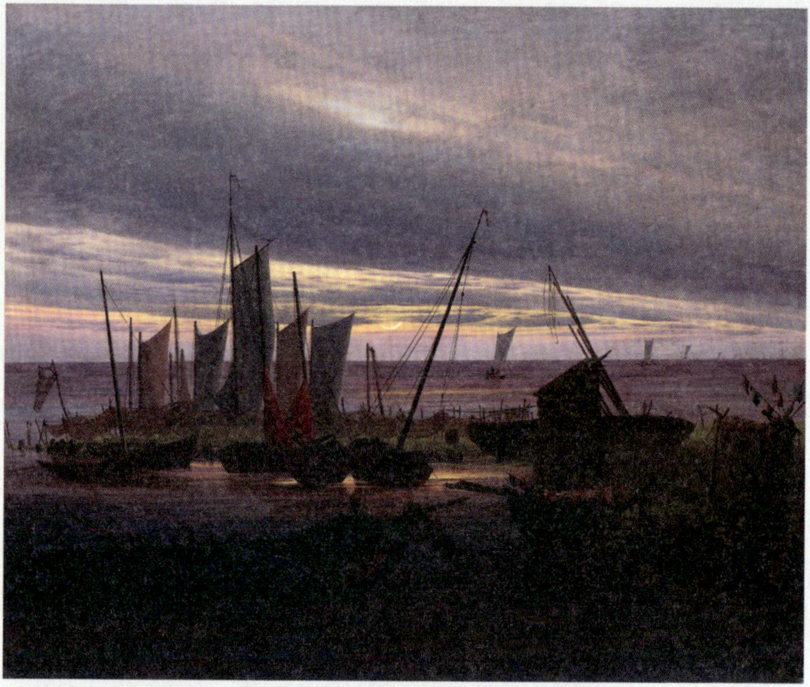

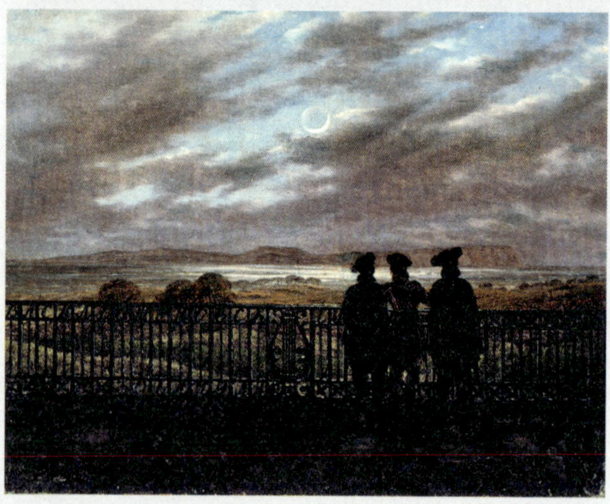

Abb. 94 und 95: *Schiffe im Hafen am Abend*, um 1828; *Wassilij Schukowski und die Brüder Alexander und Sergej Turgenjew*, um 1827

Gründungsmitglied und Mitkurator der ersten Ausstellung »vaterländischer Künstler« war der Maler Siegfried Detlev Bendixen, der 1809, im Jahr der öffentlichen Debatte um den *Tetschener Altar*, in Dresden studiert hatte und sich schon deshalb an Friedrich erinnert haben dürfte. Der Kunstverein, vor allem als Forum für junge Künstler geplant, zeigte auch Friedrichs Nachbarn Dahl, der ebenfalls darauf hingewirkt haben könnte, dass man Friedrich einlud. Drei seiner Bilder, darunter der *Watzmann* und das *Eismeer* waren Teil der Ausstellung. Vor allem Letzteres stieß auf wenig positive Resonanz. Die Gewichtung hatte sich allerdings ohnehin längst zugunsten des jüngeren Kollegen verschoben, von dem doppelt so viele Werke präsent waren.

Der Gemälde-Verloosungs-Verein, angeschlossen an den Kunstverein, verloste 1827 eine Mondlandschaft Friedrichs. Im folgenden Jahr unterzeichnete der Maler eine Mitgliedschaft im ebenfalls neu gegründeten Sächsischen Kunstverein, dessen Ehrenmitglied Goethe war und dessen Vereinsvorsitz 1833 von Carus übernommen wurde.

Dass Friedrich sich hier einbrachte, am Wirken der Kunstvereine partizipierte, mag nicht nur daran gelegen haben, dass er selbst in seiner wirtschaftlich prekären Lage von den Kontakten und Verkäufen profitierte, sondern insgeheim den Anschluss an die jüngere Generation suchte und die Idee, die hinter diesen Vereinsgründungen stand, grundsätzlich begrüßte: das Engagement der Zivilgesellschaft.

Denn hatte Friedrich gegen Leibeigenschaft, Zensur und Geheimpolizei im eigenen Land Position bezogen, so musste er erkennen, dass sein wichtigster Förderer, Wassili Schukowski, inzwischen einem Zaren diente, der den totalen Überwachungsstaat installierte. Den Putschversuch bei seiner Amtsübernahme durch die vergleichsweise liberalen Dekabristen, die gegen das reaktionäre und korrupte Willkürsystem opponierten, hatte Nikolaus I. niedergeschlagen. Wie aber konnte Friedrich Bilder an einen Autokraten dieses Formats verkaufen, der mit al-

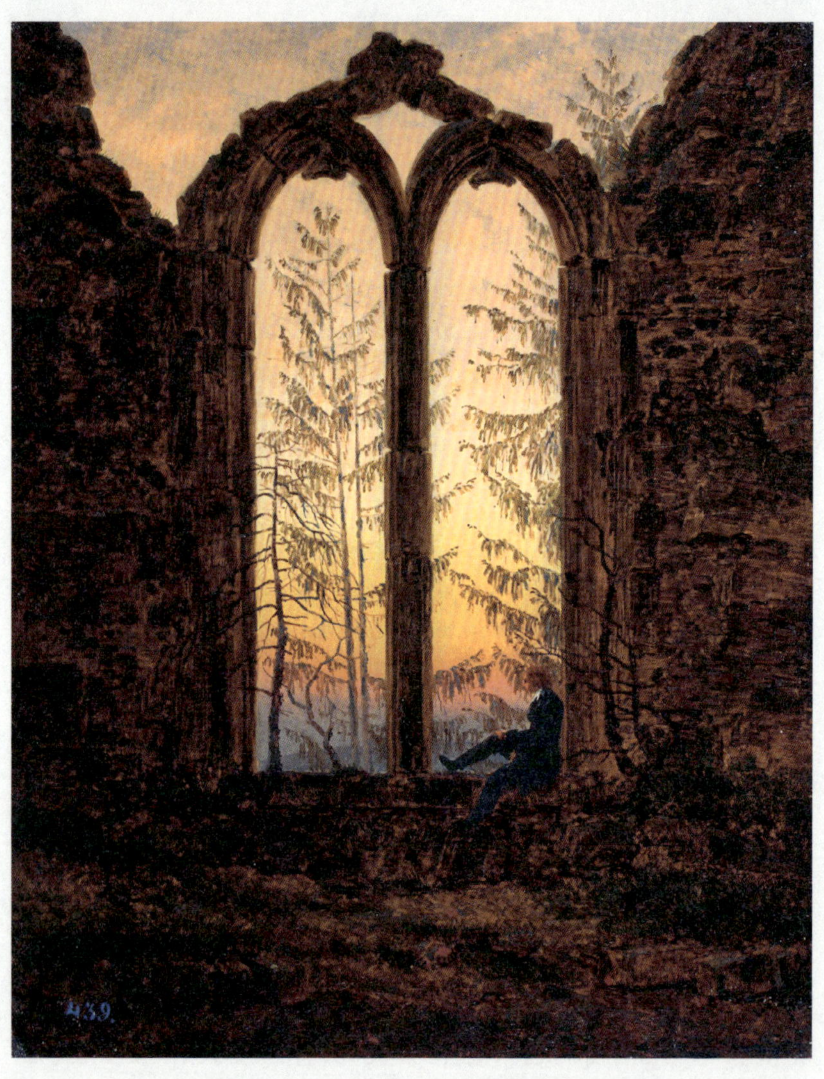

Abb. 96: *Träumer*, 1835

ler Härte durchsetzte, was der Maler im eigenen Land verurteilt hatte? Freiheitlich Denkende wurden hingerichtet oder saßen zu Hunderten in sibirischer Verbannung, und Caspar David Friedrich malte für die Zarenfamilie *Schwäne im Schilf* oder einen *Träumer* in jener Ruine Oybin, die schon das Ambiente für *Huttens Grab* abgegeben hatte. Da war es zumindest eine Geste, die das eigene Gewissen beruhigte, wenn er ›in deutschen Landen‹ Vereine und Orte unterstützte, an denen deutlich wurde, dass sich das Bürgertum in kultureller Hinsicht, konkret als Kunstförderer, bereit zeigte, die Funktionen des Adels zu übernehmen.

Schukowski seinerseits vollzog eine riskante Gratwanderung, um seine einflussreiche Position nicht zu verlieren, aus der heraus er die verfolgten Demokraten unterstützen konnte. Was passieren konnte, stand ihm in Gestalt seines Freundes Alexander Turgenew vor Augen, der 1824 aller Staatsämter enthoben worden war. Turgenews Bruder Nicolai hatte es noch härter getroffen, er wurde in Abwesenheit als Dekabrist zum Tode verurteilt und quer durch Europa von Geheimagenten gejagt – niemand sollte sich nirgendwo sicher fühlen, der dem russischen Autokraten ein Dorn im Auge war. In Friedrichs Atelier entstand unterdessen ein kleines Gemälde: »Weite, Himmel, Mond – vorne ein Gitter, worauf sich drei Männer stützen; die beiden Turgenews und Schukowski.«[271]

SYMBOL UND SUGGESTION

AUSGEWÄHLTE INTERPRETATIONEN

Dass zusehends mehr Zeitgenossen keinen Zugang zu Friedrichs Werk fanden und daher über seine vermeintlichen stilistischen Qualitäten und Mängel sprachen, bestenfalls die psychologischen, weniger die symbolischen und allegorischen Inhalte thematisierten, ist evident. Manche Interpretation des 20. und 21. Jahrhunderts wirkt in diesem Licht wie der Versuch einer Wiedergutmachung.[272] Kaum ein Werk Friedrichs, das nicht mehrere Deutungen erfuhr, die stets vor allem von der Position des Interpreten erzählen: christlich, gesellschaftskritisch, romantisch, sinnoffen, politisch, metaphysisch. Dass die Friedrich-Forschung »ein vermintes Feld«[273] ist, war seit den 1970er Jahren nicht mehr zu übersehen.

Die Frau am Fenster, eine anmutige Rückenfigur mit hochgestecktem Haar, hat das Fenster geöffnet, dessen untere Flügel mit grauer Farbe angestrichen wurden, um das klassische Oberlicht eines Künstlerateliers zu erzeugen. Nun blickt sie in den sonnigen Tag, auf den freundlichen Fluss und zartgrüne Pappeln. Ihr grünes Kleid ist harmonisch mit den Farbtönen des Innenraumes abgestimmt, der nüchtern, aber gepflegt erscheint. Auf einer Unterlage auf der Fensterbank stehen zwei Flaschen, vermutlich mit Farbe, und ein kurzer Stock. Es ist das Atelier des Künstlers, das schon Kersting malte, und die Rückenfigur ist aller Wahrscheinlichkeit nach Friedrichs Ehefrau. Eine intime, private Impression, eine eigenwillige Liebeserklärung an die Dargestellte.

Datiert man das Bild auf das Jahr 1822, so könnte es als persönliches Sehnsuchtsbild in Abwesenheit Carolines entstanden sein, die anlässlich des Todes ihrer Mutter für vier Wochen in Meißen als Gast

Kerstings weilte (dessen Atelierporträts Friedrich durch diesen Umstand sicher besonders gegenwärtig waren).[274] Im Entstehungsort von Friedrichs Kunst, der sein Innenleben verkörpert, öffnet seine Frau ein Fenster zur Außenwelt. Diese Bedeutung seiner Gattin mag dem Künstler erst in der erneuten Einsamkeit, aus der heraus er ihr liebevolle Briefe schrieb, zu vollem Bewusstsein gekommen sein.

Jens Christian Jensen sah in diesem Zimmer jedoch nichts als eine Klosterzelle – kahl und karg, abgeschlossen und vergittert. Ein Raster aus Senkrechten und Waagerechten hält die Frau auf engstem Raum, angedeutet durch drei Dielenbretter, gefangen. »Dieses Zimmer besitzt ja etwas von einem Gefängnisraum, aus diesem möchte die Frau hinaus in die Freiheit. Gewiß ist es kein Zufall, daß die Figur eine Frau, kein Mann ist: die Unfreiheit der Frau, abhängig vom Manne, ausgeliefert den Funktionen ihres Körpers, ans Haus gebunden, für ein freies Leben in der Welt nicht gerüstet und in solcher Rolle von der Gesellschaft auch nicht geduldet.« Immerhin fragte sich Jensen, »ob Friedrich auch daran gedacht hat, als er das Bild malte«.[275] Man darf diese Frage getrost verneinen, denn das Bild wäre als sozialkritisches Statement zur Gleichstellung der Geschlechter ein Solitär in seinem Œuvre. Es ist auch nicht anzunehmen, dass er sein Atelier als Gefängnis und seine Frau als Gefangene betrachtet haben könnte.

Folglich muss der dargestellte Kontrast zwischen drinnen und draußen, zwischen »Verzweiflung und Hoffnung, Angst und Vertrauen« vollkommen »absichtslos mit eingeflossen« sein.[276] Friedrich, antizipiert man die Konsequenz aus Jensens Gedankengang, hat ganz unbewusst das Drama der Hausfrau thematisiert und intuitiv ein ebenso abgründiges wie radikales feministisches Werk geschaffen.

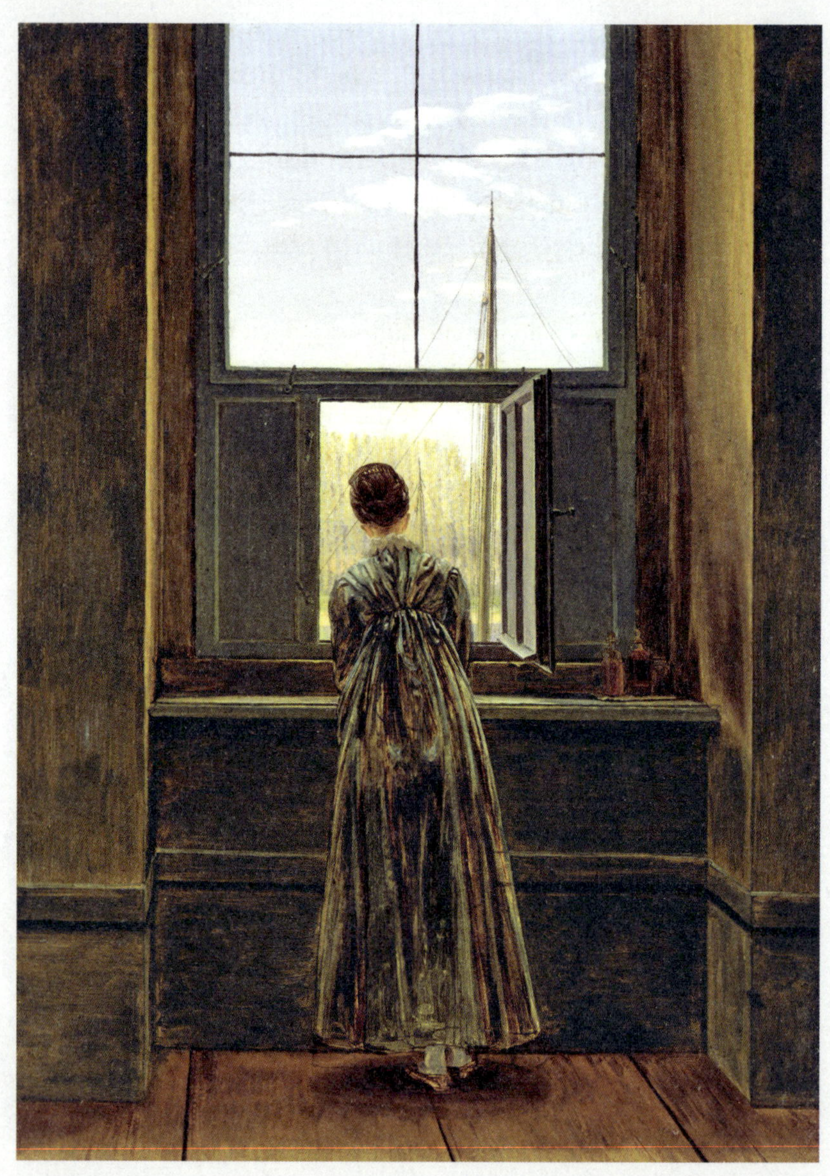

Abb. 97: *Frau am Fenster*, 1818-22

Helmut Börsch-Supan, seit 1960 kontinuierlich und verdienstvoll mit Friedrichs Wirken befasst, reklamierte die Deutungshoheit dagegen für sich. Er begriff sich als Sprachrohr des Künstlers, er interpretierte nicht, sondern er *wusste*, welche Bedeutung welchem Bildelement bei der Entstehung zugedacht wurde. Indem er diese Symbolik als gegeben voraussetzte, schuf er sich selbst die Basis für seine Lesarten: So wird jedes Boot zum Sinnbild der Seele, jeder Bach zum verrinnenden Leben, jeder Pfad zum Lebensweg, jeder Abgrund zum Lebensende, jeder Berg zum Gotteszeichen, jede Truhe zum Sarg und selbstverständlich sind Pappeln immer Todessymbole.[277]

So auch in der *Frau am Fenster*. »Die Frau beugt sich aus dem Fenster«, schrieb Börsch-Supan, »und schaut über den Fluß zum gegenüberliegenden Ufer, das das Jenseits im religiösen Sinn bedeutet. Der Fluß, auf dem Bild nicht dargestellt, ist der Tod. [...] Das leichte Schwanken der Schiffsmasten, das durch die Bewegung des Wassers hervorgerufen wird, teilt sich der Frauengestalt mit, ja sogar der Architektur. Es scheint, als sinke der Raum nach rechts ab. Das Gleichgewicht wird durch die leichte Neigung der Frau nach der anderen Seite wiederhergestellt. Diese Feinheiten sind nicht nur ästhetisches Spiel, sie besagen, daß es im irdischen Bereich nichts Beständiges gibt.« Da Friedrich ein ebenso melancholischer wie religiöser Geist gewesen sei, der immerfort an die Vergänglichkeit dachte, erschien für Börsch-Supan nur diese Interpretation plausibel. Dass der Maler sogar einer Alltagsszene wie der *Frau am Fenster* nun diesen von Börsch-Supan destillierten Sinn unterlegte, verdeutliche wiederum, so Börsch-Supan, »seine Vertrautheit und den ständigen Umgang mit dem Gedanken des Todes«.[278]

Dass es sich um eine (wenn auch weibliche) Rückenfigur handelt und man für einen Augenblick darüber nachdenken könnte, ob hier ähnliche Parameter gelten könnten wie bei anderen (männlichen) Rückenfiguren, kommt den Interpreten nicht in den Sinn. Vermutlich, weil sie als Männer eine Identifikation mit der Dargestellten von vornherein intuitiv ausschließen.

Ein besonders elaboriertes Beispiel der Interpretation steuerte Werner Busch bei, als er angesichts des schlichten Bildes *Der Abendstern* ein gelehrtes theologisches Gedankengebäude errichtete, »um das Füllhorn des eigenen Wissens leeren zu können«, wie es Börsch-Supan formuliert hätte.[279]

Eine Frau in Begleitung eines Mädchens – beide sind gleich gekleidet – geht der Stadt Dresden entgegen, deren Sakralbauten hinter einer Hügelkuppe auftauchen (oder untergehen), während der Rest der Stadt noch verborgen bleibt. Ein Junge ist vorausgeeilt, schwenkt seine Mütze und schwelgt mit erhobenen Armen im Abendlicht. Keiner der drei Türme stimmt allerdings mit der realen Silhouette Dresdens überein und die Form der halbkreisförmigen Kuppel ist ebenfalls eine andere als die der Frauenkirche. Friedrich hat, wie oft in seiner Kunst, die realen Bauten modifiziert. Auffällig ist auch, dass er dabei die Laterne der Frauenkirchenkuppel weggelassen hat.

Da die Kuppel sowohl im horizontalen wie im vertikalen Goldenen Schnitt liegt, mag ihr möglicherweise eine besondere Bedeutung zukommen. Für Werner Busch ist die Laterne vor allem ein katholisches Vehikel, um das göttliche Licht während der Zeremonie einzulassen. Er erwähnt, auf Thomas von Aquin rekurrierend, die Unterscheidung von direktem »lux« und reflektierendem »lumen« und weist darauf hin, dass das Opaion (Rauchloch) auch als »oculus dei« (Gottesauge) bezeichnet werde, dessen Strahlen nach katholischer Vorstellung die Anwesenheit Gottes bei der Eucharistie belege und als Gnadenbeweis diene.[280] »Die Vorstellung«, schreibt er weiter, »daß das Licht all dies veranschaulicht und daß es seine ideale Manifestation in der Kuppellaterne des Kirchen-

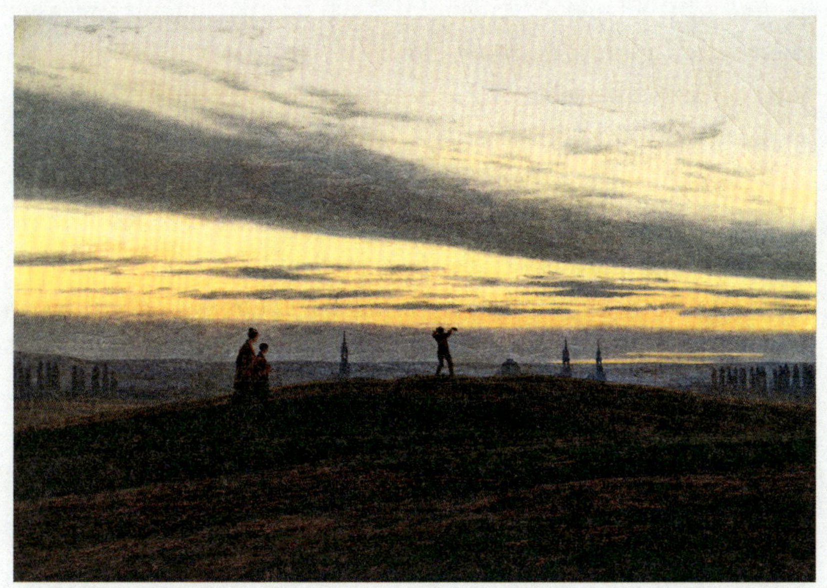

Abb. 98: *Abendstern*, um 1830-35

gebäudes findet, dort sinnlich zur Anschauung kommt, mußte für Friedrich, den überzeugten Lutheraner mit pietistischem Einschlag, völlig unakzeptabel sein.«[281] Indem Friedrich nun die Laterne weglasse, ersetze er die Gottesgewissheit durch eine ästhetische Erlösungshoffnung. Damit sei die fehlende Kuppellaterne als »versteckte Signatur seines Religions- und Bildverständnisses« zu verstehen.[282]

Abgesehen davon, dass es keine Belege dafür gibt, dass sich Friedrich sonderlich für Thomas von Aquin und katholisches Brauchtum interessiert hätte, ließ er sich bereits anlässlich des *Tetschener Altars* darüber aus, wie er Licht verstand: Die Sonne als direktes Licht (lux) erschien ihm göttlich und reflektierte sich als indirektes Licht (lumen) in Christus. Sein Religionsverständnis war also keineswegs so gelagert, dass ihm die Idee der göttlichen Anwesenheit durch das Licht »völlig unakzeptabel« erschienen wäre.

Ganz konkret betrachtet, setzt Busch die Laterne mit dem Opaion gleich. Während das Kuppelloch, wie etwa beim Pantheon, tatsächlich das unmittelbare Licht einlässt,[283] dient eine darüber gesetzte Laterne jedoch gerade dazu, nicht nur den Regen fernzuhalten, sondern auch das Licht in ein indirekteres, diffuseres zu verwandeln. Indem Friedrich nun die Laterne als Überdachung weglässt, durch den gemalten Tambour mit filigran gezackter Brüstung aber andeutet, dass das Opaion wohl weiter vorhanden ist, wäre das Gegenteil von dem der Fall, was Busch annimmt: Das göttliche Licht kann nun direkt in den Kirchenraum einfallen.

Misst man der Modifikation des prominenten Sakralbaus also überhaupt eine theologische Bedeutung bei, dann die, dass das diffuse (katholische) Licht durch ein direktes (protestantisches) ersetzt wird. Dennoch sollte man nicht aus den Augen verlieren, dass das Gotteshaus – wie zahlreiche andere Kirchen – als protestantischer Sakralbau mit Laterne geplant und gebaut wurde, dass also das Bewusstsein, der

Kuppelaufsatz könne im Konflikt mit dem protestantischen Glauben stehen, bei Architekten und Bauherren keineswegs vorhanden war.

Der Frauenkirche kam unabhängig von ihrer Relevanz für die Religion in den Befreiungskriegen eine besondere politische Bedeutung zu. 1813 wurde sie nach der erneuten französischen Besatzung Dresdens als Depot der feindlichen Truppen entweiht, wobei man das nun störende Gestühl kurzerhand in die Gruft verbannte. Nach Abzug der Franzosen am 12. Dezember, Dresden stand nun unter russischer Vorherrschaft, fand die erneute feierliche Weihung statt, nachdem der russische Generalgouverneur Fürst Repnin-Wolkonski eine gründliche Entrümpelung veranlasst hatte. Im folgenden Monat zelebrierte man dann Gottesdienste für das »Banner der freiwilligen Sachsen« und für das Landwehr-Bataillon, die sich gegen Napoleon rüsteten. Indem Friedrich die Laterne weglässt, so ließe sich vermuten, verwandelt er die Kirche in ein Pantheon des Nordens für die Helden der Befreiungskriege.

Grundlegende Sanierungsarbeiten an der gesamten Kirche wurden 1820 notwendig. Beginnend mit dem eisernen, verrosteten Kuppelkreuz und der Laterne arbeitete man sich von oben nach unten voran. Der starke Bewuchs wurde entfernt, der Tambour und die Kuppel wurden neu verfugt. Eine mit 1830 datierte Inschrift im äußeren Mauerwerk des Laternenhalses lässt vermuten, dass sich die Reparaturen hinzogen oder bereits erneut fällig waren. Unter Architekturinteressierten dürften die Arbeiten jedenfalls Thema gewesen sein. Vielleicht hätte sich Friedrich gewünscht, in die Sanierung eingebunden worden zu sein, vielleicht favorisierte er aus ästhetischen und statischen Erwägungen auch eine Kuppel ohne die große, um nicht zu sagen: überdimensionierte Laterne.[284] In der Malerei war es leicht, alternative Optionen zum Bestehenden Wirklichkeit werden zu lassen. Friedrich hat davon in seiner Kunst regen Gebrauch gemacht.

ABRECHNUNG MIT DER KUNST / WELT

DAS LETZTE JAHRZEHNT

Mit Interesse, wenn auch mit größerer Distanz als noch ein Jahrzehnt zuvor, beobachtete Friedrich die europäischen Umbrüche ab 1830. In einem Brief an seine Brüder vom 11. September begrüßte er den Vorschlag, »einen freilich sehr großen Hut machen zu lassen und diesen über ganz Dresden mit seinen Nebenstädten und Vorstädten plötzlich zu stülpen, so wie die Kinder die Schmetterlinge fangen; denn die Unruhestifter und die, die jetzt die Ruhe wiederherstellen, halten viele für ein und dieselben Personen«.[285]

Was als Vormärz in die Geschichte einging, war unmittelbares Resultat der Repressionen nach dem Wiener Kongress, an dem für Sachsen auch der erzkonservative Diplomat Detlev von Einsiedel teilgenommen hatte, und betraf in Deutschland vor allem jene Regionen, in denen Zensur, Korruption und Willkür besonders ausgeprägt waren und keine Verfassung existierte.

In Sachsen hatte 1827 der Wechsel auf dem Thron von August I. zu Anton dem Gütigen wenig bewirkt. Mit Regierungsgeschäften wollte sich der neue Monarch auf seine alten Tage – er war bereits einundsiebzig, als er das Zepter übernahm – nicht unnötig belasten und überließ dem bereits zuvor mächtigen Einsiedel maßgeblich die Staatsführung.

Parallel zur Julirevolution 1830 in Frankreich revoltierte das Volk jedoch auch in Sachsen gegen die verkrusteten Strukturen. Die massive Polizeigewalt ließ die Lage eskalieren. Einsiedel – bedroht und laut beschimpft, wie Friedrich berichtet[286] – trat zurück, der zunächst beliebte Neffe Antons, Friedrich August II., wurde Mitregent und ein Edikt hob 1832 Leibeigenschaft (hier etwas freundlicher »Erbuntertänigkeit« genannt) und zwangsweise Frondienste der Bauern auf. Eine neue Verfassung machte Sachsen ansatzweise zur konstitutionellen Monarchie und vereinheitlichte die Rechtsprechung im Lande.

Vielleicht hatten sich die Erinnerungen an das brennende Dresden mit den erneuten revolutionären Aktivitäten der Jahre nach 1830 vermischt, als Friedrich einen Brand auf eine Stadt projizierte, die entfernt an Neubrandenburg erinnert. Dass hier das Bild eines historischen Ereignisses entstehen sollte, das Bezug auf die verbürgten Feuer der Jahre 1614, 1676 sowie 1737 nimmt, erscheint eher unwahrscheinlich. Naheliegender ist, dass die aktuellen Ereignisse in Europa das Szenario plausibel machten. Barrikadenkämpfe in Paris 1830, die das Ende der Bourbonenherrschaft besiegelten, Novemberaufstand in Polen 1830/1831 für eine Unabhängigkeit von Russland, gewaltsames Ende der Hellenischen Republik. Das Hambacher Fest alarmierte 1832 die deutsche Aristokratie, 1833 scheiterte der Frankfurter Wachensturm, und Georg Büchner verkündete 1834 im *Hessischen Landboten* »Friede den Hütten! Krieg den Palästen!«. In seinem Brief vom 11. September 1830 hatte Friedrich die Situation in Dresden eindrücklich geschildert: Die Hauptwache war gestürmt worden, dem Minister Einsiedel und dem katholischen Bischof warf man die Fenster ein, im Rathaus verbrannte man Akten, »aber es hatte den guten Leuten die Verwüstung, so sie in der Polizei angerichtet, wohl noch nicht genug gedeucht und hatten von neuem Feuer angelegt und alles und jedes verbrannt, durch alle Geschosse, selbst das Dach ist weggebrannt, und niemand hat löschen dürfen.«[287]

Das Bild des brennenden Neubrandenburg blieb unvollendet und wirkt dadurch besonders skizzenhaft impressionistisch, doch unverkennbar sind die Rauchschwaden, die aus dem Dom, den Friedrich hier

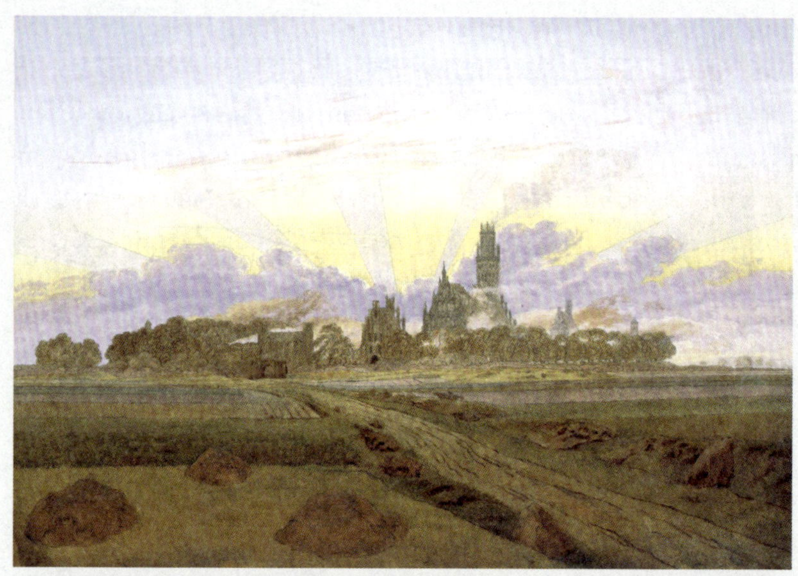

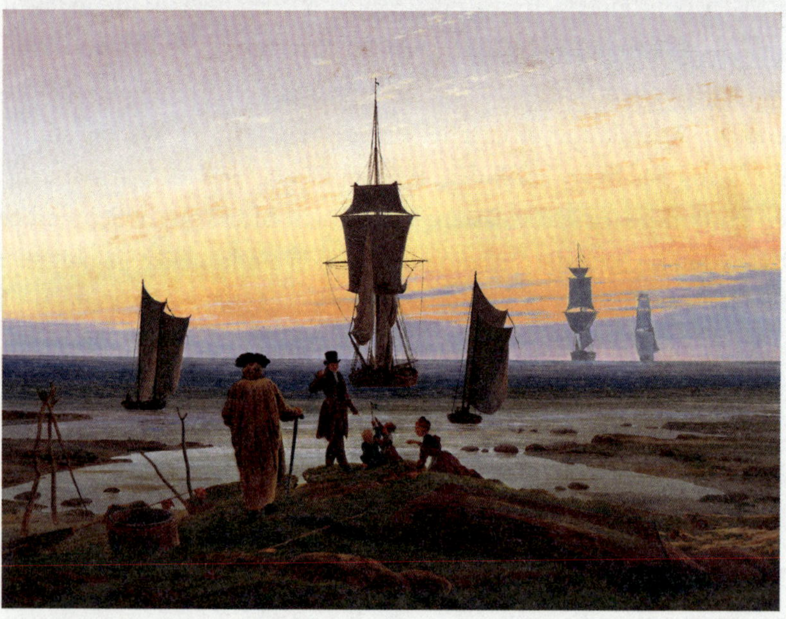

Abb. 99 und 100: *Das brennende Neubrandenburg*, um 1834; *Die Lebensstufen*, um 1835

nach eigenen Vorstellungen neogotisch modifizierte, und anderen Gebäuden der Stadt aufsteigen.

Passend zur Revolte veröffentlichte Ernst Moritz Arndt seine *Schwedische Geschichte unter Gustav dem Dritten, vorzüglich aber unter Gustav dem Vierten Adolf*, in der ihre Herrschaft als eine Kulturepoche mit Bauernbefreiung und liberaler Verfassung, Pressefreiheit und Abschaffung von Folter und Todesstrafe verklärt wurde.

Für Friedrich war es nie ein Widerspruch gewesen, sich als deutscher Patriot und zugleich als Schwede zu fühlen. Noch 1824 hatte er seinen Sohn auf den Namen Gustav Adolf taufen lassen, und auch auf einem seiner letzten großen Gemälde von 1835, das unter dem Titel *Lebensstufen* ins Œuvre eingegangen ist, winken die Kinder am Ufer den Schiffen unverdrossen mit einer schwedischen Flagge. Vielleicht ist der Knabe sogar Friedrichs Sohn, der mit der Fahne die Herkunft seines Namens veranschaulicht.

Die Rückenfigur mit Barett und Stock wirkt deutlich gealtert und wird von einem jüngeren Paar mit zwei Kindern begrüßt. Den fünf Personen entsprechen fünf Schiffe, die in einer Dreieckskomposition mit vollen Segeln auf das Ufer zufahren. Das dominierende, mittige wird gemeinhin dem Alten zugeordnet, es ist kurz davor, in den Hafen einzulaufen. Zwei größere befinden sich auf hoher See, zwei kleine tummeln sich in Ufernähe, sie sind noch nicht bereit für das Abenteuer der Ozeane. Anders als in den *Lebenszyklen*, in denen die Lebensalter getrennt dargestellt wurden, scheint Friedrich hier der »intergenerationellen Beziehung«[288] durch die Zusammenführung dreier Generationen ein Denkmal zu setzen.

Dem Luziden, Immateriellen, das Friedrich einzufangen versuchte, stand von jeher die Materialität von Leinwand und Ölfarbe entgegen. Dass er daher irgendwann auch transparente Bildträger und Farben erprobte, war naheliegend. Das Transparente als Ausdruck des Trans-

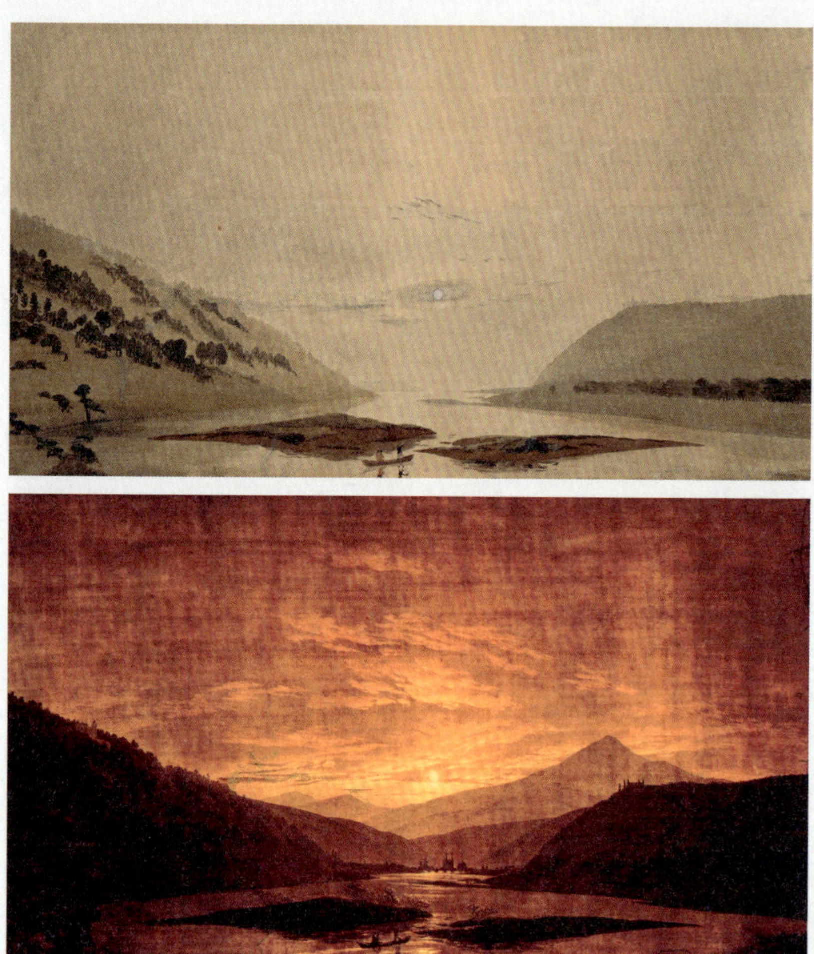

Abb. 101 und 102: *Tag- und Nachtansicht eines Transparentbildes*, 1930-35

zendenten. Außerdem muss es eine besondere Herausforderung für Friedrich bedeutet haben, Bildpaare nicht auf zwei gesonderten Leinwänden zu präsentieren, sondern zwei kontrastierende Motive in einem Bild vereinen zu können. Es erstaunt eher, dass er damit bis um 1830 gewartet hat. Schon Jakob Philipp Hackert hatte sich fünfzig Jahre zuvor im Malen auf Transparentpapier versucht, einer Technik, die Philippe-Jacques de Loutherbourg als Bühnenmaler perfektionierte und die längst in Form von Dioramen den Charakter von Jahrmarktsspektakeln angenommen hatte. Friedrich bemühte sich daher auch umgehend zu verdeutlichen, dass seine Werke anderer Natur seien: »Man denke sich aber keine Guckkastenbilder«, schrieb Friedrich 1835 an Schukowski, der vier Transparente für ein junges Publikum am Zarenhof bestellt hatte. »Diese Bilder können nur mit eigener Vorrichtung in einem Zimmer gesehen werden, so das Licht durch eine kleine Öffnung fällt und übrigens das ganze Zimmer finster ist.«[289] Drei der Bilder kreisten um das Thema Musik, zeigten zwei Mädchen im Mondschein zur Laute singend in gotischer Ruine, ein Mädchen auf einem Söller die Harfe spielend sowie einen in Malven träumenden Jüngling, der die Laute beiseitegelegt hat, um der Musik der Engel zu lauschen. Abschließend folgte eine schockierende Fantasy-Szene. Ein Goldgieriger, der in hemmungslosem Verlangen nach einem Schatz einen magischen Hexenkreis überschreitet, wird vom Teufel gefesselt.[290]

Friedrich wünschte sich die Inszenierung trotz des dramatischen Finales als intime, meditative Darbietung. Weniger reißerisch als die mechanischen Bilder des Uhrmachers und Automatenbauers Pierre Jaquet-Droz oder Loutherbourgs bereits 1781 in London eröffnetes Miniaturtheater Eidophusikon für rund hundert Besucher, in dem bewegte Bilder mit Cembalobegleitung und Geräuscheffekten unterlegt Sonnenauf- und -untergänge, Stürme auf See oder Vulkanausbrüche simulierten.

Friedrich dagegen dachte nicht an Spektakel, sondern an Verzauberung und stellte offenbar in diesem Sinne auch die Szenenfolge zugunsten einer versöhnlicheren Dramaturgie um. Musik, die von fern herüberklingen sollte, war auch hier Teil der Inszenierung: dumpf-bedrohliche Töne in der Teufelsszene, gefolgt von irdischen, geistlichen und schließlich himmlischen Klängen.[291] Die vier Transparentbilder Friedrichs, die er Schukowski ankündigte, erreichten zwar Russland, gelten heute aber als verschollen. Als Transparente erhalten sind wenige Landschaften, die Friedrich zugeschrieben werden.

Einer menschlichen Entfremdung zwischen Carus und Friedrich war ab Mitte der 1820er Jahre die künstlerische vorausgegangen, als Carus, auch unter dem Einfluss von Goethes 1822 publizierter Schrift über die Wolkenphänomene, »Abschied von der romantischen, naturmythischen, Friedrichschen Position nahm zugunsten einer naturwissenschaftlicheren, dem Goethischen Anschauungsbegriff entsprechenden Grundhaltung«, wie Werner Busch schrieb.[292]

Carus rückte seine Kunst näher an seine Forschung heran und versuchte sich zusehends in einer botanisch, geologisch und meteorologisch fundierten Ästhetik. Aus seiner Sicht verschloss sich Friedrich merklich, Beharrlichkeit wurde zu Starrsinn, Distanziertheit zu Misstrauen und die wenigen Bemerkungen von Carus legen nahe, dass es auch in der Familie zu Konflikten gekommen sein könnte:

> *In seiner eigentümlichen, immer dunkeln und oft harten Gemütsart, hatten, offenbar als Vorläufer eines Hirnleidens, dem er auch später unterlag, gewisse fixe Ideen sich entwickelt, welche anfingen, seine häusliche Existenz vollständig zu untergraben. Mißtrauisch, wie er war, quälte er sich und die Seinigen mit Vorstellungen von der Untreue seiner Frau, die ganz aus der Luft gegriffen waren, dessenungeachtet aber hinreichten, ihn ganz zu absorbieren. Anfälle von roher Härte gegen die Seinigen blieben nicht aus.*[293]

Der Starrsinn und das Misstrauen, die Carus als Friedrichs Arzt attestierte, waren aus seiner Sicht Symptome eines Krankheitsbildes.

Carus selbst legte derweil einen »gesunden« Opportunismus an den Tag, indem er seine demokratische Gesinnung und sein Engagement in der Hebammenschule gegen eine Karriere als königlicher Leibarzt eintauschte und sich endgültig in der »besseren Gesellschaft« einrichtete. Friedrich, der es unterschwellig schon immer als impertinent empfunden hatte, dass sich der Hobbymusiker und Hobbymaler Carus künstlerisch auf Augenhöhe wähnte, rechnete nun endgültig und ätzend mit dem einstigen Freund ab. »Wenn es denkbar wäre, einen Menschen leiblich und geistig chemisch zu zersetzen oder aufzulösen in breiartige Flüssigkeit, was würde dann wohl der Bodensatz von XX sein? – Ich glaube, Worte!«, phantasiert Friedrich, denn

> *XX hat die Anmaßung, sich selbst als einen bildenden Künstler geltend zu machen, auch die Musik nicht ausgenommen. Dieses patzige Auftreten verdient nach meiner Meinung eine so derbe Zurückweisung. – Wortmacherei und nichts als Wortmacherei ist XX Sache; und verstünde er es nur eben recht, Worte zu machen, so wären wir gewiß auch gerecht genug, ihn für etwas Rechtes zu halten, etwa für einen Dichter. Er maßt sich aber auch an, für einen Maler zu gelten, und auch dies würden wir gerne glauben, wenn er uns etwas von der Malerei sehen ließe. Er findet es aber für gut und leichter und bequemer und auch wohl geratener, uns mit Worten abzuspeisen und immer Worte und nichts als Worte. Klingklang und nichts als Klingklang ist all sein Tun. Und auch dies wollten wir für etwas Schönes anerkennen, und was kann XX mehr verlangen, wenn es nur schön klänge; aber es klappert ja nur, und dies mißfällt uns, und wer kann es uns verdenken, wenn wir ihn für einen Windbeutel, einen Maulmacher und Hausnarren halten.*[294]

Die Düsseldorfer Schule hatte mit rund 50 Werken auf der Berliner Akademieausstellung des Jahres 1828 Triumphe gefeiert, während Friedrich mit keinem einzigen Werk vertreten war. Der neue Star war der gerade 20-jährige Carl Friedrich Lessing, den die Kritiker als vitalen Künstler feierten, dessen Werke ganze Gedichte seien, während Friedrichs magere Impressionen das Abgestorbene und Leere verkörperten.[295] Hier Lessing, der lebensnahe Geist vaterländischer Natur, dort Friedrich, der Landschaftsvernichter. Friedrich schlug im Rahmen seiner bescheidenen Möglichkeiten zurück, dabei hätte er sich mit Lessing vermutlich persönlich gut verstanden. Der junge Kollege war introvertiert, durchstreifte schon als Kind allein die Natur, suchte seine Motive in heimatlichen Regionen, wurde durch eine Reise nach Rügen für die Landschaftsmalerei begeistert, weigerte sich zeitlebens nach Italien zu reisen und avancierte als 18-Jähriger in Berlin mit einem Motiv, das nur als Hommage an Friedrich verstanden werden kann: *Kirchhof mit Leichensteinen und Ruinen im Schnee.*

Doch Friedrich war nicht mehr bereit, auch nur zwischen den unterschiedlichen Tendenzen der Düsseldorfer Schule – mit Lessing »als weltlich-protestantischem Antipoden zum kirchlich-katholischen Schadow«[296] – zu unterscheiden. Ungehemmt brachte er seine Ansichten über die aktuellen Kunstströmungen zu Papier. Als habe er nichts mehr zu verlieren, zog er über die Mitspieler auf dem Kunstmarkt her, ließ nur noch wenig gelten und bestimmte zugleich noch einmal klar seine eigene Position. Wohl ab 1828 verfasste er seine *Äußerungen bei Betrachtung einer Sammlung von Gemälden von größtenteils noch lebenden und unlängst verstorbenen Künstlern*, möglicherweise angeregt durch die Museumsbesuche mit Schukowski.

Hatte er ein Jahrzehnt zuvor angesichts eigener Erfolge andere Positionen in der Kunst würdigen können oder zumindest wohlwollend-kommentarlos toleriert und den damaligen Düsseldorfer Akademiedirektor Peter Cornelius, inzwischen in den Adelsstand erhoben, noch ironisch-ehrerbietig empfangen, war er in kurzer Zeit rapide ins Abseits geraten. Er tat sich schwer mit der neuen Generation und verbiss sich nun zusehends in die immer gleichen Kritikpunkte, die er wenig subtil replizierte: Allerorten sah er Erfindung statt Empfindung und Geschicklichkeit der Hand statt Freiheit des Geistes.

Er war sich bewusst, dass alles seine Zeit hatte, dass das Alte vom Neuen und das Neuere vom Neuesten verdrängt würde, doch bezweifelte er, dass diesem Wandel der Auffassungen und Stile auch zwangsläufig ein Fortschritt in der Kunst entsprach. Die neuesten Tendenzen jedenfalls ließen sich in seinen Augen nur als Rückschritt verstehen und die Landschaftsmalerei habe »ihrem Ziele schon näher gestanden als gegenwärtig, wo man mit Lüge beginnt und mit Lüge endigt, wo man durch Anhäufung von Gegenständen aneinander, hintereinander und übereinander die Bilder überladet«.[297]

Wie kaum anders zu erwarten, empörte sich Friedrich vor allem über die Landschaftsdarstellungen der Düsseldorfer, die unter dem Akademiedirektor Friedrich Wilhelm von Schadow – Berlin-Import und geprägt durch die Nazarener – entsprechend der politischen Restauration zunächst auch eine ästhetische Reaktion vorantrieben. Unter Schadow wurden die Erzeugnisse seiner Kollegen und Schüler bald marktbeherrschend, weil sie, breit aufgestellt, das Biedere und Pathetische zum Schönen, das Schöne zum Guten und das Gute zur Ware erklärten, die in keinem bürgerlichen Salon, der etwas auf sich hielt, fehlen durfte. Die massive Kommerzialisierung, die in der zweiten Jahrhunderthälfte zu einer Flut von Konfektionsmalerei führte, die auch eine Ritterburgenromantik befriedigen konnte, war in den Wurzeln der Schule bereits angelegt. Dass die Düsseldorfer nun auch Dresden eroberten und sich ihr wachsender Einfluss an der dortigen Akademie abzeichnete – 1838 wurde Eduard Bendemann Professor, 1839 Julius

Hübner, 1846 Adolf Ehrhardt sowie Hugo Bürkner –, war für Friedrich ein Grund mehr, sich in seinem Ton keine Mäßigung aufzuerlegen.

Hatte er spätestens seit seinem *Tetschener Altar* daran gearbeitet, die Landschaft zum universalen Genre aufzuwerten, das intimste Emotionen, vertraute Mythen, Patriotismus und Religiosität wie selbstverständlich einschließen konnte, so kehrten die inzwischen preußischen Düsseldorfer zur traditionellen Hierarchie der Genres zurück, bei der die Landschaft (hinter Allegorien und Historienbildern, Alltagsszenen und Porträts, Tierdarstellung und Stillleben) an letzter Stelle stand.

Die romantischen Launen, zusehends *en plein air* ausgeführt, waren aus Friedrichs Perspektive dennoch idealisiert statt verinnerlicht, waren Verdichtung statt Poesie: »Wem die Natur sich nicht offenbart im zartesten Einklang, sondern [wer] nur im schroffen Gegensatz erkennt ihren Geist, dessen Sinn ist verschlossen für Kunst.«[298] Detailreich und effektvoll vermochten die Düsseldorfer dramatische Stimmungen zu vermitteln, es herrschte jedoch eine andere Emotionalität und nicht die Melancholie und Leere, die Friedrich mit wenigen Akzenten erreichte,

> *denn was die neueren Landschaftsmaler in der Natur in einem Kreis von 100 Graden gesehen, pressen sie unbarmherzig in den Sehwinkel von 45 Graden zusammen. Und was also in der Natur durch große Zwischenräume getrennt lag, berührt sich hier im gedrängten Raume, überfüllt und übersättigt das Auge und macht auf den Beschauer einen widrigen, beängstigenden Eindruck. Und das Element des Wassers zieht immer den kürzeren dabei, und das Meer wird zur Pfütze.*[299]

Horror Vacui statt Friedrichs leerem Raum der Freiheit. Woran es nach Meinung des Künstlers allenthalben fehlte, war Atmosphäre. Das »Zusammenpressen der Gegenstände«, die »Härte der Farben und Formen«,

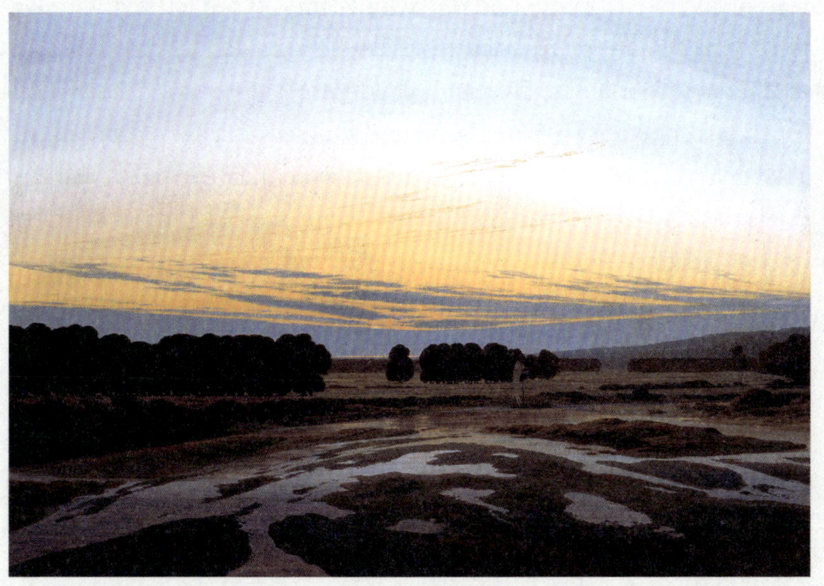

Abb. 103: *Das große Gehege*, um 1832

der Mangel an Luftperspektive: Friedrich lässt kein gutes Haar an der neuen Konkurrenz aus Düsseldorf, wo »technische Fertigkeit« zu »toter Geschicklichkeit« werde und die Schüler im Akkord lernten, schulgerecht »mit dem Pinsel zu wackeln«. Man ließe ihnen nicht die Zeit, aus eigener Kraft zu reifen. Die schnell erlernte Meisterschaft der Pinselführung könne nur zu Anmaßung und Dünkel verleiten, »Anmaßung aber stehe aller kindlich suchenden Bescheidenheit entgegen, und diese wiederum [ist] unbedingte Voraussetzung zur Erkenntnis alles Guten und Schönen und Wahren, also Natur, und ich möchte hinzusetzen: Feind aller nichtssagenden Pinselbraveure«.[300] Dabei konnte Friedrich noch gar nicht ahnen, was noch alles unter dem Label der Düsseldorfer entstehen würde.

Angesichts seiner Fundamentalkritik stellt sich die Frage, ob er die eigene Überzeugung, Regeln in der Kunst seien nichts als Anmaßungen, hier aus den Augen verliert. Wenn es keine Regeln gab, waren dann nicht auch gesättigte Farben und eine komprimierte Landschaft legitim?

Nicht für Friedrich, denn fehlende Regeln bedeuteten keineswegs, dass es nicht dennoch schlechte Kunst gab. Die Qualität eines Kunstwerks konnte eben gerade nicht an Normen gemessen werden, sondern war – neben handwerklichem Können, das sich von selbst verstand – durch die tiefe persönliche Empfindung des Künstlers bedingt. Was Friedrich also kritisierte, war nicht ein fehlendes oder übertriebenes Reglement, sondern seiner Meinung nach eine Seelenlosigkeit der neuen Kunstströmung, für die Effekthascherei nur Symptom war.

Mag Friedrich mit seiner Analyse auch nicht ganz falschliegen, so verlangte der Zeitgeschmack nun mal eher das Kleinteilige, Zusammengedrängte, das offenbar von der Mehrzahl der Käufer keineswegs als seelenlos, widrig und beängstigend empfunden wurde. Beängstigend erschien dem heraufdämmernden Biedermeier vielmehr die Leere und Tristesse Friedrichs. Wie konnte man statt eines klaren Bergbachs oder

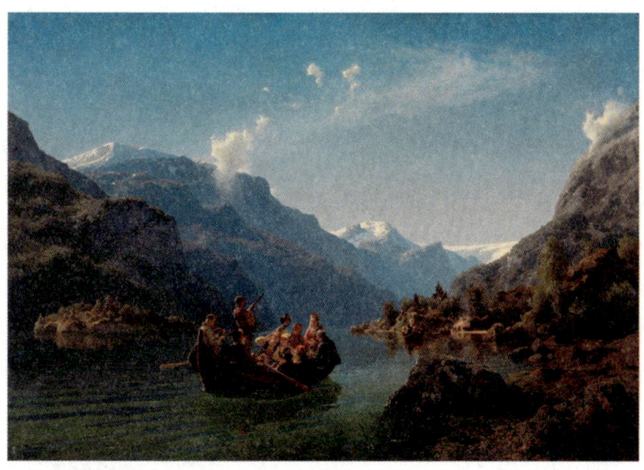

Abb. 104: Hans Fredrik Gude und Adolph Tidemand, *Brautfahrt auf dem Hardangerfjord*, 1848

der Dramatik eines aufbrausenden Ozeans die Pfützen eines Überschwemmungsgebietes malen? Dass Friedrich mit dem *Großen Gehege* ohne den Einsatz illusionistischer Bravour die Landschaft in Farben und Formen auflöste, in feinsten horizontalen Linien alle Töne der Palette zu Wasser und zu Lande einsetzte, wurde kaum noch bemerkt. Das vollbeladene Boot, fast nur am hellen, vom Wind geblähten Segel vor dunkler Baumreihe zu erkennen, gleitet sanft über das Farbspiel hinweg. Alles andere ist Licht, Reflexion, abstrakte Form, aus der wie durch ein Wunder ein schillernder Wasserspiegel, im Wind bewegte, blühende Felder und die dunkle Silhouette einer Baumreihe werden. Dass Friedrich mit dem Gemälde sein Werk bekrönte und ein einzigartiges Aufeinandertreffen von Himmel und Erde schuf – Erde durchaus global verstanden, denn die (vielleicht durch die Linse einer Camera obscura gekrümmte) Tümpellandschaft wirkt wie die Landkarte ganzer Länder oder Kontinente –, auch dafür fehlte den meisten Zeitgenossen der Blick.[301]

Entsprechend schrieb Wolfgang Müller von Königswinter 1854 über Carl Friedrich Lessing:

Sein Auftreten in der Landschaftsmalerei ist das des jugendlichen romantischen Poeten. Hier stellt er zunächst die abenteuerliche Natur dar. Das Schroffe, Bizarre, Seltsamliche ist der Charakter der Werke aus jener Epoche. Die Märchen Tieck's, die Phantasien des wilden Hoffmann, die Erzählungen Fouqué's klingen aus diesen eigenthümlichen Bildern wieder. Der Dresdener Landschaftsmaler Friedrich arbeitete damals in derselben Richtung, seine Bilder überraschen, aber sie litten auch an einer krankhaften Hypertrophie, welcher Lessing sich dadurch fernhielt, daß er stets an die lebendige Anschauung anknüpfte. So phantastisch sich seine Gemälde ansahen, so wurde er doch der Wirklichkeit nicht untreu. Die Realität seines Geistes hütete ihn vor Abirrungen.[302]

Friedrich wurde in den 1830ern endgültig zur skurrilen Randerscheinung der Kunstszene. Er war nicht Teil einer Schule, stand weitgehend außerhalb der Mechanismen des Kunstbetriebs. Der Tod des Freundes Kühn, den das Bildhauerschicksal einer Staublunge 1828 dahingerafft hatte, machte ihn noch einsamer. Im Hause des kameradschaftlichen Kühn hatten sich regelmäßig Künstlerkollegen eingefunden, um im Winter bei köstlichem Warmbier und im Sommer im weitläufigen Garten ihre Zeichnungen zu besprechen.[303] Auch diese Geselligkeit war nun Vergangenheit. Dafür wurden die Bande zwischen Caroline Friedrich und der jungen Witwe, Juliane Kühn, umso enger. Gegenseitig halfen sich die beiden Frauen mit ihren sieben Kindern durch schwere Zeiten.

Friedrichs mystische Aufladungen und politische Subtexte wurden von der zeitgenössischen Kunstkritik zusehends als obskure »Kunsthieroglyphen« und Rätselspiele betrachtet, »die ein jeder erklären kann, wie er will«.[304] Und selbst mancher Schüler zweifelte an den Fähigkeiten seines Lehrers. »Der alte Landschaftsmaler Friedrich protegierte mich in seiner Weise. Nie sagte er mir ein Lob über die Arbeiten, die ich ihm zeigte. Schweigend betrachtete er sie eine Zeit lang. Dann pflegte er über Kunst und Leben Wahrheiten zu sagen, wo er dann mir überließ, die besondere Anwendung auf mich selbst zu machen«, schrieb Georg Heinrich Crola. »In seinen Kunstleistungen war er oft mystisch, unklar, autodidaktisch, das Sonderbare und Geschmacklose bis zum Eigensinn liebend. In seinem inneren Menschen habe ich jedoch nie solche Unregelmäßigkeiten bemerkt, des Rechtschaffenen, Tugendhaften und Liebevollen aber desto mehr.«[305]

Friedrichs Reaktion auf das Unverständnis richtete sich gegen die Deutsch-Römer und Düsseldorfer. Hatte bei ihm lange aus politischen Gründen eine Frankophobie vorgeherrscht, trat diese seit Mitte der 1820er Jahre hinter eine wachsende Italophobie zurück, die Friedrich künstlerisch begründete: Italien tat den deutschen Künstlern nicht gut. Sie stagnierten.

> *Das eine Bild schmeckt nach Raffael, das andere nach Michelangelo und ihren Vorgängern. Wäre es wohl nicht besser, sie trügen alle das Gepräge des, der sie gemalt, an der Stirne? Oder ist er ohne Gepräge? Heißt das etwa, die Alten studieren? Das hätte man auch zu Hause nach Kupferstichen machen können und brauchte deshalb nicht erst nach Rom zu reisen.*[306]

Am 26. Juni 1835 erlitt Caspar David Friedrich einen Schlaganfall. Der eigene Tod wurde konkreter, das Malen, als die Verewigung des Vergänglichen, fiel ihm nun unendlich schwer. Ohnehin war die Nachfrage nach seiner Kunst in Deutschland erloschen.

Schukowski sah, dass es langsam mit dem Künstler zu Ende ging und forderte ihn auf, ein Verzeichnis aller noch in seinem Besitz befindlichen Werke zu erstellen.[307] Im November erreichte Friedrich eine Liste mit Bestellungen[308] aus dem fernen Russland. Dort bestand noch ein gewisses Interesse, dank eines der letzten Getreuen, der einmal mehr Bilder an den Zarenhof verkaufen konnte.

Wenn Friedrich in seinen *Äußerungen* selten genug nicht die routinierte Seelenlosigkeit der Gemälde kritisierte, sondern Lob aussprach, kann man den Eindruck gewinnen, er habe in diesen Momenten eigentlich stets eigene Werke vor Augen.

Im vollen Bewusstsein, dass seine Kunst nicht mehr gefragt war, räsonierte er nicht ohne bittere Ironie:

> *Nebel und Winter sind einmal in Verschiß gekommen, und wer verbürgt es nun, ob nicht den rauhen, todverkündenden Herbst bald ein gleiches Schicksal bedroht. Und wie alles im ewigen Wechsel sich kreist, so kann der schwüle, drückende Sommer auch einmal von unsern Kunstrichtern die Schüppe bekommen, und mit dem zarten Jüngling, dem Frühling wird man auch nicht viel Umstände machen, und so kommt dann natürlich der Winter wieder zu Ehren.*[309]

Das klingt, als ob er daran glaubte, dass es nur eine Frage der Zeit sei, bis auch er aus seinem Winterschlaf wieder ins Licht der Aufmerksamkeit treten würde. Dem Kreislauf der Jahreszeiten entspricht ein Kreislauf der Kunst. Einstweilen aber sah er sich als Opfer von Intrigen:

> *Armer Teufel, du mühst dich vergebens ab, um dich zu erhalten! Erkennst du denn noch immer nicht, daß die Zahl deiner Gegner Legion ist, denen kein Mittel zu schlecht ist, weder einem Menschen zu schaden, noch [ihn] zu begünstigen, wenn es ihr Vorteil erheischt? Die*

Wahrheit mit Spott, die Tugend mit Verhöhnung, und die Rechtlichkeit mit Verachtung zu belegen, und umgekehrt Lüge, Verrat und Verleumdung zu beschönigen, sind diesen Herren Kleinigkeiten,

schrieb er[310] und steigerte sich bis in Verfolgungs- und Vernichtungsideen:

Vor diesen Filzläusen der Menschheit kann sich niemand hüten! Hier könnte man wohl die Worte der Heiligen Schrift anführen, jedoch in entgegengesetzter Bedeutung: »Und hättest du auch Flügel der Morgenröte und flögest bis an [den] äußersten Rand des Meeres.« Diese Luder sind auch da. Bei schon vorgerückten Jahren wird XX unsicher und sein Auge stumpf, wenngleich sein Geist noch lebendig ist. Aber dies wäre schon genug für seine Gegner, ihm zu schaden. Für wahnsinnig erklärt man ihn jetzt schon und möchte ihn lieber in einem Irrenhaus eingekerkert wissen, um ihn los zu sein, den lustigen Trotzkopf, der durchaus nicht glauben will, daß schwarz weiß sei.[311]

Davon, dass sein Denken umnachtet gewesen wäre, kann nicht die Rede sein. Die Analyse seiner Lage fiel lediglich etwas überspitzt aus, wobei er die Verantwortung für seine missliche Situation bei anderen suchte. Detlef Stapf will für eine Depression typische Symptome wie Gereiztheit sowie Konzentrations- und Antriebsschwäche als Folge eines narzisstischen Selbstwertkonflikts erkennen.[312]

In den Tagen, als Friedrich der Schlaganfall traf, war sein Neffe und Patensohn Heinrich zu Gast, der den plötzlich invaliden Onkel aufopfernd pflegte. Auf die Familie war Verlass und die Badekur in Teplitz, die ganze sechs Wochen dauerte, brachte Friedrich wieder auf die Beine. Doch seine »halblahme Hand« behinderte ihn weiter. Die Hoffnung, wieder ganz zu genesen und dann wieder arbeiten zu können, hatte ihn noch nicht verlassen, denn auch in der reizvollen Landschaft um Teplitz entstanden einige wenige Blätter, die er hoffte verwenden zu können, wenn er möglicherweise doch wieder malen könnte.[313]

Es blieb aber im Wesentlichen bei Grafik, gesättigt mit Todessymbolik, mit Särgen an offenen Gräbern, Friedhofsszenen, wartenden Todesvögeln. Als Sinnbild der Weisheit am Lebensende oder auch unterwegs als nächtlicher Räuber und somit Todesbote hat sich eine gigantische Eule in einem dieser Sepiablätter auf einem Sarg niedergelassen, um uns zu fixieren. Wie ein Heiligenschein steht der Vollmond – sprechendes Symbol der Vollendung eines Zyklus – über ihren Puschelohren. Einsam auf einer Anhöhe querstehend versperrt der Sarg den weiteren Lebensweg. Kap Arkona taucht nur noch als Schemen des gelobten Landes am Horizont auf. Das wäre ein Ort, wie er Hirschfeld in seiner *Theorie der Gartenkunst* vorschwebte:[314] Hier müsste ein Denkmal für einen Künstler, einen Dichter, einen Philosophen, ein Denkmal für Caspar David Friedrich errichtet werden. Der Spaten steht bereit und die Seile, die dazu dienen, den Sarg in die Grube herabzulassen, scheinen zwischen zwei Disteln (für die eine Skizze vom 26. Juni 1799 existiert) wie eine Schlange auf den Betrachter zuzukriechen. Wir können zugreifen und das Werk vollenden.

Um 1835 wird auch eine kleine Nebellandschaft datiert, die vom Rosenberg in der Böhmischen Schweiz inspiriert ist. Zwei Schichten, eine bräunliche und eine bläuliche, sind übereinandergelagert. Braun ist die Nähe, blau die Ferne, doch anders als zu erwarten, lösen sich nicht die Konturen in der Ferne auf, sondern es ist die Nähe, die diffus und neblig erscheint. Je weiter der Blick in die Ferne und je höher er dort gen Himmel führt, desto klarer erscheint das, was wir sehen. Die Kontur des höchsten Gipfels tritt letztlich am deutlichsten hervor. Das Bild wirkt fast unscheinbar, doch man kann kaum umhin, hier noch eine andere Botschaft zu erkennen: Der Blick fokussiert den finalen Gipfel als Zielpunkt des Lebens, der klar wie nie vor Augen steht.

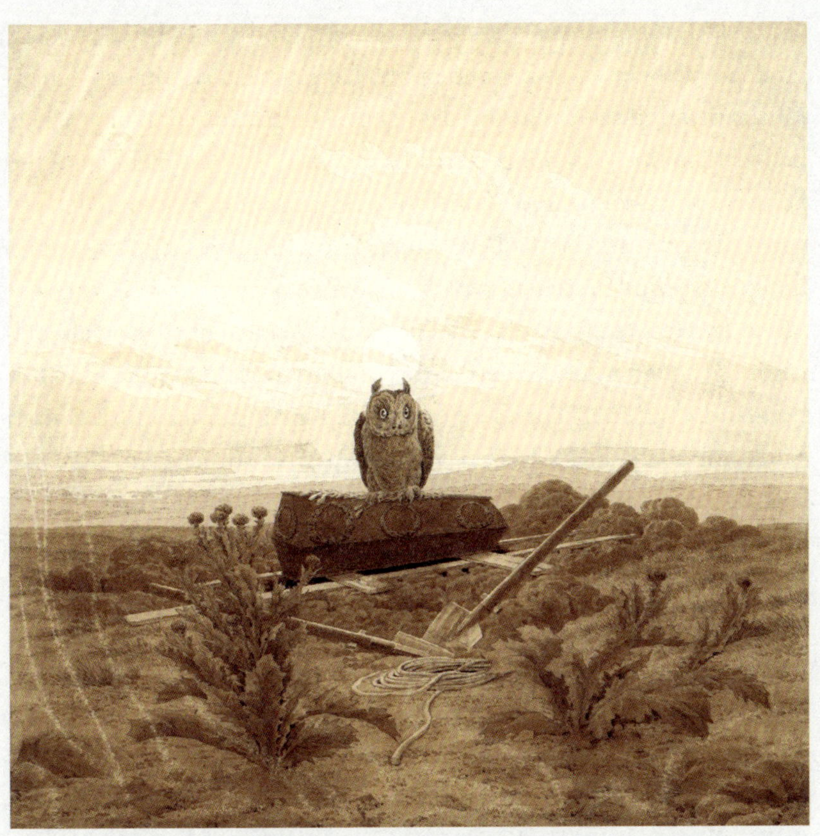

Abb. 105: *Landschaft mit Grab, Sarg und Eule*, um 1836

Als ihn im Juli 1838 die Nachricht vom Tod seines Bruders Adolf erreicht, bleibt er scheinbar unberührt. Längst hat er sich in sein Schicksal ergeben und seinerseits mit dem Leben abgeschlossen. Nur gelegentlich werden noch Emotionen sichtbar, etwa als im Sommer darauf die Schwestern Caroline und Wilhelmine Bardua auf den Spuren der Vergangenheit in Dresden vorbeischauen. Friedrich, den sie krank und gebrochen vorfinden, schenkt Caroline einige Sepien, und sie verewigt ihn in Porträtsitzungen, die sich über sechs Wochen hinziehen, als würdigen, gebeugten, versteinerten Alten. Die Aussicht auf die Elbe mit Berglandschaft, tiefstehender Sonne und Kruzifix zitiert noch einmal Bildkomponenten des Malers und die Augustusbrücke mit dem Gekreuzigten erscheint nun definitiv als Passage in eine jenseitige Welt, in die Friedrich bereits unterwegs zu sein scheint: Der Stock deutet auf körperliche Gebrechlichkeit, der ins Unbestimmte gerichtete Blick auf geistige Abwesenheit. Durch das Daumenloch der Palette wächst bereits eine Pflanze und umrankt die Pinsel. Das Werkzeug des Malers ist endgültig beiseitegelegt, seine Palette ist so leer wie sein Gesichtsausdruck. Das letzte schriftliche Zeugnis zu Friedrich ist eine knappe Tagebucheintragung Schukowskis vom 19. März 1840: »Zu Friedrich. Traurige Ruine. Er weint wie ein Kind.«[315]

Ein großes Ölgemälde hatte Friedrich nach dem Schlaganfall noch in Angriff genommen. Wie aus Trotz gegen seine körperlichen Gebrechen wählte er ein für seine Verhältnisse gewaltiges Format. »Groß ist dies Bild, und dennoch wünscht man es immer noch größer, denn die Erhabenheit in der Auffassung des Gegenstandes ist groß empfunden und fordert immer noch größere Ausdehnung im Raume«, schrieb er wenige Jahre zuvor. »Es ist daher immer ein Lob für ein Bild, wenn man es größer wünscht.«[316] Und Friedrich wünschte sich das Bild, das er im Kopf hatte und von dem er annehmen konnte, dass es sein letztes werden könnte, groß und größer. Handwerklich nicht mehr in ge-

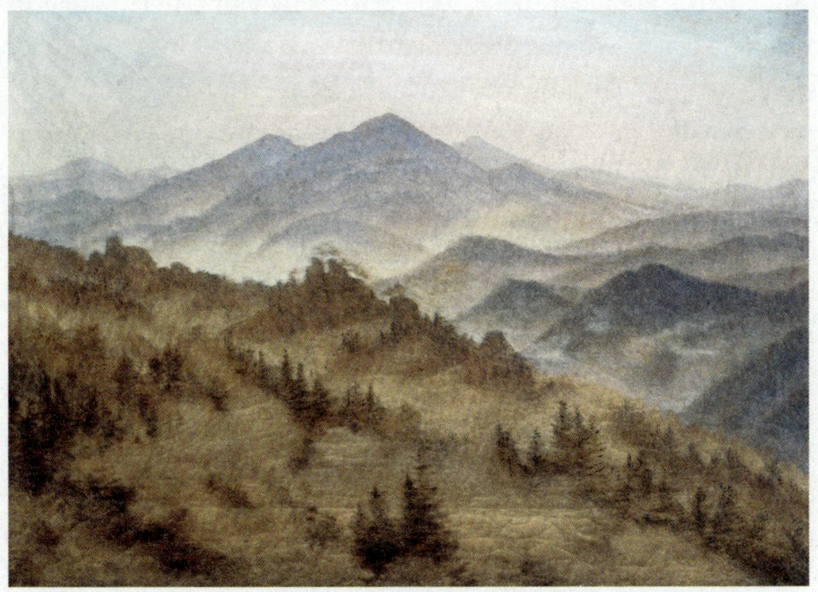

Abb. 106: *Gebirge bei aufsteigendem Nebel*, ca. 1835

wohnt sublimer Präzision ausgeführt, thematisiert das *Meeresufer im Mondschein* dennoch einzigartig jene erwähnte Ausdehnung im Raum. Ein Haufen rostender Anker, zwei einträchtig dümpelnde Kähne an der steinigen Küste, drei Segelboote, Reflexionen des Mondlichts auf den Wassern. Zu den Bildrändern hin verdunkelt sich die Szene, als sei sie durch die Linse einer Camera obscura betrachtet, und saugt so den Blick in der Bildmitte in die Tiefe.[317] Doch obwohl es Nacht zu sein scheint, leuchtet der Horizont taghell als silbriger Streifen, der das Bild mittig in Wasser und Himmel teilt. Der Horizont aber ist ein Ort in der Unendlichkeit, das Licht unerreichbar.

War im *Mönch am Meer* der Strand sandig, der Horizont düster, das Meer aufgewühlt, so kehren sich hier die Verhältnisse um. Das Ufer ist steinig, das Meer still. Die Schiffe, die Friedrich im *Mönch* noch übermalte, sind nun sichtbar und unterwegs zur Küste, dafür fehlt der Mönch. Der Betrachter ist aus dem Bild verschwunden.

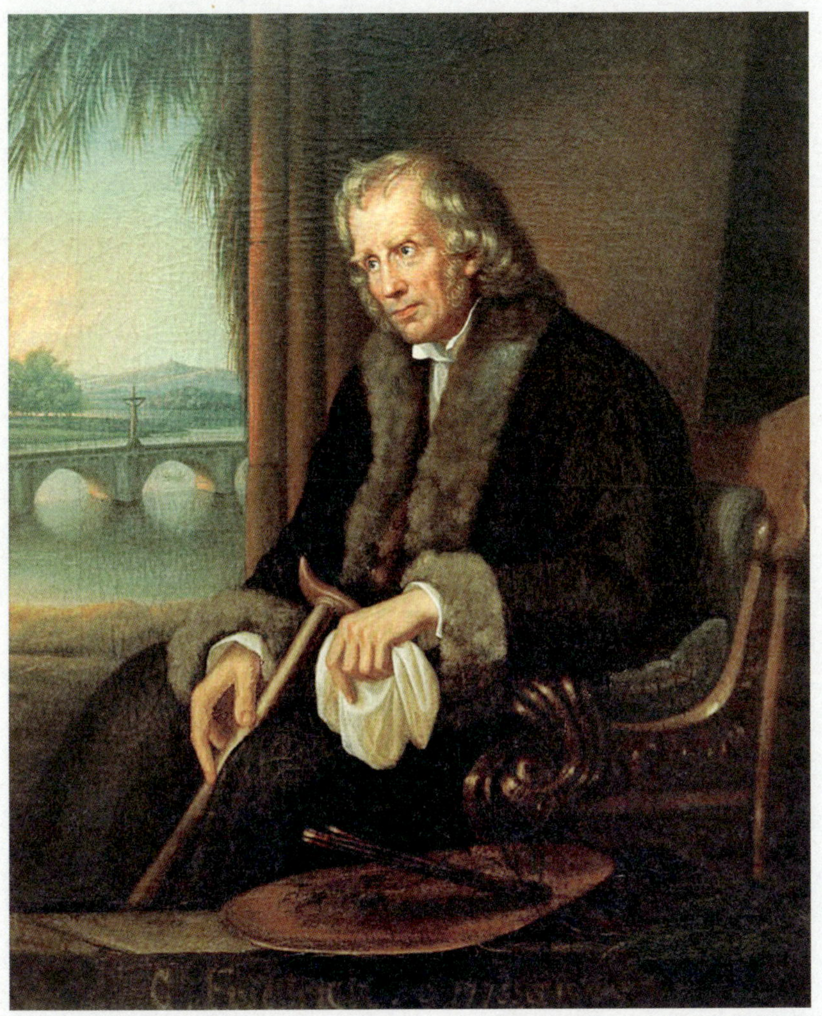

Abb. 107: Caroline Bardua, *Caspar David Friedrich*, 1839

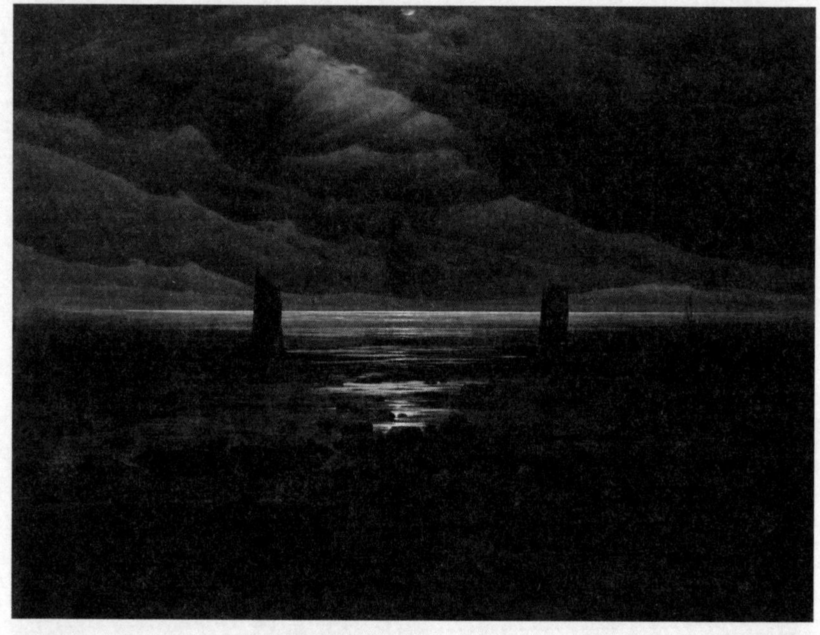

Abb. 108: *Meeresufer im Mondschein*, 1836

NACHLEBEN

EIN BUNTER SCHMETTERLING

»Was Friedrich betrifft«, schrieb Carl Gustav Carus im Jahr vor Friedrichs Tod,

> *so lebt er zwar jetzt leidlich genug, jedoch vom Schlage gelähmt und ohne zu arbeiten oder geistigen Umgang zu gewähren. Seine Tochter ist an einen braven Elbfischer verheiratet*[318] *– Freunde haben eine Unterstützung für ihn selbst zusammengebracht, der er wohl bedurfte. Es ist aber seltsam, wie doch jene ganze Kunstperiode, in welcher Friedrich, Matthäi, Vogel, Rößler, Klengel und Hartmann tätig waren, jetzt schon so ganz untergegangen oder durch die neu aufgehenden, hier sich fixierenden Zweige [der] Düsseldorfer Schule weit zurückgedrängt ist!*[319]

In seinem letzten Lebensjahr scheint Friedrich keine Werke mehr geschaffen zu haben. Am 7. Mai 1840 starb er in Dresden. Freunde, Studenten und Professoren der Akademie geleiteten seinen Sarg zum Trinitatisfriedhof. Sein Patensohn, der Theologe Johannes Benno Kummer, hielt die Grabrede.

Nach einem Gesuch seiner Familie an Schukowski schickte der Kaiser von Russland als Zeichen der Wertschätzung des Verstorbenen ein letztes Mal Geld. 150 Taler, quittiert am 28. Februar 1843 von Caroline Friedrich. Danach sank der Maler in allgemeine Vergessenheit.

Es dauerte, bis der Name Caspar David Friedrich einen Glanz annehmen konnte, den er zu Lebzeiten des Künstlers so nie besessen hatte. Die Szene der Nachlassbegutachter (dargestellt von Otto Sander und Udo Samel) in Peter Schamonis Film *Caspar David Friedrich – Grenzen der Zeit*, die lediglich die Keilrahmen der vorhandenen Gemälde als brauchbar taxieren, scheint kaum übertrieben. Man verzeichnete 78 Dinge, von der Palette bis zu Friedrichs geliebtem Pelz, die wenigen Bücher hatte er offenbar vor seinem Tod verkauft oder vernichtet. Das Begräbnis kostete 48 Taler und 22 Groschen, die 38 hinterlassenen Gemälde, 16 Zeichnungen und sieben Skizzenbücher taxierte man auf zusammen 15 Taler und 10 Groschen. Als 1858 elf Bilder Friedrichs aus dem Nachlass Dahls versteigert werden sollten, fand sich kein Interessent.[320]

Dem Bedürfnis nach einer nationalen kulturellen Erneuerung und der Suche nach nationalen Künstlern verlieh ein Buch wie *Rembrandt als Erzieher* Ausdruck, 1890 »von einem Deutschen« verfasst. Hinter dieser Anonymität, die dazu beitrug, dass das Werk zu einem Bestseller wurde, verbarg sich – protegiert vom höchsten Kulturbeamten Sachsens, Woldemar von Seidlitz, und dem Direktor der Berliner Gemäldegalerie, Wilhelm von Bode – der Kunsthistoriker Julius Langbehn. Dem »Deutschen« Rembrandt schrieb er alle Eigenschaften zu, die den zeitgenössischen Künstlern seiner Ansicht nach fehlten: Individualität, Regionalität, Naivität und Treue gegen sich selbst. Rembrandt wurde zum »Mystiker« stilisiert, der dem »deutschen Fluch« widerstand, »undeutsche« Länder zu bereisen, der in »leisen Nuancen« und religiöser Läuterung malte, wie »ein Kind und dabei doch großartig, furchtbar, unheimlich durch die Tiefe seines forschenden Blicks«.[321] Rembrandt, das sei der »Held aus dem Nebelland«, der Leitstern für eine völkische Erneuerung.[322] Langbehns Schrift war ein Manifest gegen den Rationalismus, gegen die Aufklärung, gegen Professoren und Juden, für einen neuen Nationalismus und eine deutsche Weltherrschaft: »Wie der echte Deutsche durchweg als ein Aristokrat, so wird der echte Aristokrat durchweg als ein Deutscher geboren«,[323] folglich beherrsche Deutschland seine Nachbarn und bald auch die Welt. Doch dazu bedürfe es der deutschen Seele, die im Individualismus der Kunst liege: »Der Gelehrte ist seinem Wesen nach international, der Künstler national; und eben darauf gründet sich die Ueberlegenheit des letzteren über ersteren«, denn der Gelehrte sei stets geistiger Parvenu. »Darum steht der Künstler dem Herzen des Volkes weit näher, als der Gelehrte; darum vermag er erzieherisch auf das Volk einzuwirken weit mehr, als der Gelehrte.«[324] Langbehn ebnete Friedrich, ohne diesen zu kennen, mit seinem Bestseller einen Weg zur Ikone deutscher Kunst, denn von *Rembrandt als Erzieher* zu *Friedrich als Erzieher* sollte es nicht mehr weit sein.

»Wenn A[ugust] Hagen schon 1857 schreiben konnte: ›F. ist vergessen‹ und ihm Karl F[riedrich] Lessing vorzog, wenn [Franz Theodor] Kugler ihn in seiner Pommerschen Kunstgeschichte nicht einmal erwähnt«, so Thieme-Beckers-Künstlerlexikon 1916, dann begreife man, dass Friedrich tatsächlich ein in der Kunstgeschichte Verschollener war. Herman Riegel, antifranzösisch und um die Reinheit der deutschen Sprache bemüht, die er mit seinem *Allgemeinen deutschen Sprachverein* von Fremdwörtern zu reinigen gedachte, fokussierte 1876 auf die Anekdote des im Eis ertrunkenen Bruders und schilderte Friedrich folglich als düsteren Romantiker. Friedrich setze nur auf das Gefühl, vergesse darüber »Gedanke und plastische Form« und schaffe folglich Landschaften, die sich im »melancholischen Nebel reiner Empfindung« auflösten. Dennoch sei er, neben Joseph Anton Koch, »der Erste auf deutschem Boden«, der in der Landschaftsmalerei »auf wahrer Empfindung beruhende Stimmung« zum Ausdruck gebracht habe.[325]

Cornelius Gurlitt stellte Friedrich 1899 an die Seite John Constables und William Turners, »Schüler und Überwinder des Claude Lorrain«:

Kaspar Daniel [sic] Friedrich war einer der ersten, der mit Ansichten nach Art jener Constables auftrat. [...] Er setzte die Welt in Erstaunen durch die geringe Gegenständlichkeit seiner Bilder, dadurch, daß er nicht darauf ausging, lachende Auen zu schildern. In sprachlosem Erstaunen sah der Königsberger Professor August Hagen Männer auf einem Stein am Meer stehen, vor ihnen die weite Fläche, Nebel heranwallen, zur Selbstbetrachtung einladende Einsamkeit. [...] Nicht was er erreichte, sondern was er erstrebte, nimmt für ihn ein: Die neue Vertiefung in die Stimmung, die vollkommen auf den Natureindruck hinschauende Darstellung, in der er in seiner Jugendzeit in Deutschland kaum einen Nebenbuhler hatte.[326]

Die Wiederentdeckung Friedrichs nach gut einem halben Jahrhundert ist vor allem Andreas Aubert sowie der norwegischen Regierung zu verdanken, die den Theologen und Kunsthistoriker mit einem Stipendium bedachte, um Forschungen über seinen Landsmann Johan Christian Clausen Dahl zu betreiben. Hätte Dahl nicht im selben Haus wie Friedrich gewohnt, wer weiß, ob Friedrich jemals zu solchem Ruhm gekommen wäre. So aber stieß Aubert zwangsläufig auf Dahls Dresdener Nachbarn und warb bald auch in Deutschland für die nordische Romantik.

Erst die gigantische *Jahrhundertausstellung deutscher Kunst* der Berliner Nationalgalerie 1906, in der es darum ging, auch im Treibsand der Kunstgeschichte Verwehten und Versunkenen der Jahre 1775 bis 1875 wieder zu ihrem Recht zu verhelfen, zeigte unter den rund 2000 Gemälden und 3000 Zeichnungen immerhin 37 Werke Friedrichs.

Die Ausstellung fiel in eine Zeit, in der sich die stilistische Beliebigkeit und tendenzielle Traditionslosigkeit der Gründerzeit zusehends einer Opposition gegenübersah, die nach dem Wahren und Echten verlangte, worunter ein antimodernistisch, völkisch und meist auch

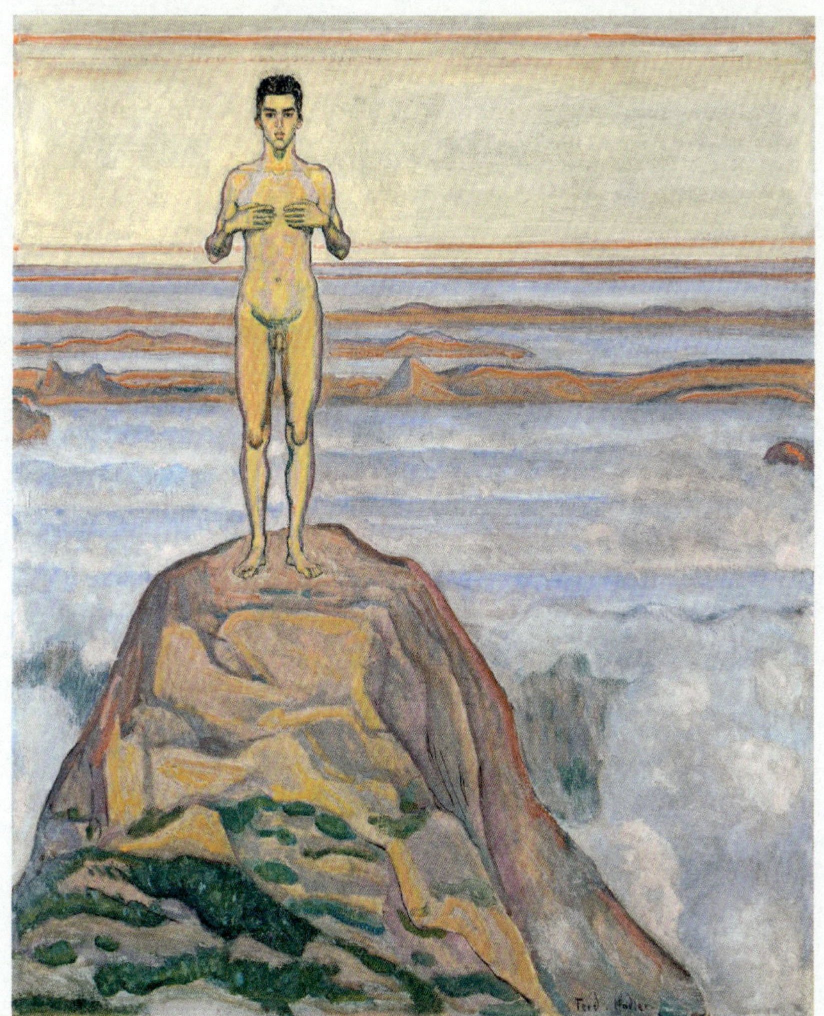

Abb. 109: Ferdinand Hodler, *Blick in die Unendlichkeit III*, 1903

antisemitisch gefärbter Rückblick auf scheinbar spezifisch deutsche Kunst verstanden wurde. Die Heimat(kunst)bewegung reklamierte im Geiste Langbehns Rembrandt als ›niederdeutschen Erzieher‹ für sich, brachte Heidedichter hervor, verkündete eine arisch-heldische Lehre Jesu,[327] entdeckte »Germanische Heiligtümer«[328] und vertrat entsprechend den politischen Organisationen wie dem *Alldeutschen Verband* oder dem *Deutschbund* nationalistische Interessen.

Selbstverständlich gab es parallel weiterhin Künstler, die wie Friedrich danach strebten, das Unfassbare zu vergegenwärtigen, die Grenzen des Darstellbaren zu erweitern und sich an einem *Blick in die Unendlichkeit* zu versuchen – Ferdinand Hodler etwa, bei dem aus dem abgewandten *Wanderer über dem Nebelmeer* ein uns zugewandter nackter junger Mann wird, Hodlers Sohn Hector, der durch den Maler und damit durch uns als Betrachter hindurch in eine Zukunft blickt, die hinter uns liegt.

Spätestens mit dem Siegeszug des Piktorialismus um 1900 war die Zeit für eine Wiederentdeckung Friedrichs reif. Die stimmungsvollen, reduzierten Landschaften und Wolkenstudien von Heinrich Kühn, Edward Steichen oder Alfred Stieglitz stellten das subjektive Sehen und Empfinden in den Vordergrund: »Viele Bildschöpfungen gleichen visionären Erscheinungen, die ein gefühltes Innenleben symbolhaft abbilden sollen. Ihnen haftet daher häufig etwas Immaterielles und Sphärisches an, während in ihnen das Sichtbare und Vordergründige infrage gestellt wird und sich der Darstellung entzieht«, betonte Jan Wilms. »So verweisen die Werke vielmehr auf Verborgenes, verhüllen letztlich mehr, als sie enthüllen.«[329]

Bei Max von Boehn war Caspar David Friedrich 1911 bereits das unverstandene Genie.[330] Die Romantik wurde »zum Inbegriff einer spezifisch deutschen Utopie«[331] und Friedrich zu einem der führenden Protagonisten erklärt. Unter dem Titel *Caspar David Friedrich. Gott,*

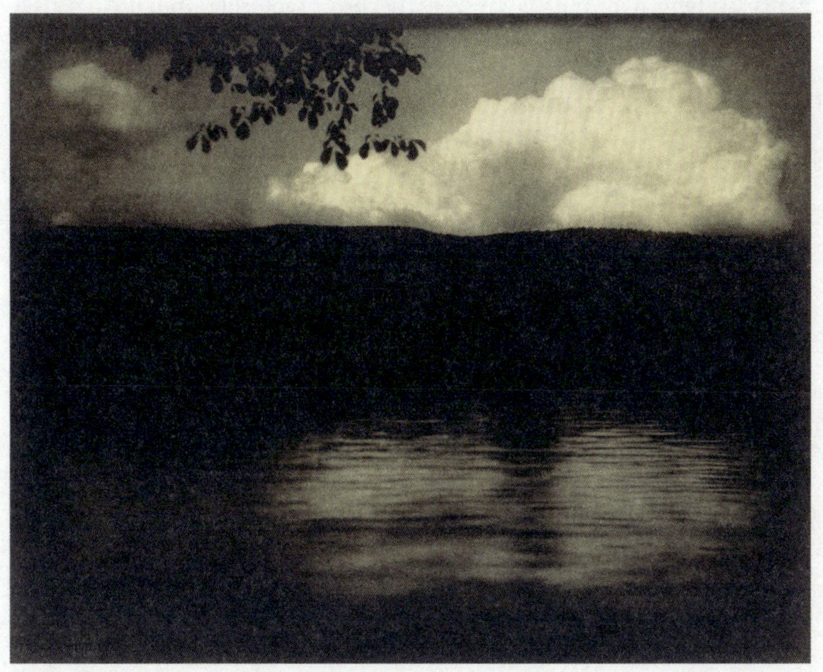

Abb. 110: Edward Steichen, *Die große weiße Wolke*, 1903

Freiheit, Vaterland erschien 1915 in Berlin bei Bruno Cassirer postum Andreas Auberts biografisches Fragment, das auch einen Maler wie Ernst Ludwig Kirchner faszinierte, der im psychisch labilen Außenseiter nicht nur Parallelen zu sich selbst entdeckte, sondern den auch Auberts Worte über Friedrichs *Morgen im Riesengebirge* aufhorchen ließen:

> *In der Tat, soweit meine Kenntnis der modernen Landschaftsmalerei reicht, ist das Werk das erste poetisch ganz durchgeistigte Hochgebirgsbild mit modernem Stimmungsgehalt, das die Kunstgeschichte kennt. Hier ist die Malkunst bei knapper und klarer Form, auf einer verhältnismäßig primitiven Entwicklungsstufe, zur poetischen Stärke und zur Höhe der Empfindung von Rousseaus und Goethes Naturlyrik gelangt.*[332]

Während Aubert hinsichtlich Nationalismus noch gemäßigte Töne angeschlagen hatte, feierte der Herausgeber Guido Joseph Kern im Vorwort Friedrich als Helden der Befreiungskriege und instrumentalisierte ihn als Idol im Ersten Weltkrieg: »Aus dem stillen, versonnenen Greifswalder Träumer wurde ein Priester, ein politischer Führer des Volkes. Die Bewegung, die mit dem Sturz Napoleons endete, begann mit Konventikeln deutscher Dichter und Maler!«, so der damalige Kustos der Berliner Nationalgalerie. »War einst der Name Friedrich ein Symbol für deutsche Art, als sich Jung-Deutschland zusammenscharte, um den Korsen zu stürzen und dem Vaterlande die ersehnte Freiheit zu erringen, so möge er heute uns ein Ansporn sein, im Kampfe auszuharren und nach einem Frieden, wie wir ihn erhoffen, das Banner der deutschen Kunst neu zu entfalten.«[333]

Damit war der Grundstein für einen neuen Nationalmaler gelegt, der das Deutsche gefeiert und verewigt habe. Was dieses Deutsche war, definierte Kurt Karl Eberlein, der Friedrich zum germanischen Erzieher erkor, dann 1933: »Deutsche Kunst ist die in Deutschland von deutschen Menschen deutsch geschaffene Kunst, die gewachsene, nicht die gezüchtete.«[334]

Kunst ist dieser Definition nach dann deutsch, wenn sie deutsch geschaffen wurde. Der dürftig kaschierte Zirkelschluss verdeutlicht, wie schwer es auch damals schon fiel, das Typische am Deutschsein zu benennen. Die argumentative Hilflosigkeit zeigt sich vor allem darin, dass ein Staat, der Zucht und »Rassereinheit« explizit propagierte, nun ausgerechnet in seiner Kunst andere Regeln gelten lassen und sich statt Züchtung einen ursprünglichen Wildwuchs wünschen solle.

Unter »gezüchtet« verstand Eberlein somit keineswegs die Ausmerzung aller verunreinigenden Einflüsse zugunsten eines maximierten biologischen Produkts, sondern im Gegenteil die als negativ empfundenen Einflüsse anderer Kulturen (wie der italienischen oder französischen), das Supranationale, das Verwässernde und Verweichlichende. Zucht ist also bei Eberlein Dekadenz und Internationalismus. Auch hier kann man dem selbsternannten Seher und Deuter deutscher Kultur nur eine Begriffsverwirrung attestieren.

Dem Pathos des Nationalsozialismus, das Triumphe und Tragödien gleichermaßen in Szene zu setzen wusste, entsprach der Brand des Münchener Glaspalastes, der am 6. Juni 1931 rund dreitausend Kunstwerke zerstörte, darunter eine Romantiker-Ausstellung mit 110 Werken von Runge, Friedrich, Carus, Cornelius, Fohr, Schwind, Lessing und vielen anderen, die erst fünf Tage zuvor eröffnet worden war. Ersetzt wurde der Glaspalast durch das *Haus der deutschen Kunst*. Hitler erwähnte 1937 in seiner Rede zur Eröffnung, die hier exemplarisch für seine Kunstauffassung stehen soll, diesen Verlust von Werken, entstanden aus dem »überragenden arischen Rassekern«:

Romantiker hießen sie und waren dabei doch nur die schönsten Vertreter jenes deutschen Suchens nach der wirklichen und wahrhaften Art unseres Volkes und nach einem aufrichtigen und anständigen Ausdruck dieses innerlich geahnten Lebensgesetzes. Denn nicht nur die gewählten Stoffe der Darstellung waren dabei für ihre Charakteristik des deutschen Wesens entscheidend, sondern ebenso sehr die klare und einfache Art der Wiedergabe dieser Empfindungen.[335]

Dass manche Romantiker, vor allem jene des Lukasbundes, eine Entfremdung der Kunst vom Volk beklagten und wie Cornelius als Gegenmittel nach historischem Vorbild Freskenzyklen und Gemeinschaftswerke im Stil gotischer Bauhütten forderten, mag Hitler im Sinn gehabt haben, als er die Unmittelbarkeit und Verstehbarkeit der Kunst einklagte. Für Friedrich wäre die Vorstellung, nicht mehr für sich allein grübeln zu können, allerdings eine trostlose gewesen.

Im Vergleich mit all jenen Romantikern, die biblische Szenen in italienischen Landschaften malten, angesichts derer man sich fragt, wie deutsch diese Sujets und wie arisch ihre Darstellung waren, brachte Caspar David Friedrich auf den ersten Blick jedoch einiges mit, was ein Genie im Sinne des Nationalsozialismus brauchte: Patriotismus, Verweigerung fremdländischer Einflüsse und Beharrlichkeit in seinem Stil auch auf die Gefahr hin, unmodern zu sein.

Wobei, laut Hitler, wahre Kunst völkisch und somit so lange aktuell sei, wie das Volk existiere. Modern und unmodern, die Idee von einer Zeitgebundenheit der Kunst, sei eine jüdische Erfindung, um Ephemeres wenigstens kurzzeitig forcieren zu können.

Unsere deutschen Romantiker von einst dachten nicht im geringsten daran, etwa alt oder gar modern zu sein oder sein zu wollen. Sie fühlten und empfanden als Deutsche und rechneten natürlich dement-

sprechend mit einer dauernden Bewertung ihrer Werke entsprechend der Lebensdauer des deutschen Volkes.[336]

Um zu sehen, wie sehr Hitler auch hier irrte, reicht ein Blick zurück auf Friedrichs letztes Lebensjahrzehnt: Kaum jemand dürfte schmerzlicher gespürt haben, wie die Mode über ihn persönlich hinwegging. Dennoch verteidigte Friedrich die Zeitgebundenheit der Kunst. Jede Zeit brauche ihren künstlerischen Ausdruck, denn »wenn auch in unserer Zeit wiederum ein Raffael oder sonst ein ausgezeichneter Künstler wie die der Vorzeit aufstünde mit ebenso großen Naturanlagen und Fähigkeiten wie seine Vorgänger, er würde dennoch nicht wie jene malen. Seine Werke würden und müßten immer das Gepräge seiner Zeit an sich tragen«, schrieb Friedrich. »Darum ihr Herren von A bis Z, die ihr ewig Raffael und Michelangelo und andere mehr nachäfft, man wird eure Werke ebensowenig für eines dieser Meister erkennen als einen Affen für einen Menschen halten, wie er auch den Menschen nachahmt, wohl aber könnte man in Versuchung geraten, euch Herren, für nicht viel mehr als für Affen zu halten.«[337]

Aus der Vorstellung Hitlers von einer zeitlosen Kunst, die eine überzeitlich-antikische Schönheit zu feiern habe – die Griechen gehören in diesem Weltbild selbstverständlich auch zum nordischen Kulturraum –, folgt die Forderung von »anständigen« Werken, die leicht verständlich sind und ohne theoretischen Überbau auskommen.

Kunstwerke, *die an sich nicht verstanden werden können, sondern als Daseinsberechtigung erst eine schwulstige Gebrauchsanweisung benötigen, um endlich jenen Verschüchterten zu finden, der einen so dummen oder frechen Unsinn geduldig aufnimmt, werden von jetzt ab den Weg zum deutschen Volke nicht mehr finden!*[338]

Auch das ist ein grundlegendes Missverständnis der Romantik, denn kaum eine Zeit hat sich so sehr im Schwadronieren gefallen, im Errichten von Gedankengebäuden und in der Interpretation künstlerischer Prinzipien wie die Epoche Caspar David Friedrichs: »Malerei ohne zugehörige Theorie war dem Gebildeten zu Anfang des 19. Jahrhunderts ein Unding.«[339]

Wäre die Zensur, die Hitler ankündigt, in der Zeit der Demagogenverfolgung nur annähernd so rigoros gewesen, der obrigkeitskritische und eher republikanisch gesinnte Friedrich wäre mit Malverbot bedacht worden, denn auch die Vorstellung von einer klaren und einfachen Botschaft ist auf kaum einen Künstler weniger zutreffend als auf Friedrich.

Es klingt, als stehe er an der Seite jener Kritiker, die Friedrich dräuenden Mystizismus und Obskurität unterstellten, wenn Hitler fortfährt:

> *Alle diese Schlagworte wie: inneres Erleben, eine starke Gesinnung, kraftvolles Wollen, zukunftsträchtige Empfindung, heroische Haltung, bedeutsames Einfühlen, erlebte Zeitordnung, ursprüngliche Primitivität usw., alle diese dummen, verlogenen Ausreden, Phrasen oder Schwätzereien werden keine Entschuldigung oder gar Empfehlung für an sich wertlose, weil einfach ungekonnte Erzeugnisse mehr abgeben.*

Die kritisierten Phrasen werden von Hitler umgehend durch neue ersetzt. Jetzt ist die Rede von *volklicher Gebundenheit, innerlich geahnten Lebensgesetzen, deutschem Suchen, deutschem Herzensgrund* oder *heiliger Gewissenhaftigkeit.* Maßstab aller Kunstbewertung, daran lässt Hitler aber bei aller verbalen Folklore keinen Zweifel, sei nun ein absoluter Naturalismus und das antike Schönheitsideal, die dem Geschmack des Volkes entsprächen, das ab sofort, vertreten durch ihn, »wieder zum

Richter über seine Kunst aufgerufen wird«. Auch diesem geforderten Naturalismus konnte Friedrich nicht gerecht werden, wenn man Dahl glauben darf, der zu Friedrich resümierte: »Die Zeit sah in seinen Bildern konstruierte Ideen ohne Naturwahrheit.«[340]

Dass Caspar David Friedrichs 100. Todestag ins zweite Kriegsjahr fiel, als die von Anfangserfolgen weiter aufgepeitschte deutsche Hybris mit besonderem Nachdruck nach weiterer Nahrung für die Legitimation einer Theorie von der naturgemäßen Dominanz einer arischen Rasse suchte, trug dazu bei, dass der Maler dennoch weiter zum Vorkämpfer völkischer Vorstellungen stilisiert wurde. Erst der Nationalsozialismus, hieß es etwa bei Eberlein und in Alfred Rosenbergs Zeitschrift *Die Kunst im deutschen Reich*, sei in der Lage, die völkischen und vaterländischen Dimensionen in Friedrichs Werk wirklich zu begreifen.[341]

Aus seinem Werk spreche »der unerschütterliche heilige Glaube an Deutschland«, schrieb Kurt Wilhelm-Kästner 1940. »Es liegt daher ein tiefer Sinn und eine geschichtliche Notwendigkeit in der Tatsache begründet, daß genau vor 25 Jahren, im [Ersten] Weltkriege, das erste entscheidende Werk über Caspar David Friedrich [...] erschien, das uns Kriegsfreiwilligen damals eine Offenbarung war.«[342] Der Autor sprach Friedrich von allem Dekadenten und Schwermütig-Romantischen frei und erkannte vor allem in den Hünengräbern die »ins Monumentale gesteigerte Größe und Wucht«, die dem heroischen Geist dieser Frühzeit« entspreche: »So hatte bis dahin keiner die Vorzeit, das *ewige Germanien* zu erschauen und im Bilde sichtbar werden zu lassen vermocht. Dies ist keine romantische Staffage im Sinne der verbreiteten Ossianverehrung, keine sentimentale Anempfindung, sondern unmittelbares Erlebnis germanischen Ewigkeitsdenkens.«[343]

Was an Friedrichs Landschaften, die Naturgewalt, göttliche Schöpfung und Einsamkeit feiern, vaterländisch oder gar völkisch sein soll, darüber schwieg man sich unterdessen aus. Der Künstler war nicht nach Italien gereist und hatte stattdessen pommersche und sächsische Gegenden gemalt, das genügte im Wesentlichen als Begründung.

Für Eberlein lebte Friedrich ein Heroenleben,

> *denn dieser Einsame blieb Sieger gegen alles Leid und gegen alle Widerstände der Welt. Er litt und lebte und wurde uns Gestalt. Er, Caspar David Friedrich, blieb, als alles versank, und er bleibt. Seine Kunst ist die große Kunst der Romantik. In ihm lebt das alte Erbgut germanischer Art noch einmal auf, der nordische Kunstgeist, der unter der Asche fortglüht. Seine Seelenkunst ist die Widerstandskunst des Nordens gegen alle Darstellungskunst des Südens.*[344]

Ein wirklicher Blick auf seine Kunst blieb aus, musste ausbleiben, denn nicht das Völkische, sondern das Eigenbrötlerische, nicht der Siegeswille, sondern die Todessehnsucht, nicht die brachiale Überwältigung, sondern das subtile Kleinformat durchziehen Friedrichs Kunst. Stattdessen wurde auf seine Liebe zu Steinen, zu Gräbern, zum Licht als Ausdruck nordischen Weltgefühls verwiesen und auf seine physische Erscheinung, an deren arischen Rassemerkmalen keine Zweifel bestanden.[345]

Mehr als alles andere steht Friedrichs Überzeugung von der Subjektivität der Kunst, vom ureigenen innersten Bedürfnis, dem man als Künstler Ausdruck verleihen sollte, in krassem Widerspruch zu den Vorstellungen des Nationalsozialismus. Hitler kündigte in seiner Rede an, er werde alles unterbinden, was nicht die Wirklichkeit genauso abbilde, wie sie das Auge sehe, und er werde Künstler abweichender Sichtweisen entweder als Lügner oder Kranke behandeln: »Ich möchte im Namen des deutschen Volkes es nur verbieten, daß so bedauerliche Unglückliche, die ersichtlich am Sehvermögen leiden, die Ergebnisse ihrer Fehlbetrachtungen der Mitwelt mit Gewalt als Wirklichkeit aufschwätzen«, und er drohte, er werde alles tun, um »weitere Vererbung derartiger grauenhafter Sehstörungen zu unterbinden«.[346]

Friedrich hätte ihm entgegnet, die Phantasie, das innere Auge und künstlerische Freiheit seien letztlich bedeutender als die Fähigkeit zur naturgetreuen Wiedergabe: »Jeden freien Aufschwung der Seele möchten die Engherzigen hemmen, damit hübsch alles auf betretenen und ausgetretenen Wegen einhergehe. Laßt doch, ihr weisen Herren, jedes Streben ungehindert seinen Weg gehen, denn selbst die Verirrungen führen am Ende doch noch zu etwas Gutem.« Und er hätte hinzugefügt, an die Klassizisten aller Zeiten gerichtet: »Erkenne nur das Bessere der Gegenwart und stelle nicht, wie viele jetzt wollen, die Vergangenheit als unbedingtes Vorbild für die Gegenwart auf.«[347]

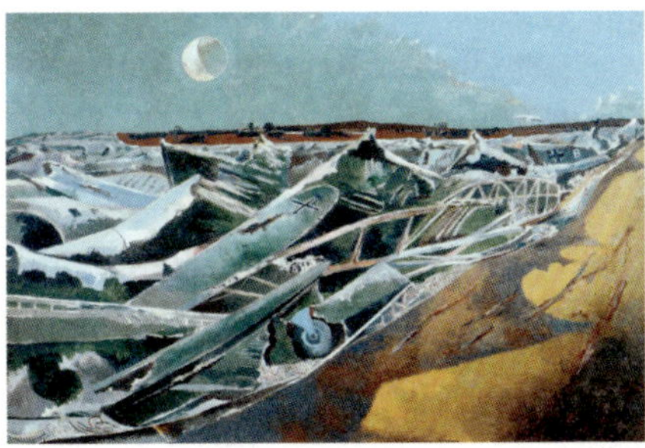

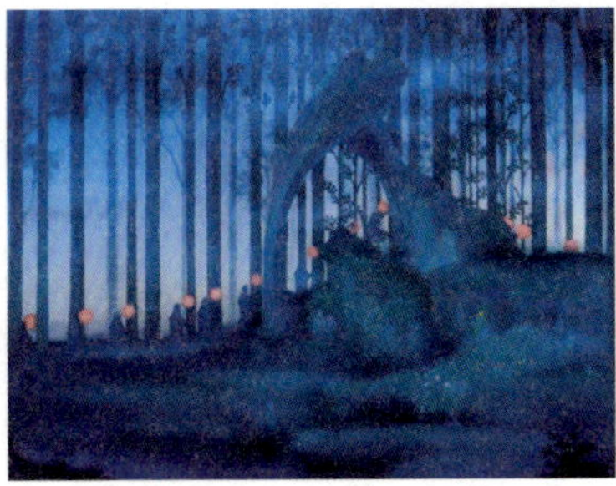

Abb. 111 und 112: Paul Nash, *Totes Meer*, 1940-41; Kay Nielsen, John Hench, Faith Rookus, *Ave Maria*, aus: Walt Disneys *Fantasia*, 1940

Die Friedrich-Euphorie des Nationalsozialismus war auch dem Ausland nicht entgangen, wofür Paul Nashs *Totes Meer* von 1940-41 (der Titel ist vom Briten in deutscher Sprache gewählt) prominentestes Beispiel ist. Über einer Landschaft aus deutschen Flugzeugwracks, die an Friedrichs Eismeer gemahnt, steht der abnehmende Mond und eine Eule zieht einsam ihre Bahnen: der deutsche Nationalismus abgestürzt und erstarrt zu einem Ozean aus Blech.[348]

Parallel zur Instrumentalisierung Friedrichs durch den Nationalsozialismus entdeckten dann sowohl die Surrealisten als auch Walt Disney den Maler für sich.

Max Ernst, mit den Dadaisten in der Schweiz und in Frankreich gut vernetzt, war unverkennbar von Friedrichs Mondlandschaften und Baumsilhouetten fasziniert. Das Faible der Surrealisten für symbolische und psychologische Dimensionen tat dann ein Übriges, um sie für die Vorliebe des deutschen Kollegen zu sensibilisieren. Folgerichtig erschien in der letzten Ausgabe des surrealistischen Leitmediums, der von André Breton herausgegebenen Zeitschrift *Minotaure*, im Mai 1939 ein Aufsatz von Madeleine Landsberg, der Caspar David Friedrich zum surrealistischen Mondmenschen kürte.

> *Das einzige Licht, das die Nacht der Einheit nicht zerstört, ist das Mondlicht. Es individualisiert nicht, im Gegenteil, es verschmilzt die Dinge zu einem Ensemble. Es lässt alles verschwinden, was zu hart oder zu nah ist. Die positive Bezeichnung der Ur-Angst ist die Nostalgie des mütterlichen Prinzips. Des mütterlichen Prinzips, das die Erscheinung des Mondes symbolisiert: Von da stammt der seltsame Traum Friedrichs, der einmal sagte, »dass die Menschen, sollten sie nach dem Tod in eine andere Welt gebracht werden, auf dem Mond landen würden«. Für die Epigonen war der Mond bekanntes romantisches Accessoire. Für Friedrich bleibt er natürliches Symbol, wie das Meer, Verwandter des Mondes, und wie der Schnee, Verwandter seines Lichts. […] Seine Landschaften nehmen oft selbst einen Mondcharakter an, unbewohnt, nebulös, fremd. Die Beleuchtung zeigt nie einen bestimmten Moment des Tages an, sondern markiert stets einen Übergang, etwa den Übergang zwischen Tag und Nacht, ohne dass Morgen oder Abend manifest werden.*

Das Streben nach dem Unberührten allerdings, so Landsberg, fordere seinen Preis. »Das Anliegen, sich ›einen reinen kindlichen Sinn‹ zu bewahren, ist eine Negation des Lebens, denn die höchste Reinheit wird mit dem Nicht-Geborensein verbunden, dem Nichts. Die Schönheit, die er sucht, ist die Schönheit eines nicht-existenten Lebens.«[349]

Zugleich hielt Friedrichs Ästhetik auch in der amerikanischen Populärkultur Einzug. Der Motivkanon mit Nebelbergen, Mönchsprozession und gotischer Ruine wurde in Walt Disneys drittem abendfüllenden Zeichentrickfilm, *Fantasia,* noch dadurch überhöht, dass sich sogar der Wald zu gotischem Maßwerk formiert und sich die Natur so zur Kathedrale wandelt. Unendlich langsam ziehen die Mönche mit Kerzen zu Schuberts *Ave Maria* über eine Brücke und durch einen Wald dem Sonnenaufgang entgegen. Es ist die sakrale Schlussszene des Films, der aus acht stilistisch unterschiedlichen Musikvideos komponiert wurde, letztlich im Geiste von Friedrichs Transparentbildern. Die Aufwertung des Genres Zeichentrickfilm durch die Musik unterschiedlichster Epochen sowie die Popularisierung dieser Musik durch den Zeichentrickfilm waren Disneys Anliegen. *Fantasia*, der 1940 in die Kinos kam, vereint drei deutsche, drei russische, einen französischen und einen italienischen Komponisten, was durchaus als kulturpolitisches Signal verstanden werden konnte. Dieses filmische Experiment brachte Disney an den Rand des Ruins, denn das Publikum war nicht bereit, einen Zeichentrickfilm als konzertante Abendveranstaltung zu goutieren.

Es mag an der Begeisterung der Nationalsozialisten gelegen haben, dass sich nach dem Zweiten Weltkrieg die Kunstgeschichte zunächst Friedrich gegenüber zurückhaltend zeigte. Max J. Friedländer schrieb 1947 vernichtend: »Für die Augen, die Manet geöffnet hat, ist Caspar David Friedrich nicht ein schwacher, sondern überhaupt kein Maler.«[350]

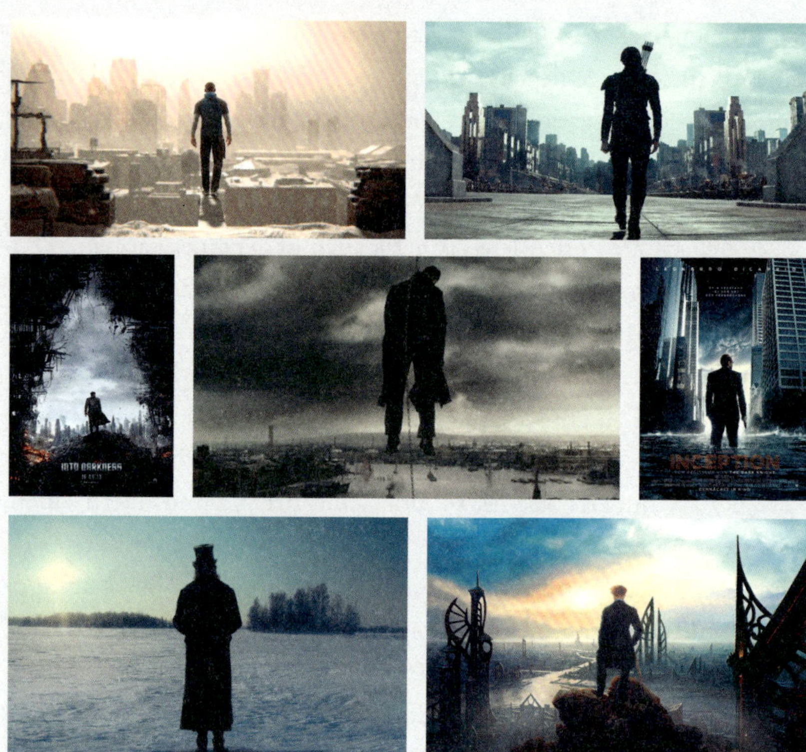

Abb. 113-119: Wanderer-über-dem-Nebelmeer-Zitate: Quantic Dream, *Detroit. Become Human*, 2019; Gary Ross, *Die Tribute von Panem – The Hunger Games*, 2014; J. J. Abrahams, *Star Trek. Into Darkness*, 2013; Guy Ritchie, *Sherlock Holmes*, 2009; Christopher Nolan, *Inception*, 2010; Joe Wright, *Anna Karenina*, 2012; Futurum, *Gefühl ist alles*, 2017

Seit den 1970ern befasste sich eine junge, politisierte Generation Kunsthistoriker mit Friedrich. »All das, was Börsch-Supan religiös gedeutet hatte, erfuhr nun seine politische Interpretation mit der gleichen Verbindlichkeit«, schrieb Werner Busch rückblickend.[351] Rund um seinen 200. Geburtstag war Friedrich endgültig rehabilitiert. Eine Ausstellung in der Hamburger Kunsthalle zog zweihunderttausend Besucher an und plötzlich interessierte man sich auch in Berlin für den Maler, den der Generaldirektor der Staatlichen Museen noch im Jahr zuvor als zweitklassig eingestuft hatte.[352] Was Robert Rosenblum 1990 für die USA schrieb – es sei nur wenige Dekaden her, dass Friedrich den Status einer Underground-Kultfigur besessen habe –, galt also auch für Deutschland. Da sich außerhalb Deutschlands und Russlands jedoch nur wenige Werke befanden, war es umso leichter, Friedrich vor allem in der französischen und angloamerikanischen Welt zu ignorieren. Es musste erst der Kalte Krieg beendet werden, bis es zu einer kleinen Retrospektive Friedrichs in Chicago und New York mit Werken aus dem Puschkin-Museum und der Eremitage kommen konnte.[353]

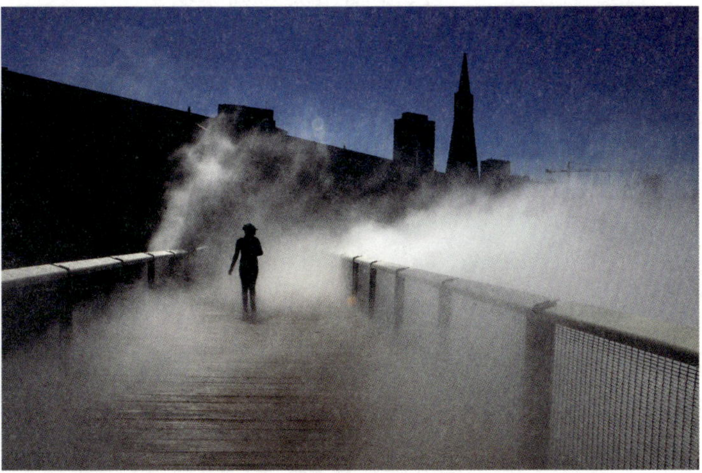

Abb. 120: Fujiko Nakaya, *Fog Bridge*, *Nebelskulptur*, San Francisco 2013

Die Bezugnahmen internationaler Kunst auf Werke Friedrichs würden dennoch inzwischen Bände füllen. In Japan, das tendenziell in seinen Künsten die Reduktion bis hin zur Leere und eine melancholische Grundstimmung pflegt, die auf das Thema Vergänglichkeit eingestimmt scheint, wirken manche minimalistische Waka-Poeten und Landschaftsmaler der Kanō-Schule sowie der traditionsorientierten Nihonga-Richtung wie Geistesverwandte. Der Maler und Romantikbegeisterte Higashiyama Kaii, der 1933 bis 1935 in Berlin studiert hatte, trug wesentlich dazu bei, Caspar David Friedrich in Japan bekannt zu machen. Die Rezeption setzt sich bis in die Gegenwart fort. Fujiko Nakaya, die mit ihren Nebelskulpturen das Sichtbare und Unsichtbare thematisiert, die Dinge unsichtbar und den Wind sichtbar macht und Naturphänomene unmittelbar in Kunst verwandelt, wäre ideale Dialogpartnerin für den Maler der Nebelwelten.

Ganz unmittelbar nimmt der Lichtkünstler Götz Lemberg in seiner Videoinstallation *Licht am Meer* Bezug auf Caspar David Friedrich. Ausgehend von der leeren Fläche taucht langsam aus dem Nichts eine Horizontlinie auf, in der ein Lichtobjekt – zunächst in seinen Konturen an den Mönch am Meer erinnernd – erscheint und sich verwandelt. Erst klein und fremd in der abstrakten Landschaft, wächst es, bis

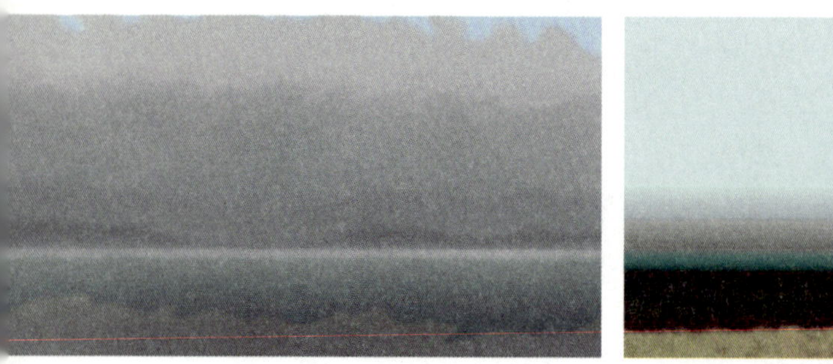

Abb. 121 und 122: Götz Lemberg, *Licht am Meer – Eine Hommage an Caspar David Friedrich*, 2023

es das gesamte Bild in sich einschließt. Die Korrelation von Abgrenzung und Verinnerlichung, von Immanenz und Transzendenz, wird – als Gegenentwurf zum Naturschauspiel – zum Lichtschauspiel.

Auch auf Hollywood-Plakaten apokalyptischer Filmepen, darunter *Star Trek*, *Inception* und *Die Tribute von Panem*, in historisierenden Streifen wie *Anna Karenina* und *Sherlock Holmes*, in Musikvideos wie *Gefühl ist alles* von Futurum oder Videospielen wie *Detroit. Become Human* sowie in den *Skyspaces* des Lichtkünstlers James Turrell wirkt Friedrichs Kunst fort. Besonders deutlich allerdings in den Filmen Andrej Tarkowskijs mit ihren statischen Takes, Ruinen und Rückenfiguren, ihrer liturgischen Naturverklärung und Zivilisationskritik: Kunst ist für Tarkowskij nach eigenen Worten »Offenbarung«, »Hieroglyphe der absoluten Wahrheit«, »Empfindung des Unendlichen« und ihr Sinn besteht darin, »den Menschen auf seinen Tod vorzubereiten«.[354] Beeindruckt von Buddhismus und Taoismus, schlägt er wiederum den Bogen nach Asien und zu einer meditativen Kontemplation, die »statt in jenseitige Transzendenz ins eigene Innen gerichtet ist«.[355]

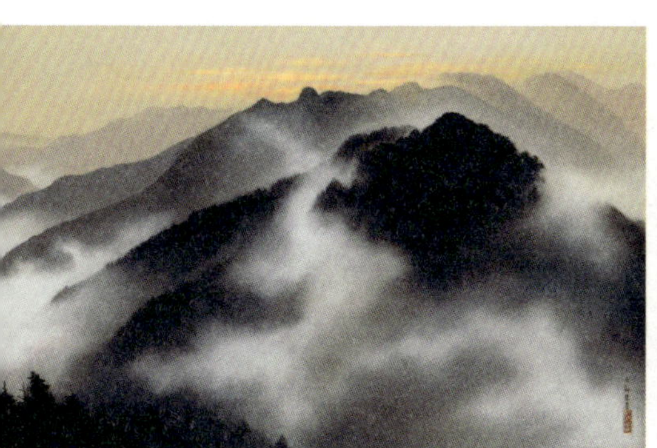

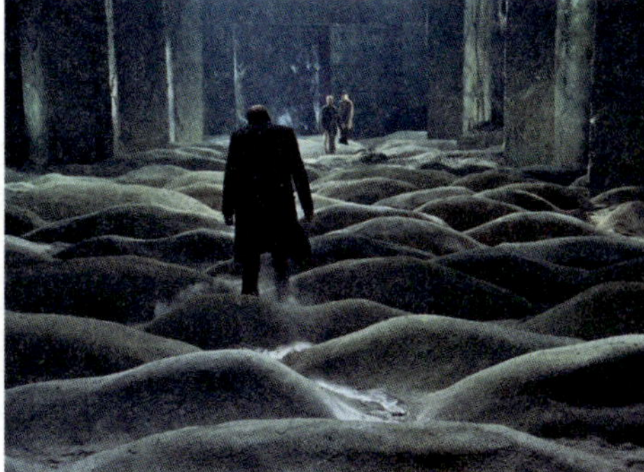

Abb. 123 und 124: Yokoyama Taikan, *Die heiligen Gipfel von Chichibu in der Frühlingsmorgendämmerung*, 1928; Andrej Tarkowskij, *Stalker*, Filmstill, 1978-79

Caspar David Friedrich hatte darauf vertraut, dass die Moden seiner Epoche rasch hinweggefegt würden und dass sich die wahre Empfindung, die er für sich in Anspruch nahm, langfristig behaupten würde. »Ich bin weit entfernt«, notiert er,

> *gegen den Strom anschwimmen zu wollen, sondern lebe vielmehr der Hoffnung, daß die Zeit ihre eigene Geburt vernichten wird, und das bald. Aber noch weniger bin ich so schwach, gegen meine Überzeugung den Forderungen meiner Zeit zu huldigen. Ich spinne mich in meiner Puppe ein, mögen andere ein Gleiches tun, und überlasse es der Zeit, was aus dem Gespinste herauskommen wird, ob ein bunter Schmetterling oder eine Made.*[356]

Ein Trost war ihm, was er aus der Geschichte meinte ablesen zu können, »daß die Besseren aller Zeiten immer von den Besseren der Nachkommenschaft achtend anerkannt worden« sind.[357]

In seinem Fall hatte sich Caspar David Friedrich geirrt, denn er wurde keineswegs nur von den Besseren kommender Generationen geschätzt, sondern sein Werk wurde zur Populärkultur, seine Bilder zu Ikonen, sein Name zum Inbegriff der Romantik.

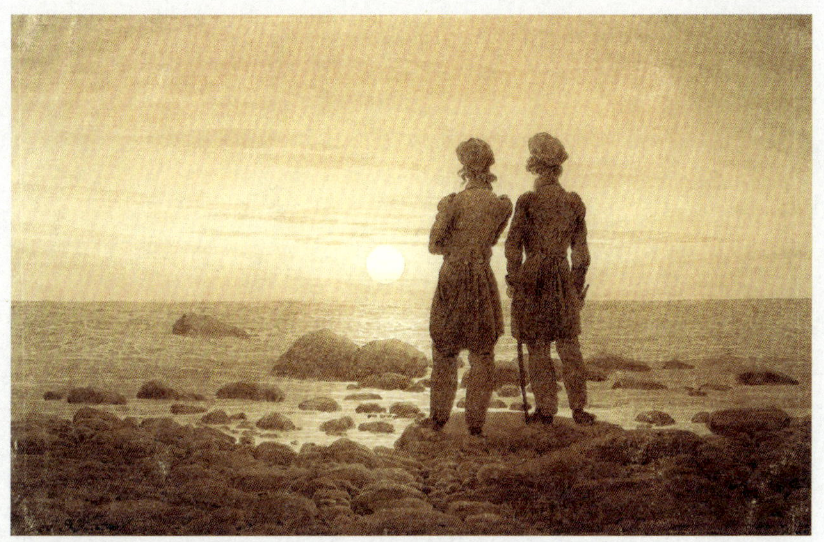

Abb. 125: *Zwei Jünglinge bei Mondaufgang am Meer*, 1836-37

ANHANG

REGISTER DER ABGEBILDETEN WERKE CASPAR DAVID FRIEDRICHS

Abend, 1824, Öl auf Leinwand, 20 × 27,5 cm, Kunsthalle Mannheim

Abend an der Ostsee, 1830-31, Öl auf Leinwand, 74 × 51,5 cm, Staatliche Kunstsammlungen Dresden, Galerie Neue Meister

Abendstern, um 1830-35, Öl auf Leinwand, 32,2 × 34 cm, Deutsches Romantikmuseum, Frankfurt am Main

Auf dem Segler, 1818, Öl auf Leinwand, 71 × 56 cm, Eremitage, Sankt Petersburg

Blick aus dem Atelierfenster, 1805-06, Sepia, 31,2 × 23,7 cm, Belvedere, Wien

Christian Friedrich, 1798, Kreide auf Velinpapier, 22,3 × 18,5 cm, Privatbesitz, München

Das brennende Neubrandenburg, um 1834, Öl auf Leinwand, 72,2 × 101,3 cm, Hamburger Kunsthalle

Das Eismeer (Gescheiterte Hoffnung), 1823-24, Öl auf Leinwand, 96,7 × 126,9 cm, Hamburger Kunsthalle

Das große Gehege, um 1832, Öl auf Leinwand, 73,5 × 102,5 cm, Albertinum, Dresden

Der Chasseur im Walde, 1813-14, Öl auf Leinwand, 65,7 × 46,7 cm, Privatbesitz

Der Juno-Tempel in Agrigent, 1828-30, Öl auf Leinwand, 54 × 72 cm, Museum für Kunst und Kulturgeschichte, Dortmund

Der Mönch am Meer, 1809-10, restaurierte Fassung von 2016, Öl auf Leinwand, 110 × 171,5 cm, Alte Nationalgalerie Berlin

Der Schlossberg bei Teplitz, 1807/1835, Sepia, 23,9 × 35,9 cm, Kupferstichkabinett Berlin

Der Wanderer über dem Nebelmeer, um 1818, Öl auf Leinwand, 94,8 × 74,8 cm, Hamburger Kunsthalle

Der Watzmann, 1824-25, Öl auf Leinwand, 136 × 170 cm, Alte Nationalgalerie Berlin

Der Winter, 1808, Öl auf Leinwand, 75 × 106 cm, ehemals München, ehemals Bayerische Staatsgemäldesammlung (1931 verbrannt)

Die Abtei im Eichwald, 1810, Öl auf Leinwand, 110,4 × 171 cm, Alte Nationalgalerie Berlin

Die Lebensstufen, um 1835, Öl auf Leinwand, 72,5 × 94 cm, Museum der Bildenden Künste, Leipzig

Die Tageszeiten, 1821, Öl auf Leinwand, 22,3 × 31 cm, Niedersächsisches Landesmuseum Hannover

Eichbaum im Schnee, 1829, Öl auf Leinwand, 71 × 48 cm, Alte Nationalgalerie Berlin

Eiche mit Storchennest, 1806, Bleistift, 28,6 × 20,5 cm, Hamburger Kunsthalle

Engel, über Wolken schwebend, 18,5 × 26,7 cm, um 1826, Sepia, Hamburger Kunsthalle

Entwurf für einen Stuhlschlitten, 29. Juni 1806, 26 × 35,9 cm, Hamburger Kunsthalle

Entwurf zu einer Grabstele für Franz Christian Boll, 1818, Tusche, laviert, 51,7 × 32,5 cm, Germanisches Nationalmuseum, Nürnberg

Eule in gotischem Fenster, 1836, Sepia auf Velinpapier, 37,8 × 25,6 cm, Eremitage, St. Petersburg

Felsentor im Uttewalder Grund, 1801, Sepia über Bleistift, 70,5 × 50,3 cm, Museum Folkwang, Essen

Felsgrotte mit Skeletten, um 1826, Sepia, 18,8 × 27,5 cm, Hamburger Kunsthalle

Frau am Fenster, 1818-22, Öl auf Leinwand, 44 × 37 cm, Alte Nationalgalerie Berlin

Frühling, 19,1 × 27,3 cm, und *Sommer*, 19 × 27,1 cm, 1826, Hamburger Kunsthalle

Gebirge bei aufsteigendem Nebel, ca. 1835, Öl auf Leinwand, 34,9 × 48,5 cm, Städel, Frankfurt am Main

Grabmale alter Helden, 1812, Öl auf Leinwand, 49,5 × 70,5 cm, Hamburger Kunsthalle

Grund- und Aufriss eines ovalen Raumes mit Turm und vorgelagertem ovalen Platz 1814-25, Feder, 11 × 12 und 12 × 12 cm, Germanisches Nationalmuseum, Nürnberg

Herbst, 19,1 × 27,5 cm, und *Winter*, 19,2 × 27,5 cm, 1803, Sepia, Kupferstichkabinett Berlin

Hünengrab am Meer, 1807, Bleistift und Sepia, 64,5 × 95 cm, Staatliche Kunstsammlungen, Weimar

Hünengrab bei Gützow, 1837, Sepia 22,4 × 30,4 cm, Königliche Bibliothek Kopenhagen

Hünengrab im Schnee, 1807, Öl auf Leinwand, 61,5 × 80 cm, Albertinum, Dresden

Huttens Grab, 1823, Öl auf Leinwand, 93 × 73 cm, Klassik Stiftung Weimar

Jasmunder Bodden, 16. Juni 1801, Feder und Bleistift, 23,7 × 36,7 cm, Städel, Frankfurt am Main

Kathedrale, um 1818, Öl auf Leinwand, 152,5 × 70 × 5 cm, Museum Georg Schäfer, Schweinfurt

Kirchenruine Oybin, um 1812, Öl auf Leinwand, 65 × 47 cm, Hamburger Kunsthalle

Kloster Eldena, 1801, 62 × 100 cm, ehem. Privatsammlung, Würzburg, 1944 verbrannt

Kloster Eldena, 1801, Aquarell, 19,8 × 34,4 cm, Staatliches Puschkin-Museum, Moskau

Kloster Eldena, 1825, Öl auf Leinwand, 35 × 49 cm, Alte Nationalgalerie Berlin

Klosterfriedhof im Schnee, 1819, Öl auf Leinwand, 121 × 170 cm, ehemals Alte Nationalgalerie Berlin (1945 verbrannt)

Kreidefelsen auf Rügen, 1815 oder 1826, Aquarell / Bleistift, 25 × 32 cm, Museum der Bildenden Künste, Leipzig

Kreidefelsen auf Rügen, 1818, Öl auf Leinwand, 90,5 × 71 cm, Museum Oskar Reinhart, Winterthur

Kreuz im Wald, um 1835, Öl auf Leinwand, 42 × 32 cm, Staatsgalerie Stuttgart

Kügelgens Grab, 1822, Öl auf Leinwand, 41,5 × 55,5 cm, Privatsammlung, Berlin

Landschaft mit Grab, Sarg und Eule, um 1836, Sepia, 38,5 × 38,3 cm, Hamburger Kunsthalle

Meeresstrand mit Fischer, um 1807, Öl auf Leinwand, 34,5 × 51, Belvedere Wien

Meeresstrand im Nebel, um 1807, Öl auf Leinwand, 34,5 × 52 cm, Belvedere Wien

Meeresufer im Mondschein, 1836, Öl auf Leinwand, 135 × 170 cm, Hamburger Kunsthalle

Mondaufgang am Meer, 1822, Öl auf Leinwand, 55 × 71 cm, Alte Nationalgalerie Berlin

Morgen im Riesengebirge, 1810-11, Öl auf Leinwand, 108 × 170 cm, Neuer Pavillon, Berlin-Charlottenburg

Morgennebel im Gebirge, 1808, Öl auf Leinwand, 71 × 104 cm, Museum Schloss Heidecksburg, Rudolstadt

Mutter Heiden, 1798, Kreide auf Velinpapier, 22,6 × 17,9 cm, Stiftung Pommern, Kiel

Nebel im Elbtal, um 1824, 33 × 42,5 cm, Alte Nationalgalerie Berlin

Neubrandenburg, 1816, Öl auf Leinwand, 91 × 72 cm, Pommersches Landesmuseum, Greifswald

Riesengebirgslandschaft mit aufsteigendem Nebel, 1819-20, Öl auf Leinwand, 54,9 × 70,4 cm, Neue Pinakothek, München

Ruine Eldena im Riesengebirge, 1830-35, Öl auf Leinwand, 73 × 103 cm, Pommersches Landesmuseum, Greifswald

Schiff im Eis, 1798, Öl auf Leinwand, 29,6 × 21,9 cm, Hamburger Kunsthalle

Schiffe im Hafen am Abend, um 1828, Öl auf Leinwand, 76,5 × 88 cm, Albertinum, Dresden

Schöpfungsmorgen, um 1826, Sepia, 18,7 × 26,5 cm, Hamburger Kunsthalle

Seelandschaft, um 1802, Feder, 9,7 × 20,5, mit Bleistift quadriert, Hamburger Kunsthalle

Selbstbildnis mit Mütze und Visierklappe, 1802, Sepia über Bleistift, 17,5 × 10,5 cm, Hamburger Kunsthalle

Studie der Prillwitzer Idole und des Neuen Tors von Neubrandenburg, Juli 1809, Bleistift, 36,2 × 26 cm, Nationalgalerie Oslo

Studie des Eisgangs auf der Elbe, 1820-21, Öl auf Leinwand, 14 × 18 cm, Hamburger Kunsthalle

Tag- und Nachtansicht eines Transparentbildes, 1930-35, Aquarell und Deckfarben, 74 × 124 cm, Staatliche Kunstsammlungen, Kassel

Tetschener Altar, auch *Das Kreuz im Gebirge,* 1808, Öl auf Leinwand, 115 × 110,5 cm, Albertinum, Dresden

Träumer, 1835, Öl auf Leinwand, 27 × 21 cm, Eremitage, Sankt Petersburg

Wanderer am Meilenstein, 1802, Feder und Pinsel, laviert, 14,5 × 11,7 cm, Staatliche Graphische Sammlung, München

Wassilij Schukowski und die Brüder Alexander und Sergej Turgenjew, um 1827, Öl auf Leinwand, 25 × 30 cm, Moskau, Alexander-Puschkin-Gedenkhaus

Winterlandschaft, 1811, Öl auf Leinwand, 32,5 × 45 cm, Staatliches Museum Schwerin

Winterlandschaft mit Kirche, 1811, 32,5 × 45 cm, Museum für Kunst und Kulturgeschichte, Dortmund

Winterlandschaft mit Kirche, 1811, 32,5 × 45 cm, National Gallery, London

Zwei Jünglinge bei Mondaufgang am Meer, 1836-37, Staatliches Puschkin-Museum der Bildenden Künste, Moskau

Zwei Männer in Betrachtung des Mondes, um 1819, 33 × 45,5 cm, Albertinum, Dresden

REGISTER DER ABGEBILDETEN WERKE ANDERER KÜNSTLER

Nicolai Abildgaard: *Klismos*, 1790-1800, Öl auf Leinwand, 135 × 170 cm, Hamburger Kunsthalle

Andreas Achenbach: *Der Untergang der President*, 1842, Öl auf Leinwand, 180 × 255 cm, Privatbesitz (Leihgabe im Museum Kunstpalast Düsseldorf)

Caroline Bardua: *Caspar David Friedrich*, 1839, Öl auf Leinwand, 77 × 63 cm, Anhaltische Gemäldegalerie Dessau

Carl Gustav Carus: *Denkmal für Goethe*, 1832, Öl auf Leinwand, 71,5 × 53,3 cm, Hamburger Kunsthalle

Georg Heinrich Crola: *Ein Sturm am Chiemsee*, 1833, Öl auf Leinwand, 88 × 134 cm, Wadsworth Atheneum

Johan Christian Clausen Dahl: *Morgen nach stürmischer Nacht*, 1819, Öl auf Leinwand, 75 × 105 cm, Neue Pinakothek, München

Christian Friedrich, *Schlafender Knabe auf einem Grabhügel*, 1801, Holzschnitt nach einer Zeichnung von Caspar David Friedrich, 16,9 × 11,9 cm, Hamburger Kunsthalle

Carl Wilhelm Götzloff: *Winterlandschaft mit gotischer Kirche*, 1821, Öl auf Leinwand, 85 × 67 cm, Deutsches Damast- und Frottiermuseum, Großschönau

Grabmal Gerhard von Kügelgen, 1820, Alter Katholischer Friedhof, Dresden

Grabmal Major Ernst Müller, 1824, Eliasfriedhof, Dresden

Gustav Grunewald: *Niagarafälle*, 1832, Öl auf Leinwand

Hans Fredrik Gude und Adolph Tidemand: *Brautfahrt auf dem Hardangerfjord*, 1848, Öl auf Leinwand, 93,5 × 130 cm, Nationalmuseum Oslo

August Heinrich: *Uttewalder Grund*, 1820, Öl auf Leinwand, 52 × 42 cm, Privatbesitz

Ferdinand Hodler: *Blick in die Unendlichkeit III*, 1903, Öl auf Leinwand, Hamburger Kunsthalle

Abraham Hondius: *Arktisches Abenteuer*, 1677, Öl auf Leinwand, 55,4 × 84,7 cm, Fitzwilliam Museum, Cambridge

Georg Friedrich Kersting: *Friedrich in seinem Atelier*, um 1811, Alte Nationalgalerie, Berlin

Georg Friedrich Kersting: *Friedrich in seinem Atelier* (Detail), um 1811, Hamburger Kunsthalle

Georg Friedrich Kersting: *Friedrich in seinem Atelier*, 1819, Kunsthalle Mannheim

Götz Lemberg: *Licht am Meer – Eine Hommage an Caspar David Friedrich*, 2023, Videoinstallation

Fujiko Nakaya: *Fog Bridge*, Nebelskulptur, San Francisco 2013

Paul Nash, *Totes Meer*, 1940-41, Öl auf Leinwand, 102 × 152,4 cm, Tate Gallery, London

Kay Nielsen, John Hench, Faith Rookus: *Ave Maria*, aus: Walt Disneys *Fantasia*, 1940

Ernst Ferdinand Oehme: *Prozession im Nebel*, 1828, Öl auf Leinwand, 81,5 × 105,5 cm, Albertinum, Dresden

Ludwig Richter: *Der Watzmann*, 1824, 121 × 93,5 cm, Öl auf Leinwand, Neue Pinakothek, München

Karl Friedrich Schinkel: *Gotischer Dom am Wasser*, 1813, Öl auf Leinwand, 80 × 106,5 cm, Alte Nationalgalerie Berlin

Edward Steichen: *Die große weiße Wolke*. Lake George, New York, 1903

Yokoyama Taikan, *Die heiligen Gipfel von Chichibu in der Frühlingsmorgendämmerung*, Tinte auf Seide, 1928

Andrej Tarkowskij, *Stalker*, Filmstill, 1978-79

Claude Joseph Vernet: *Meereshafen bei Mondlicht*, 1771, Louvre, Paris

Wanderer-über-dem-Nebelmeer-Zitate:

Quantic Dream: *Detroit. Become Human*, 2019 (Videospiel); Gary Ross (Regie): *Die Tribute von Panem – The Hunger Games*, 2014; J. J. Abrahams (Regie): *Star Trek. Into Darkness*, 2013; Guy Ritchie (Regie): *Sherlock Holmes*, 2009; Christopher Nolan (Regie): *Inception*, 2010; Futurum: *Gefühl ist alles*, 2017 (Musikvideo)

Adrian Zingg: *Blick auf Teplitz in Böhmen*, Sepia, 49,9 × 64,8 cm, Albertina Wien

BIBLIOGRAFIE

Alms, Barbara: *Die gleißenden Gipfel. Malerei zwischen Mythos und Moderne*, Köln 2021

Amaro, Antoni: *El paisaje sublime como arquetipo de la imaginación romántica: C. D. Friedrich y J. M. W. Turner*, Palma 2019

Arndt, Ernst Moritz: *Versuch in vergleichender Völkergeschichte*, Leipzig 1843

Aubert, Andreas: *Caspar David Friedrich. Gott, Freiheit, Vaterland*, Berlin 1915

Baumgärtel, Bettina u. a. (Hrsg.): *Caspar David Friedrich und die Düsseldorfer Romantiker*, Dresden 2020

Benz, Richard: *Goethe und die romantische Kunst*, München 1940

Boehn, Max von: *Biedermeier. Deutschland von 1815-1847*, Berlin 1911

Boll, Franz Christian: *Von dem Verfalle und der Wiederherstellung der Religiosität mit besonderer Hinsicht auf das protestantische Deutschland. Ein Versuch einer gründlichen und allseitigen Behandlung dieses wichtigen Gegenstandes*, Neustrelitz 1810

Börsch-Supan, Helmut / Karl Wilhelm Jähnig: *Caspar David Friedrich. Gemälde, Druckgraphik und bildmäßige Zeichnungen*, München 1973

Börsch-Supan, Helmut: *Zeichnungen und Aquarelle deutscher Meister 1750-1900. Aus den Sammlungen der Stiftung Pommern*, Kiel 1978

Börsch-Supan, Helmut: *Der Mönch an der Spree. Caspar David Friedrich zwischen Geschichtslast und Repräsentationslust*, Berlin 2001

Brauchitsch, Boris von: *Adolphe de Meyer. Begegnung mit dem Faun*, Berlin 2020

Busch, Werner: *Caspar David Friedrich. Ästhetik und Religion*, München 2003

Busch, Werner: *Caspar David Friedrichs »Zwei Männer in Betrachtung des Mondes« – Ästhetische Transzendenzeröffnung?*, in: *Atlas der Weltbilder*, hrsg. von Christoph Markschies u. a., Berlin 2011, S. 306-316

Busch, Werner: *Caspar David Friedrich*, München 2021

Carl Gustav Carus (Hrsg.): *Neun Briefe über Landschaftsmalerei geschrieben in den Jahren 1815-1824*, Leipzig 1831

Carl Gustav Carus: *Über die ungleiche Befähigung der verschiedenen Menschenstämme für höhere geistige Entwicklung*, Leipzig 1849

Carus, Carl Gustav: *Lebenserinnerungen und Denkwürdigkeiten*. Nach der zweibändigen Originalausgabe von 1865 / 66 neu herausgegeben von Elmar Jansen, Weimar 1966

Eberlein, Kurt Karl: *Caspar David Friedrich als Erzieher*, in: *Die Kunst für alle*, 55. Jahrgang, 1940, S. 169-179

Eimer, Gerhard: *Caspar David Friedrich. Auge und Landschaft. Zeugnisse in Bild und Wort*, Frankfurt am Main 1974

Fechner, Gustav Theodor: *Vorschule der Aesthetik,* Leipzig 1876

Fiege, Gertrud: *Caspar David Friedrich*, Hamburg 1977

Fröschle, Hartmut: *Goethes Verhältnis zur Romantik*, Würzburg 2002

Gaßner, Hubertus (Hrsg.): *Caspar David Friedrich. Die Erfindung der Romantik*, München 2007

Gockel, Bettina: *Die Pathologisierung des Künstlers. Künstlerlegenden der Moderne*, Berlin 2010

Grave, Johannes: *Caspar David Friedrich*, München 2013

Greve, Gisela (Hrsg.): *Caspar David Friedrich. Deutungen im Dialog*, Tübingen 2006

Grummt, Christina: *Caspar David Friedrich. Die Zeichnungen. Das gesamte Werk*, München 2011

Grus, Michael (Hrsg.): *Caspar David Friedrich trifft Dichter der Romantik*, Ditzingen 2020

Gurlitt, Cornelius: *Die deutsche Kunst des Neunzehnten Jahrhunderts. Ihre Ziele und Thaten*, Berlin 1899

Heck, Kilian: *Der Betrachter ist nicht im Bilde. Ein neuer Blick auf Caspar David Friedrichs Malerei*, in: *Kunstchronik*, 66. Jg., Juli 2013, S. 349-355

Hinrichs, Nina: *Caspar David Friedrich – ein deutscher Künstler des Nordens. Analyse der Friedrich-Rezeption im 19. Jahrhundert und im Nationalsozialismus,* Kiel 2011

Hinz, Sigrid (Hrsg.): *Caspar David Friedrich. Was die fühlende Seele sucht. Briefe und Bekenntnisse*, Berlin 1991

Hofmann, Werner (Hrsg.): *Caspar David Friedrich. Kunst um 1800*, München 1974

Hofmann, Werner: *Caspar David Friedrich. Naturwirklichkeit und Kunstwahrheit*, München 2000

Hofstätter, Hans: *Caspar David Friedrich. Das gesamte graphische Werk*, Herrsching o. J.

Howoldt, Jenns (Hrsg.): *Nicolai Abildgaard. Der Lehrer von Friedrich und Runge*, Hamburg 2009

Huch, Ricarda: *Die Romantik. Blütezeit, Ausbreitung und Verfall*, Ausgabe Reinbek bei Hamburg 1985

Hühn, Helmut / Joachim Schiedermair (Hrsg.): *Europäische Romantik. Interdisziplinäre Perspektiven der Forschung,* Berlin / Boston 2015

Idrobo, Carlos: *Das, was von uns weggeht. Abwesenheit, Zeit und das Wandermotiv in der deutschen Kunst des 19. Jahrhunderts*, Hildesheim 2019

Jensen, Jens Christian: *Caspar David Friedrich. Leben und Werk*, Köln 1974

John, Barbara: *Caspar David Friedrich. Kreidefelsen auf Rügen*, Leipzig 2005

Justi, Ludwig: *Deutsche Malkunst im 19. Jahrhundert. Ein Führer durch die Nationalgalerie,* Berlin 1920

Justi, Ludwig: *Kaspar David Friedrich. Winter*, Führer durch die National-Galerie Berlin, Berlin 1921

Kant, Immanuel: *Kritik der Urteilskraft*, Berlin 1790

Kirves, Martin: *Visionäre Erkenntnis. Caspar David Friedrichs Konkretionen des Unsichtbaren*, in: Jürgen Kaufmann u. a. (Hrsg.): *Zwischen Sichtbarkeit und Unsichtbarkeit: Visualität in Wissenschaft, Literatur und Kunst um 1800*, Paderborn 2014, S. 185-215

Kleist, Heinrich von: *Die Hermannsschlacht*, in: Dramen 2 [Werke und Briefe in vier Bänden, hg. von Siegfried Streller, Band II] Frankfurt am Main 1986

Kluge, Hans Joachim: *Caspar David Friedrich. Entwürfe für Grabmäler und Denkmäler*, Berlin 1992

Kneffel, Heidelore: *Künstlerinnen und Künstler um Caspar David Friedrich*, Nordhausen 2011

Kosegarten, Ludwig Gotthard: *Die Inselfahrt*, in: *Dichtungen*, 3. Band, Greifswald 1824

Krämer, Gode: *August Heinrich. Ein zu früh verstorbener Maler und Zeichner*, Frankfurt am Main 2011

Kügelgen, Wilhelm von: *Jugenderinnerungen eines alten Mannes*, Zürich 1970

Landsberg, Madeleine: *Caspar David Friedrich. Peintre de l'angoisse romantique*, in: *Minotaure*, 12-13, Mai 1939

Märker, Peter: *Caspar David Friedrich. Geschichte als Natur*, Kiel 1974

Meichner, Fritz: *Caspar David Friedrich. Roman seines Lebens*, Berlin 1971

Müller von Königswinter, Wolfgang: *Düsseldorfer Künstler aus den letzten 25 Jahren*, Leipzig 1854

Nakama, Yuko: *Caspar David Friedrich und die Romantische Tradition. Moderne des Sehens und Denkens*, Berlin 2011

Ochiai, Momoko: *Die Tages- und Jahreszeitenzyklen von Caspar David Friedrich*, Frankfurt am Main 2015

Parry, William Edward: *Journal of a Second Voyage for the Discovery of a North-West Passage from the Atlantic to the Pacific*, London 1824

Reiter, Cornelia / Klaus Albrecht Schröder (Hrsg.): *Welten der Romantik*, Ostfildern 2015

Richter, Ludwig: *Lebenserinnerungen eines deutschen Malers. Selbstbiographie nebst Tagebuchniederschriften und Briefen von Ludwig Richter*, hg. von Heinrich Richter, Frankfurt am Main 1886

Riegel, Herman: *Geschichte der deutschen Kunst seit Carstens und Gottfried Schadow*, Teil 1, Hannover 1876

Rosenblum, Robert: *Modern Painting and the Northern Romantic Tradition. Friedrich to Rothko*, London 1975

Rosenblum, Robert: *The Romantic Vision of Caspar David Friedrich. Paintings and Drawings from the U.S.S.R.*, New York 1990

Alex Ross: *Andrei Tarkowski. Hieroglyphen der Wahrheit, Séancen der russischen Seele,* in: *Lettre international*, 133, 2021

Rousseau, Jean-Jacques: *Emil oder Über die Erziehung*, Berlin 2013

Schaal, Hans Dieter: *Auf der Suche nach verlorenen Paradiesen*, Stuttgart / London 2019

Schemann, Ludwig (Hrsg.): *Schopenhauer-Briefe*, Leipzig 1893

Schlegel, Friedrich: *Ideen*, in: *Athenaeum. Eine Zeitschrift von August Wilhelm Schlegel und Friedrich Schlegel.* Dritten Bandes Erstes Stück. Berlin 1800

Scholl, Christian: *Konkurrierende Kunstmodelle. Caspar David Friedrich und das höfische Weimar,* in: *Mens et Manus. Kunst und Wissenschaft an den Höfen der Ernestiner*, hrsg. von Franziska Bomski u. a., Göttingen 2016, S. 293-313

Schopenhauer, Arthur: *Aphorismen zur Lebensweisheit*, Stuttgart 1974

Schopenhauer, Arthur: *Parerga und Paralipomena*, Zürich 1988, Bd. 1

Schubert, Gotthilf Heinrich von: *Ansichten über die Nachtseite der Naturwissenschaft*, Dresden 1808

Schubert, Gotthilf Heinrich von: *Die Symbolik des Traumes*, Bamberg 1814

Schubert, Gotthilf Heinrich von: *Die Geschichte der Seele*, Stuttgart / Tübingen 1830

Schubert, Gotthilf Heinrich von: *Selbstbiographie*, Erlangen 1851

Schubert, Gotthilf Heinrich von: *Der Erwerb aus einem vergangenen und die Erwartungen von einem zukünftigen Leben. Eine Selbstbiographie*, 2. Band, Erlangen 1855

Schwarz, Theodor: *Erwin von Steinbach*, Hamburg 1834

Schmitt, Otto: *Caspar David Friedrich und die Klosterruine Eldena*, in: *Von der Antike zum Christentum.* Untersuchungen als Festgabe für Victor Schultze. Zum 80. Geburtstag am 13. Dezember 1931, Stettin 1931

Speck-Sternburg, Maximilian von: *Zweites Verzeichniss der Gemälde-Sammlung des Freiherrn von Speck-Sternburg herausgegeben vom Besitzer derselben*, Leipzig 1837

Stapf, Detlef: *Caspar David Friedrichs verborgene Landschaften. Die Neubrandenburger Kontexte*, Greifswald 2021

Sugiyama, Akane: *Wanderer unter dem Regenbogen. Die Rückenfigur Caspar David Friedrichs*, Berlin 2007

Sumowski, Werner: *Caspar-David-Friedrich-Studien*, Wiesbaden 1970

Sumowski, Werner: *Caspar David Friedrich. Sein Werk im Urteil von Zeitgenossen*, Herrsching 1976

Tarkowskij, Andrej jr. / Lothar Schirmer / Hans-Joachim Schlegel: *Andrej Tarkowskij. Leben und Werk. Filme, Schriften, Stills & Polaroids*, München 2012

Tölke, Dirk: *Eislandschaften und Eisberge. Studien zur Motiv- und Bildgeschichte von Eisformationen und polaren Szenarien in Gemälden und Graphiken des 16.-20. Jahrhunderts*, Aachen 1995

Vitali, Christoph / Hubertus Gaßner (Hrsg.): *Ernste Spiele. Der Geist der Romantik in der deutschen Kunst 1790-1990*, München 1995

Von einem Deutschen (Julius Langbehn): *Rembrandt als Erzieher,* Leipzig 1909

Wackenroder, Wilhelm Heinrich: *Herzensergießungen eines kunstliebenden Klosterbruders*, Potsdam 1925

Wegner, Reinhard: *Zeiterfahrung und historisches Bewusstsein bei Philipp Otto Runge und Caspar David Friedrich*, in: *Kosmos Runge. Das Hamburger Symposium*, hrsg. von Markus Bertsch, Hubertus Gaßner und Jenns Howoldt, München 2013, S. 323-328

Wilhelm-Kästner, Kurt / Ludwig Rohling / Karl Friedrich Degner (Hrsg.): *Caspar David Friedrich und seine Heimat*, Berlin 1940

Zednik, Stefan: *»Die Mörder sitzen in der Oper!«. Erkundungen zu einer unzeitgemäßen Kunst*, Berlin 2022

Zschoche, Hermann (Hrsg.): *Caspar David Friedrich. Die Briefe*, Hamburg 2006

Zschoche, Hermann: *Caspar David Friedrich. Frauenbilder*, Frankfurt am Main 2015

ANMERKUNGEN

1 Zit. nach Grus, S. 11-12, Erwähnung findet der Vorfall auch bei Wilhelmine Bardua, Carl Gustav Carus, Gotthilf Heinrich von Schubert, vgl. Hinz, S. 172-186

2 Carl Gustav Carus: *Neun Briefe über Landschaftsmalerei 1815-1824*, zit. nach Eimer, S. 148

3 Vgl. Stapf, S. 37

4 Jensen, S. 35

5 Vgl. Kluge, S. 13

6 Kosegarten, S. 25-26

7 Vgl. Eimer, S. 32 ff.

8 Zitate nach Eimer, S. 32 ff.

9 Zit. nach Hinz, S. 69

10 Vgl. Grave, S. 41

11 Zit. nach Thomas Lederballe: *Abildgaards künstlerische Ambitionen und sein politisches Engagement*, in: Howoldt, S. 10

12 Zit. nach Eimer, S. 40

13 *Beschreibung derjenigen Kunstwerke, welche von der königlichen Akademie der bildenden Künste und mechanischen Wissenschaften in den Zimmern der Akademie über dem königlichen Marstalle auf der Neustadt öffentlich ausgestellt sind*, Berlin 1798, S. 5

14 Ebd., passim

15 Zit. nach Hinz, S. 71

16 Zit. nach Zschoche 2015, S. 7

17 Schubert 1855, S. 185-186

18 Vgl. Tölke, S. 86-90

19 Friedrich: *Äußerung bei Betrachtung einer Sammlung von Gemälden von größtenteils noch lebenden und unlängst verstorbenen Künstlern*, zit. nach Hinz, S. 75

20 Ebd., S. 97

21 Ebd., S. 80

22 Wackenroder, S. 35

23 Ebd., S. 40

24 Friedrich: *Über Kunst und Kunstgeist*, zit. nach Hinz., S. 69

25 Ebd., S. 73

26 Zit. nach Hinz, S. 103

27 Vgl. Grave, S. 42

28 Vgl. auch Busch 2021, S. 31

29 Unter ihnen auch der Philosoph Friedrich Muhrbeck (1775-1827), der Mitglied der *Gesellschaft der freien Männer* war und die Schweiz bzw. die Helvetische Republik als kommendes Modell einer »Revolution mit menschlichem Antlitz« betrachtete.

30 Schwarz, S. 33

31 Ebd., S. 64

32 Ebd., S. 291-292

33 Ebd., S. 293

34 Boll, S. 33

35 Vgl. Boll, S. 23

36 Ebd, S. 31

37 Vgl. Zschoche 2006, S. 16

38 Vgl. Helmut Börsch-Supan 1978, S. 62

39 Vgl. Carus 1966, Bd. 1, S. 164

40 Vgl. Eimer, S. 30
41 Gemeint ist vermutlich Hofmarschall und Theaterdirektor Joseph Friedrich von Racknitz (1744-1818).
42 Philipp Otto Runge aus Dresden am 6. April 1803, zit. nach Eimer, S. 101
43 Klinckowström an Runge, Dresden am 18. Juli 1806, zit. nach Eimer, S. 143
44 Der Zyklus von 1803 galt lange als verschollen, bis 2004 drei Blätter (Frühling, Herbst, Winter) wieder auftauchten. Sie befinden sich im Kupferstichkabinett Berlin.
45 Kirves, S. 191
46 Zit. nach Wegner, S. 324
47 Angesichts menschlicher Abwesenheit meint Wegner, S. 326-327, Friedrich bringe »eine Idee der frühromantischen Geschichtsphilosophie August Schlegels zur Anschauung«. Das Bild veranschauliche dialektisch – quasi eingeschoben in die Vorstellung eines zyklischen Weltbildes (der Jahreszeiten) – die Idee eines linearen Geschichtsbildes, das auf ein Ende (durch Erlösung) zusteuert, veranschaulicht in der fortschreitenden Erosion von den göttlichen Gipfeln zur irdischen Idylle.
48 Ebd., S. 208
49 Vgl. Schubert 1808, S. 303-309
50 Vgl. Werner Hofmann: *Die Romantik – eine Erfindung?*, in: Gaßner, S. 22
51 Kosegarten, S. 61-62
52 Kügelgen, S. 448-450
53 Huch, S. 364
54 Ebd., S. 113
55 vgl. Vitali / Gaßner, S. 8-9
56 Börsch-Supan versteht den Schlüssel im Pendantbild als Schlüssel zum diesseitigen Leben, deutet daher die Schere als Symbol des Lebensendes und konstatiert: »Der Fluß bedeutet hier den Tod; das jenseitige Ufer wird zum Paradies.« Börsch-Supan / Jähnig, S. 28
57 Vgl. Scholl, S. 297
58 Wackenroder, S. 41
59 Boll, S. 92
60 Zeichnung und Sepiablätter desselben Ufers (um 1805, Kupferstichkabinett Berlin, Museum der bildenden Künste Leipzig und Königliche Bibliothek Kopenhagen) zeigen deutlich einen Binnensee.
61 Scholl, S. 296
62 Schubert 1855, S. 187-188
63 Ebd., S. 189-190
64 Zit. nach Hinz, S. 23
65 Redigiert von Christian August Semler, 1809, zit. nach Eimer, S. 106 f. (nach einem *Brief Friedrichs an Johannes Karl Hartwig Schulze, 8. Februar 1809)*, vgl. Hinz, S. 205
66 Zit. nach Fiege, S. 31
67 Zit. nach Hinz, S. 123
68 Ebd., S. 132
69 Zit. nach Hinz, S. 144
70 Hofmann: *Zur Geschichte und Theorie der Landschaftsmalerei*, in: Hofmann 1974, S. 11

71 Schulze in einem Brief an Amalie von Voigt vom 23. Februar 1809, zit. nach Scholl, S. 301
72 Zit. nach Hinz, S. 166
73 Schwarz, S. 401
74 Ebd., S. 463
75 Zit. nach Hinz, S. 21-22
76 Zit. nach Hinz, S. 47
77 Kant: *Kritik der Urteilskraft, Analytik des Erhabenen*, 2. Buch, § 23
78 Ebd.
79 Hans von Trotha: *Verschiedene Empfindungen vor verschiedenen Landschaften*, in: Gaßner, S. 48
80 Zit. nach Hinz, S. 89
81 Vgl. auch Amaro, S. 120: »Die extreme Nacktheit seiner naturalistischen Ansichten, seine chromatischen Farbfelder und die abstrakte imaginative Synthese seines symbolischen Gehalts führen uns zu einer magischen Landschaft.« (Übersetzung Boris von Brauchitsch)
82 Vgl. auch Kirves, S. 193
83 Helene Marie von Kügelgen an Friederike Volkmann, 22. Juni 1809, zit. nach Fiege, S. 37
84 Auf Grave (passim) hat der fehlende Vordergrund die gegenteilige Wirkung. Er sieht den Betrachter aus dem Bild ausgeschlossen und zur Reflexion über das Medium Malerei selbst aufgefordert, vgl. auch Heck, S. 352
85 Zit. nach Eimer, S. 133. Kleist redigierte einen Artikel von Brentano und Arnim grundlegend, wofür er sich nachträglich entschuldigte.
86 Zit. nach Eimer, S. 133
87 Zit. nach Busch 2021, S. 57
88 Busch 2021, S. 51 ff.
89 Vgl. Börsch-Supan 2001, S. 16
90 »Und leis' und langsam zu des Kirchtors Gittern, / Still wie das Wandern nächtlicher Gespenster, / Ein Leichenzug mit Geisterschritten zieht.«
91 Vgl. Jensen, S. 163
92 Eldena im Riesengebirge, 1830 / 31, Pommersches Landesmuseum Greifswald
93 Schmitt, S. 24
94 Meichner, S. 36 – Dass Christopher ins Eis einbricht, scheint angesichts des milden Winters 1787 allerdings eher unwahrscheinlich, möglicherweise ertrank er im Wallgraben Greifswalds, als die Brüder mit einer Holzwanne, die sie als Boot nutzten, kenterten. Vgl. Stapf, S. 28
95 Yuko Nakama hat darauf hingewiesen, dass das ursprünglich im Portal der Ruine angelegte und dann übermalte Kruzifix einen zarten, jugendlichen Christus zeigt, »woraus sich schließen ließe, daß diese Christusfigur den jüngeren Bruder Friedrichs meinen könnte«. (S. 126)
96 Vgl. Busch, in: Gaßner, S. 40
97 Vgl. Scholl, S. 310
98 Zit. nach Scholl, S. 305
99 Ebd.

100 Ebd.
101 In einem Brief an Prinzessin Karoline Louise, vermutlich 12. Januar 1812, vgl. Scholl, S. 305
102 Ebd.
103 Kügelgen, S. 332-333
104 Die Figuren, so ist überliefert, soll Kersting eingefügt haben, vgl. Börsch-Supan / Jähnig, S. 90
105 Aubert, S. 14
106 Zit. nach Scholl, S. 303
107 Zit. nach Bettina Baumgärtel / Jan Nicolaisen: *Caspar David Friedrich im Schatten der Düsseldorfer Schule*, in: Baumgärtel, S. 15
108 Vgl. Ochiai, S. 21
109 Boll, S. 148-149
110 Fechner, S. 7
111 Vgl. Busch 2003, S. 102
112 Etwa von Busch, in: Gaßner, S. 18
113 Vgl. Idrobo, S. 141
114 Zit. nach Idrobo, S. 176
115 Justi 1920, S. 339
116 Rousseau, S. 13
117 Vgl. Eimer, S. 38
118 Schubert 1814, S. 35-36
119 Kügelgen, S. 185
120 Ebd, S. 186-187
121 Justi 1921, S. 2
122 Vgl. Busch 2021, S. 67
123 Kügelgen, S. 219-220
124 Ebd., S. 57-58
125 Vgl. Eimer, S. 69
126 Vgl. Jensen, S. 104
127 Sumowski 1970, S. 22, 97-99, 116 und 198
128 Stapf, S. 276
129 Hirschfeld, zit. nach Hans Werner Grohn, Eleonore Reichert, Eckhard Schaar: *Katalog*, in: Hofmann 1974, S. 54
130 Zit. nach Hinz, S. 23
131 Hofstätter, S. 587 – Grummt, S. 657, liest: »Rüstet Euch Leute …«
132 Carus 1966, Bd. 1, S. 100-101
133 So der Kritiker im Journal des Luxus und der Moden, zit. nach Jenns Howoldt: *Verschlüsselte Botschaften – patriotische Bilder*, in: Gaßner, S. 64
134 Heinrich von Kleist: *Die Hermannsschlacht*, 5. Akt, 4. und 7. Auftritt
135 Vgl. Jenns Howoldt: *Verschlüsselte Botschaften – patriotische Bilder*, in: Gaßner, S. 63
136 Zit. nach Eimer, S. 138
137 Vgl. Frank Büttner, *»Offizielle« Kunst der Romantik als »Gesamtkunstwerk«*, in: Vitali / Gaßner, S. 496
138 Vgl. Scholl, S. 306
139 Brief an J. L. G. Lund, zit. nach Zschoche 2006, S. 110
140 Zit. nach Eimer S. 66
141 Pierre-Henri de Valenciennes: *Éléments de perspective pratique à l'usage des artistes, suivis de réflexions et conseils à un élève sur la peinture et particulièrement sur le genre du paysage*, Paris 1799
142 Zit. nach Scholl, S. 303
143 Zit. nach Eimer S. 150
144 Benz, S. 20, vgl. auch Fröschle, S. 117

145 Goethe: *Neu-Deutsche religiös-patriotische Kunst*, zit. nach Sumowski 1976, S. 57
146 Zit. nach Hinz, S. 29
147 Zit. nach Jensen, S. 160
148 Zit. nach Börsch-Supan: *Caspar David Friedrich. Forschung, Instrumentalisierung. Verständnis*, in: Greve, S. 25
149 Vgl. Carus 1831
150 Vgl. Carus 1849, S. 68 – Selbst den Schädel des toten Friedrich vermisst er noch, um seine Ansichten über den Charakter des Verstorbenen bestätigt zu sehen, vgl. Stapf, S. 537
151 Carus 1849, passim
152 arus 1966, Bd. 1, S. 206
153 Arndt 1843, S. 5
154 Ebd., S. 5
155 Ebd., S. 8
156 Ebd., S. 23
157 Ebd., S. 15
158 Ebd., S. 24
159 Auch Theodor Schwarz spielt in seinem Roman auf Friedrich als Saul an, wenn Kaspar auf der Reise mit seinen Gefährten von einem Schauspiel schwärmt, in dem Saul von Geistern behext wird. Vgl. Schwarz, S. 305
160 Alle Zitate nach Eimer, S. 10-16 und Hinz, S. 172
161 Die Bemerkung wird von Wilhelmine Bardua kolportiert, vgl. Grus, S. 13
162 Zitate nach Eimer, S. 11-15
163 Zit. nach Hinz, S. 77
164 Schubert, zit. nach Hinz, S. 188
165 Kügelgen, S. 155
166 Ebd., S. 68-70
167 Kügelgen geht mit dem Geniebegriff recht sparsam um, Friedrich ist der Erste, den er in seinen Erinnerungen als Genie bezeichnet.
168 Friedrich Schlegel, *Ideen* (131)
169 Ebd.
170 Vgl. Idrobo, S. 37 f
171 Friedrich: *Aphorismen über Kunst und Leben*, zit. nach Hinz, S. 67
172 Vgl. Sugiyama, S. 17
173 Vgl. Amaro, S. 122
174 Wackenroder, S. 73
175 Ebd. S. 76
176 Carus 1966, Bd. 1, S. 165-169
177 Eimer, S. 70
178 Brief Friedrichs an seine Verwandten in Greifswald vom 28. Januar 1818, zit. nach Zschoche 2006, S. 117
179 Hofmann 2000, S. 121
180 Vgl. Börsch-Supan / Jähnig, S. 112
181 Börsch-Supan / Jähnig, S. 112
182 Zit. nach John, S. 20
183 Vgl. zuletzt Busch 2021, S. 65-72
184 Huch, S. 357
185 Goethe, *Torquato Tasso*, 5. Aufzug, 2. Auftritt, Leipzig 1790, S. 197-198
186 Jensen, S. 188-189
187 Vgl. Carus, zit. nach Hofstätter, S. 805
188 Zit. nach Hinz, S. 44
189 Carus, zit. nach Hinz, S. 179
190 vgl. Carus 1966, Bd. 1, S. 498
191 Rudolf Marx, *Einführung*, in: Schopenhauer 1974, S. XIV
192 Goethe an Schopenhauer,

23.10.1815, zit. nach: Schemann, S. 80
193 Rudolf Marx, Einführung, in: Arthur Schopenhauer 1974, S. XVII
194 Schopenhauer 1988, Bd. 1, S. 330
195 Ebd., S. 420
196 Ebd., S. 414
197 Zit. nach Hinz, S. 115
198 Grave, S 206
199 Vgl. Carus, nach Hinz, S. 179
200 Müller: *Etwas über Landschaftsmalerei* (1808), in: *Phöbus. Ein Journal für die Kunst*, zit. nach Grus, S. 19-20
201 Zit. nach Mario-Andreas von Lüttichau: *Motive*, in: Gaßner, S. 225
202 Wackenroder, S. 55
203 Ebd. S. 57
204 Arndt 1843, S. 5
205 Ebd.
206 Ebd., S. 60
207 Zit. nach Hinz, S. 182
208 Ebd., S. 193
209 Schubert, zit. nach Hinz, S. 190
210 Schubert 1814, S. 7
211 Ebd., S. 8-9
212 Ebd., S. 155
213 Schubert 1833, S. 757
214 Schubert 1855, S. 183-184
215 Zit. nach Eimer, S. 170
216 Boll, S. 152
217 Boll, S. 19 und 31
218 Brief an seinen Bruder Christian, 1817, zit. nach Hofstätter, S. 650
219 Huch, S. 112
220 Karl Förster, zit. n. Hinz, S. 180-181
221 Kügelgen, S. 549-550
222 Ebd., 552-553
223 Auch bei Carus finden sich altdeutsche Trachten, dort wird jedoch meist deutlich, dass es sich wirklich um historische oder legendäre Figuren handeln soll, wie *Raffael und Michelangelo in Betrachtung der Peterskirche bei Mondschein* oder *Osterspaziergang* als Faust-Illustration, vgl. auch Märker, S. 39
224 Zit. nach Zschoche 2006, S. 139
225 Zit. nach Hinz, S. 181
226 Vgl. Busch 2021, S. 91
227 Wilhelm Wegener nimmt an, hier habe sich Friedrich selbst in Begleitung August Heinrichs gemalt (vgl. Börsch-Supan 1973, S. 356). Es wurden aber auch weitere Konstellationen vermutet, etwa Friedrich Ludwig Jahn und Franz Christian Boll (vgl. Stapf, S. 153).
228 Vgl. Krämer, S. 9
229 Friedrichs Gutachten vom 7. September 1820, zit. nach Krämer, S. 5
230 Vgl. Busch 2011, S. 307, der anmerkt, dass somit offenbleiben müsse, ob die konventionellere und qualitativ weniger überzeugende »heterosexuelle« Variante in der Alten Nationalgalerie Berlin wirklich von Friedrichs Hand stamme.
231 Vgl. Märker, S. 37
232 Zednik, S. 45
233 Kügelgen, S. 666
234 Auf dem Eliasfriedhof, dem ehemaligen Friedhof der Frauenkirche, finden sich die Gräber von Johanna Henriette Seyffert, Christiane

Augusta Kind (Tochter des Jura-Professors und Richters Johann Adam Gottlieb Kind), des Majors Ernst Müller und des Juristen Christian Ernst Ulrici, deren Grabmäler auf Entwürfe Friedrichs zurückgehen.

235 Übersetzung von Johann Gottfried Seume

236 Friedrich: *Aphorismen über Kunst und Leben*, zit. nach Hinz, S. 67

237 Zit. nach Stapf, S. 494-495

238 Vgl. Stapf, S. 30

239 »Wenn ich mir bis zum Frühjahr [1809] könnte 400 bis 500 Taler verdienen, so ginge ich in die Schweiz«, schrieb er am 24. November 1808 an seinen Bruder Christian, vgl. Hinz, S. 23

240 Zit. nach Hinz, S. 192

241 Etwa von Hans-Joachim Neidhardt, in: Vitali / Gaßner, S. 443

242 Ebd.

243 Zit. nach ebd.

244 Zit. nach Hinz, S. 176

245 Zit. nach Hinz, S. 190

246 Friedrich: *Aphorismen über Kunst und Leben*, zit. nach ebd. S. 70

247 Kügelgen, S. 155-157

248 Erwin Speckter an Carl Julius Milde, Hamburg 3. Juli 1824, zit. nach Eimer, S. 161

249 Zit. nach Hinz, S. 45-46

250 Stapf erkennt hier den Professor an der Neubrandenburger Gelehrtenschule August Milarch, vgl. Stapf, S. 458

251 Vgl. Ochiai, S. 20

252 Vgl. Hofmann: *Zur Geschichte und Theorie der Landschaftsmalerei*, in: Hofmann 1974, S. 25

253 Zit. nach Hinz, S. 109

254 Tagebucheintrag vom 30. Januar 1825, in: Richter, S. 386-387

255 Richter, S. 195-196

256 Richter irritiert während seines Romaufenthaltes, dass ihm vor allem deutsche Landschaften einfallen (vgl. ebd., S. 381 f.) und kommt zu dem Schluss: »Ich bin immer noch nicht ganz einig über das wahre höchste Ziel der Landschaftsmalerei, doch ist mir eins klar: sie sei volksthümlich; was nützt ihr das Fremde.« (Ebd., S. 385), und »Die italienische Natur hat doch bei aller Schönheit etwas Todtes; ich finde in ihr nicht diese ergreifende Sprache, sie sieht nicht aus, als hätte sie der liebe Gott gemacht, sondern als könnten die Menschen auch so erfinden.« (Ebd., S. 389)

257 Alms, S. 75

258 Richter, S. 195

259 Vgl. Werner Busch: *Studien vor der Natur*, in: Vitali, S. 464

260 Vgl. Eimer, S. 62. Drei Ölskizzen des Eisgangs der Elbe befinden sich in der Hamburger Kunsthalle.

261 Parry: *Journal of a Second Voyage to Discover a North-West Passage from the Atlantic to the Pacific*, London 1824

262 Tölke, S. 64

263 Vgl. auch Florian Illies: *Der geteilte Himmel. Über den Wolken trennten*

die Düsseldorfer und die Dresdener Romantiker Welten, in: Baumgärtel, S. 34

264 Vgl. Jensen, S. 186

265 Friedrich: *Aphorismen über Kunst und Leben,* zit. nach Hinz, S. 67

266 Das Bild variiert eine frühere Version von 1812 (Kunstpalast Düsseldorf), bei der der Bach dezenter und anstelle des Himmelskreuzes ein Sakralbau zu sehen ist.

267 Jensen, S. 173

268 Vgl. Börsch-Supan 1973, S. 148

269 Das legt auch das vergleichbare Bild *Der Morgen (Ausfahrende Boote)*, datiert um 1815, im Landesmuseum Hannover nahe.

270 *Speck-Sternburg,* unpaginiert – Im Sammlungsverzeichnis von 1827 ist eine *Landschaft, mit einem Kirchhofe im Vordergrunde* ohne Maßangabe aufgeführt (Nr. 174), im zweiten Teil von 1837 erscheinen zwei kleine Gemälde (*Eine Winterlandschaft* und *Seestück im Mondschein*, möglicherweise als Pendants, Nr. 222 und 223). Das deutlich größere Gemälde *Schiffe im Hafen am Abend* ist nicht verzeichnet.

271 Vgl. Stapf, S. 499

272 Vgl. dazu auch Werner Hofmann: *Zu Friedrichs geschichtlicher Stellung*, in: Hofmann, 1974, S. 71

273 Heck, 217, S. 351 – vgl. auch Busch 2021, S. 43: Er spricht von »bekenntnishaftem Deutungswettstreit« und »unversöhnlichen Lagern«.

274 Vgl. auch Sugiyama, S. 207 ff.

275 Jensen, S. 157

276 Ebd.

277 Börsch-Supan / Jähnig, passim

278 Ebd., S. 130

279 In: Greve, S. 25

280 Busch: *Friedrichs Bildverständnis*, in: Gaßner, S. 45

281 Ebd.

282 Ebd. – Vgl. auch Busch 2021, S. 118-119

283 Bei der Frauenkirche wurde 1817 eine Holzdecke entfernt, die das Opaion verdeckte, so dass nun direkt Licht einfallen konnte.

284 Auch auf dem Schäferidyll *Der einsame Baum* von 1822 (Alte Nationalgalerie Berlin) ist in der (ansonsten völlig verschiedenen) Silhouette der Stadt im Hintergrund bereits eine Kuppel ohne Laterne auszumachen, dort nicht im Goldenen Schnitt liegend.

285 Zit. nach Hinz, S. 53

286 Ebd.

287 Zit. nach Hinz, S. 51

288 Sugiyama, S. 256

289 Zit. nach Hinz, S. 58

290 Vgl. Hinz, S. 58

291 Vgl. Birgit Verwiebe: *Erweiterte Wahrnehmung*, in: Gaßner, S. 340

292 Busch: *Studien vor der Natur*, in: Vitali / Gassner, S. 465

293 Carus 1966, Bd. 1, S. 498

294 Zit. nach Hinz, S. 81

295 Bettina Baumgärtel / Jan Nicolaisen: *Caspar David Friedrich im Schatten*

der Düsseldorfer Schule, in: Baumgärtel, S. 16
296 Ebd., S. 18
297 Zit. nach Hinz, S. 92
298 Zit. nach Eimer, S. 38
299 Zit. nach Hinz, S. 92
300 Ebd, S. 94-95
301 Die Krümmungen von Erde und Himmel im *Großen Gehege* sind von der Forschung meist als Hyperbel, also als zwei gekrümmte, in die Unendlichkeit fortlaufende Linien als mathematische Resultate aus dem Schnitt eines Doppelkegels, verstanden worden, vgl. etwa Grave, S. 256
302 Müller von Königswinter, S. 94
303 Vgl. Stapf, S. 493
304 Zit. nach Ochiai, S. 159
305 Zit. nach Kneffel, S. 55
306 Zit. nach Hinz, S. 72
307 Vgl. Friedrichs Brief an Schukowski vom 14. Oktober 1835, in: Hinz, S. 57-59
308 Vgl. Friedrichs Brief an Schukowski vom 19. November 1835, in: Hinz, S. 59-60
309 Zit. nach Hinz, S. 115
310 Ebd., S. 82-83
311 Ebd., S. 107
312 Stapf, S. 488
313 Vgl. Hinz, S. 57
314 Vgl. Stapf, S. 276
315 Zit. nach Stapf, S. 527
316 Zit. nach Hinz, S. 79
317 Carus (1966, Bd. 1, S. 208-209) berichtet davon, dass Friedrich diesen Effekt bei Mondlicht empfahl: »Da bat er mich, eine dunkle Lasur auf die Palette zu nehmen und außerhalb des Mondes und der nächsterleuchteten Stellen alles, und je mehr gegen den Rand des Bildes um so dunkler, damit zu übertuschen und dann auf die veränderte Wirkung Acht zu geben. Ich tat es, und das war mit eins ein anderes geworden; nun erst war die Illusion der Mondbeleuchtung deutlich.«
318 Am 13. November 1838 heiratete Emma Friedrich den Fischer Robert Krüger.
319 Zit. nach Hinz, S. 174
320 Vgl. Bettina Baumgärtel / Jan Nicolaisen: *Caspar David Friedrich im Schatten der Düsseldorfer Schule*, in: Baumgärtel, S. 22
321 Von einem Deutschen, S. 12-82
322 Ebd., S. 24
323 Ebd., S. 238
324 Ebd., S. 8 und 48
325 Riegel, S. 240
326 Gurlitt, S. 134
327 So Artur Dinter in seiner *Geistchristlichen Religionsgemeinschaft* und der *Deutschen Volkskirche*
328 Wilhelm Teudt: *Germanische Heiligtümer. Beiträge zur Aufdeckung der Vorgeschichte, ausgehend von den Externsteinen, den Lippequellen und der Teutoburg*, Jena 1929
329 Jan Wilms: *Fotografie ist Kunst!*, in: Brauchitsch, S. 104
330 Boehn, S. 411
331 Carla Schulz-Hoffmann: *Nationale*

Mythen – Einheitsträume und Einheitszwänge, in: Vitali / Gaßner, S. 245
332 Aubert, S. 10-11 – Vgl. auch Gockel, S. 136
333 In: Aubert, S. IV-V
334 Kurt Karl Eberlein: *Was ist deutsch in der deutschen Kunst,* Berlin 1933, S. 17
335 *Völkischer Beobachter,* 19. Juli 1937, S. 1 ff.
336 Ebd.
337 Zit. nach Hinz, S. 91
338 *Völkischer Beobachter,* 19 Juli 1937, S. 1 ff.
339 Eimer, S. 23
340 Zit. nach Scholl, S. 305
341 Vgl. Peter Rautmann: *Romantik im nationalen Korsett,* in: Vitali / Gaßner, S. 520
342 Wilhelm-Kästner, S. 7
343 Wilhelm-Kästner, S. 58
344 Eberlein, S. 172
345 Vgl. Hinrichs, S. 171 f
346 *Völkischer Beobachter,* 19. Juli 1937, S. 1 ff.
347 Zit. nach Hinz, S. 76-77
348 Vgl. William Vaughan: *Die deutsche Romantik im Ausland,* in: Vitali / Gaßner, S. 27-28
349 Landsberg, S. 25-26 (Übersetzung Boris von Brauchitsch)
350 Zit. nach Börsch-Supan, in: Greve, S. 19-20
351 Busch: *Forschungsberichte zur nicht unproblematischen kunsthistorischen Romantik-Forschung in Deutschland: Friedrich, Runge und Zeitgenossen,* in: Hühn / Schiedermair, S. 39
352 Ebd. S. 21
353 Rosenblum, S. 3 und 6
354 Andrej Tarkowskij: *Die versiegelte Zeit,* zit. nach Tarkowskij jr. / Schirmer / Schlegel, S. 29-30
355 Schlegel, in: Tarkowskij jr. / Schirmer / Schlegel, S. 11
356 Friedrich, zit. nach Hinz. S. 104
357 Ebd., S. 108

BILDNACHWEIS

akg-images, Berlin: Abb. 4 (De Agostini Picture Library), 84, 85, 91

Atelier Götz Lemberg, Berlin: 121, 122

Belvedere Museum, Wien: 66

bpk, Berlin: 35 (Restaurierte Fassung: Andres Kilger/Nationalgalerie, SMB), 93 (Museum Georg Schäfer Schweinfurt), 77 (Nationalgalerie, SMB), 110 (Edward Steichen/The Metropolitan Museum of Art)

Boris von Brauchitsch, Berlin: 57, 58

ddp images, Hamburg: 124 (Janus Films/Courtesy Everett Collection)

Deutsches Damast- und Frottiermuseum, Großschönau: 86 (Bertram Kober/Punctum)

Eremitage, St. Petersburg: 2

Freies Deutsches Hochstift, Frankfurt am Main: 98

Futurum, Dresden: 119 (Marianna Korsh)

Germanisches Nationalmuseum, Nürnberg: 56, 63, 64

Getty Images, München: 120 (Liz Hafalia/The San Francisco Chronicle)

Hamburger Kunsthalle: 1, 5, 14, 16-18, 21-23 (Christoph Irrgang/bpk); 80 (Christoph Irrgang/Privatsammlung in der Hamburger Kunsthalle); 48, 49, 53, 61, 90, 99, 105, 108 (Elke Walford/bpk); 109 (Elke Walford/Privatsammlung in der Hamburger Kunsthalle)

Kunsthalle Mannheim: 47 (Cem YŸcetas), 81

mauritius images, Mittenwald: 8 (Abbus Acastra/Alamy); 45 (Yogi Black/Alamy); 24, 87, 95 (Heritage Image Partnership Ltd/Alamy); 10, 107 (Historic Images/Alamy); 9, 25, 38, 123 (The Picture Art Collection/Alamy); 117 (mit freundlicher Genehmigung von Warner Brothers/Cinematic Collection/Alamy)

Museumslandschaft Hessen Kassel: 101, 102 (Graphische Sammlung)

Nationalgalerie, Oslo: 34 (Dag Andre Ivarsøy)

Neue Pinakothek, München: 41, 62, 83

Niedersächsisches Landesmuseum, Hannover: 69-72

Staatliche Graphische Sammlung, München: 15

Staatliche Kunstsammlungen, Weimar: 29

Staatliche Museen zu Berlin: 20, 26 (Jörg P. Anders/Kupferstichkabinett); 51, 78, 97 (Jörg P. Anders/Nationalgalerie); 76, 82 (Andres Kilger/Nationalgalerie); 19 (Volker-H. Schneider/Kupferstichkabinett)

Staatsgalerie, Stuttgart: 92
Städel Museum, Frankfurt am Main: 13, 106

Alle weiteren Abbildungen stammen aus dem Archiv des Insel Verlags.